授業づくりのための
中等理科教育法
不易と流行のエッセンス

山下芳樹・藤岡達也
［編著］

ミネルヴァ書房

はじめに

　明治19年の教科理科の誕生から，戦後まもなくの生活単元学習，昭和30年〜40年代の系統性重視や教育の現代化を経て近年のゆとり教育や新しい学力観の登場，そして現在，GIGA スクール構想に代表される Society 5.0（超スマート社会）実現に向けた教育の情報化など，子どもをめぐる教育環境，そしてそれに応えるべく教師に求められる資質・能力は変化を留まるところを知りません。

　「果たして，私に対応できるだろうか」，理科教師を目指す学生のみなさんや日々奮闘されている先生方にもこのような思いに駆られている人は少なくないのではないでしょうか。しかし，いつの時代にも変化を前にして思い悩む教師の姿がありました。子どもの生活に単元を求めることに苦悩し，GIGA スクール構想の実現に向けて苦慮する姿です。

　「不易流行」という言葉に本書の姿勢を託したい。変化のなかにあってこそ，持ち続けたい学びの姿勢や知識があり，だからこそ変化に対しても真摯に柔軟に対処できるのです。先行き不透明な時代にあっても流行に掉さす不易の部分を本書では取り上げています。

　本書は，英知の積み重ねによる不易の部分に焦点を当てながら，学習者の便宜を図るため4部構成としました。第Ⅰ部では，「中等理科教員としての心構え」として教職教育の学び方から理科教員としてのライフスタイルなど，第Ⅱ部以降にとっての助走という位置付けです。続く第Ⅱ部では「理科の授業づくりの基盤」として，「中等理科教育の変遷過程」，「教材論」，「学習論」や生徒の学習を誘う「教授・学習論」，そして「教育評価」で構成しました。第Ⅲ部「授業づくりの場面」は本書の核であり，授業の設計図としての学習指導案づくりの基礎基本から，中学校や高等学校を事例として物理，化学，生物，そして地学の各科目について授業づくりのための詳細を紹介しました。授業づくりに活かしてこその基礎基本という姿勢で第Ⅱ部と第Ⅲ部は貫かれています。続く第Ⅳ部は，「中等理科教員としての専門性」として「教材研究のあり方」と，日々の授業における「教育学的知見の活用の仕方」からなっています。

教師に期待される専門的な力量とはどのようなものでしょうか。現代の教育が抱える複雑で多岐にわたる課題に果敢に挑む実践的指導力を，高久清吉は「方法や技術的な習熟から生まれる指導力というだけに狭く解釈せず，（その基盤としての）もっと広く，主体的，自主的な理解や判断に基づいた実践から生まれる指導力」と捉えます。そして，この実践的指導力の向上を促すものは，「実践者自身の主体的，自主的な理解や判断や決定を助長する働きかけや方向付け」にあるとし，この働きかけや方向付けの中心となるものが「実践を支え，方向付けるのに役立つような実践理論」であり，実践者の側からいえば，「実践の理論を踏まえ，これを介して自分の実践を高め，太らせていく」努力にあるとしました（『教育実践学』教育出版，1990年）。高久はこれを哲学のある教育実践と呼んでいますが，まさに日々の授業実践のために先人の教えから学んだ不易としてのリアリティー（実感）を日々の授業実践のなかで鍛え，わがものとするアクチュアリティー（体感）の重要性を指しています。変化（流行）のなかにあってこそ，不易の不易たるゆえんに気付くのです。

　本書の想定する読者は，中学校や高等学校の理科教員を志す大学生，また理科教員として日々精進されている先生方，さらには理科の教員養成に携わっておられる大学関係者です。本書の執筆者は，いずれも変化を前にして思い悩んだ経験の持ち主であり，その経験をもとに大学で理科教育法を担当しています。本書で書き記したすべては，将来みなさんが教壇に立つとき，日々の授業づくりに役立つようにという先輩教員からのメッセージです。「あそこに書かれていたことは，実はこういうことだったんだ」と気付いてくれる日が必ずやってきます。この気付きこそがみなさんの成長の証でもあるのです。

　2022年4月

編者　山下　芳樹

目　次

はじめに

第IV部　中等理科教員としての専門性

第Ⅰ部

中等理科教員としての心構え

　　第Ⅰ部では，教職とは何かを考え，その中で理科教育を専門とする教員に必要な資質・能力をどのように身につけるかを解説する。教員を目指すには，理科に関する専門科目・実験等の履修から始まり，教職科目の取得，教育実習の経験，さらには教員採用試験の突破まで様々なプロセスを経なくてはならない。卒業後すぐに理科教員として教壇に立つ場合にも一定の専門性が備わっていることが求められ，その具体的な内容を紹介する。教職に就くためには，自然科学に関する専門知識，技能に加え，多方面にわたっての資質・能力が求められるのは当然であるが，教職に就いてからの学びに向かう力や人間性を高めることについても言及する。

第1章

4年間を見通した教職教育の学び方

本章で学ぶこと

　教育職員免許法，ならびに教育職員免許法施行規則が改正され，それまでの「教科に関する科目」「教職に関する科目」，および「教科又は教職に関する科目」が，「教科及び教科の指導法に関する科目」に集約され，8区分から5区分と科目区分の大括り化が図られた。教科内容（学科の専門性）とその指導法（教職の専門性）の一体化により，より実践的指導力のある教員の養成が可能となった。教科内容は学部学科（専攻）で培い，教科の指導は教職課程という従来の枠に縛られることなく，4年間を見通した履修計画のもと，着実な学びが求められる。教員としての資質・能力とは日々地道に精進する者の代名詞でもある。

1　理科教員となるには何をどのように学べばよいか

　かつて学校教員の養成は師範学校で行われていた。1886（明治19）年の師範学校令には，「師範学校は教員となるべき者を養成する所」（第1条）とあり，その名が示すように，まさに師範としての教員の養成が行われた。戦後は，師範タイプの教師像の否定から師範学校が廃止され，教員の養成は大学でなされるようになる。一般教養による幅広い視野をもち，高度の専門的・学問的教養を兼ね備えた教員の育成を目的として，教職教養からなる教職課程を履修しさえすれば，大学卒業時には誰もが教員免許を取得できるという「開放制」が導入されたのである。

　しかし，この誰もが教員免許状を取得できるという開放制のあり方は，たとえ一部であるにせよ，教師でもするか，教師しかできないという「でも・しか教師」と揶揄されるような教員を生み出すことにもなった。現代の教育が抱え

る複雑多岐にわたる課題の一因は，教員のこのような養成のあり方にもある。本章では，教員になりたいと願う，いわば本気層の読者のために，4年間を見通した教職教育の学び方（力のつけ方）について述べることとする。

（1）教員としての資質・能力

　中・高等学校教員に求められる**資質・能力**とは何か。教育実習で評価される項目から探ってみよう。例えば東京都の評価票では，次の4つの領域（9項目）が評価の対象とされている（なお，詳しくは理科における実践的な指導力を中心に第2章でも取り上げる）。すなわち，

　　【領域1】教師の在り方
　　　・使命感と豊かな人間性と教師としての必要な教養
　　　・コミュニケーション能力と対人関係力
　　　・学校組織の一員としての役割と服務の厳正
　　【領域2】実践的な指導力
　　　・学習指導要領の理解と授業づくり
　　　・単元指導計画の作成と指導方法・指導技術
　　　・児童・生徒の学習状況の把握と授業改善
　　【領域3】教育課題
　　　・多様な教育課題の理解及び対応力
　　【領域4】学級経営
　　　・学級経営と集団の把握・生活指導
　　　・児童・生徒理解と教育相談・保護者との連携

　特に中・高等学校教員の場合には，教科に関する確かな学力のもと，深い授業観をもち，授業を実践しうる「授業力」を前提に，生徒を理解し，その上で生徒との関わりを保つ「生徒理解・関係構築力」，生徒，保護者をはじめ教員同士など学校における多様なコミュニケーションを可能にする「コミュニケーション力」，さらには学級経営や校務分掌など，学校における各種マネジメントを可能にする「マネジメント力」。そして，これら諸能力の基盤となる教職への深い理解や倫理観を身に付けるための「教師としての自己形成力」や「学び続ける力」などがあげられる。もちろん，これら教師としての力量は一朝一

夕に身に付くものではない。

　これら資質や能力を身に付けるための不断の努力を行いつつも，憧れの教師となって教壇に立つためには，まずは「教員免許状の取得」，そして「教員採用試験の合格」という関門を通過しなければならない。さらに教師となった後も，自己研修を含む各種研修によって「学び続ける教師」としての自覚と覚悟が求められる。

　教員採用試験や教師としての研鑽については，それぞれ第3章，第4章で触れるとして，ここでは，教師になるための第一歩としての教員免許状の取得について概観しよう。

（2）教育職員免許法に示された教員になるための基盤

　中・高等学校の教員，とりわけ理科教員として大学4年間でどのような区分にわたって，またどのような科目を履修・習得しなければならないのか。そしてそれらの科目は，教員の資質・能力の育成とどのような関係にあるのだろうか。

　表1-1に，**教育職員免許法**，ならびに**教育職員免許法施行規則**に定められた教員免許状取得にとって必要な基礎資格と，各区分における必要単位数を示した。表に示した単位数は必要（最低）単位数であり，取得すべき科目名や単位数については，大学独自に設定されているので注意されたい。教職課程では「教職の手引き」が刊行されているので，所属している大学・学部での実態を必ずチェックしておくようにしたい。

　なお，この表で，①の教育の基礎的理解に関する科目等の内訳は，教職に就くための基礎を学ぶ科目であり，教職論や教育心理学などの「教育の基礎的理

表1-1　基礎資格と必要単位数

	〈基礎資格〉学士の学位を有すること	教育職員免許法施行規則第66条の6				教科及び教職に関する科目			合計
		日本国憲法	体育	外国語コミュニケーション	情報機器の操作	①教育の基礎的理解に関する科目等	②教科及び教科の指導法に関する科目	大学が独自に設定する科目	
中学校	免許法施行規則に定める最低修得単位数	2	2	2	2	27	28	4	67
高等学校	免許法施行規則に定める最低修得単位数	2	2	2	2	23	24	12	67

解に関する科目」，道徳教育や特別活動，教育相談についての理論と方法を学ぶ「道徳や総合的な学習の時間等の指導法，生徒指導，教育相談等に関する科目」，教育実習や教職実践演習などの「教育実践に関する科目」からなる。また，②のうち教科に関する専門的事項に関する科目としては，理科の場合，「物理学，化学，生物学，地学，物理学実験（コンピュータ活用を含む：以下同じ），化学実験，生物学実験，地学実験」から１単位以上を修得しなければならない。

　上述した教員に求められる資質・能力は，学校をとりまくきわめて多種多様な課題に対処するため，高度専門職業人としての「学び続ける教員像」の確立を目指し，2015（平成27）年の中央教育審議会の答申において提言されたものである。この提言を受け，翌年，教育職員免許法が改正された。なお，ICT活用指導力に関わっての通知が2021（令和３）年８月に文部科学省より出された。これについては章末の備考を参考にされたい。

　学士の学位を有することを基礎資格として，免許法施行規則第66条の６に定められた科目，すなわち日本国憲法，体育，外国語コミュニケーション，情報機器の操作を修得した上に，教科及び教職に関する科目を計画的に履修・修得することになる。

　改正以前は，教科の専門的内容の指導は主に学科や専門課程で行われ，他方，教科の指導法は教職課程で行われてきた。教科内容と指導法とが何の脈略もなく個々別々に扱われ，そのため教員として必要な学修が行われていないのではないかという反省から，教科に関する科目，教職に関する科目，そして教科又は教職に関する科目と分断されていた科目が，教科及び教職に関する科目として大括り化されたことが新免許法の特色としてあげられる。

教科に関する科目　　　　　　　大括り化
教職に関する科目　　　　　　⇨　教科及び教職に関する科目
教科又は教職に関する科目

　これにより，教科に関する専門的な内容に指導法に関する事項を組み入れた新しい科目を設定できるようになった。教科の内容と指導法の両方を加味することで，例えば「教科における教育目標等について理解し，学習指導要領の内容とその背景となる学問とを関連させて理解を深めるとともに，授業設計を行

6

う方法を身に付ける」（下線は筆者）ことを目標とした科学知と学校知の双方を
つなぐ，実践的で深い学びを履修できるようになったのである。

2　4年間を見通した計画的な学び

　表1-1には，それぞれの区分での具体的な科目名は記されていない。例え
ば，教科及び教科の指導法に関する科目では，各科目に含めることが必要な事
項として「イ　教科に関する専門的事項」と「ロ　各教科の指導法」の2つが明
記されているだけで，具体的な科目名については各大学で判断・設置すること
になる。

　それはさておき，履修修得すべき科目数についてみると，高等学校の場合，
教育実践に関する科目（2科目）を含め，教育の基礎的理解に関する科目等11
科目，教科及び教科の指導法に関する科目12科目，大学が独自に設定する科目
6科目の計29科目，ここに免許法施行規則第66条の6で定められた日本国憲法
などの4科目を加えると33科目を4年間で修めなければならない。これはあく
までも最低科目数であり，多くの大学はこれを上回る科目の履修を条件として
いる（ここでは1科目2単位とした）。よほど計画的に履修しないと思わぬ不覚を

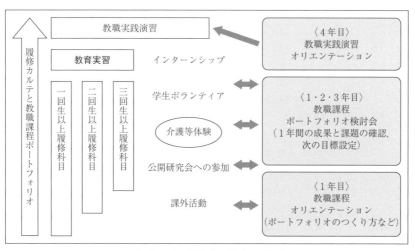

図1-1　4年間を見通した履修計画

とらないとも限らない。

　さらに，大学によっては学年ごとにとるべき科目を指定したり，また○○の科目を履修するには，前年度までに△△の科目を履修しておかなければならないという先修要件を課しているところもある。特に，教育実習（多くの大学では3，4年生で実施するが，なかには2，3年生時に観察実習を置く大学もある）を履修するにあたって先修要件を課している場合が多く，したがって，この要件を満たしていなければ卒業時に教員免許が取得できないことになる。

　4年間を見通した履修計画を促すため，単位習得状況の把握と，教師に求められる資質・能力（到達目標）の確認からなる「履修カルテ」（大学によって独自の名称がある）が用意されている。学年ごと設けられた項目にチェックを入れることで，自身の成長が確認できるという仕組みである。さらに，履修において生じた疑問や，また履修計画をセメスターごとにポートフォリオに書き留め，チューター（担当教員）から適宜アドバイスをうけることもできる。

　ちなみに，表1-2は教師に求められる資質・能力（到達目標）のうち，教科等の授業づくりの力量に関わっての確認指標とその力を育む科目との対応を表したものである。どの科目を履修すればどのような資質・能力が身に付くかを知った上で必要となる科目を計画的に取得できるようになっている。

　この「教科等の授業づくりの力量」の下位目標として，「教科内容に関する知識・技能」が位置しており，知識技能を確実に修得した上で授業づくりを履

表1-2　履修カルテ（授業づくり）

到達目標	生徒の特徴を把握し，対応できる様々な指導上の手立てを知り，生徒に効果的な学習を促す魅力的な授業が行える。	
目標到達のための確認指標		対応する科目，関連する科目
□教員としての表現力や授業力，生徒の反応を活かした授業づくり，皆で協力して取り組む指導法を身に付けている。		教科教育法，教育実習Ⅰ・Ⅱ，教育方法論，教職実践演習
□板書や発問，的確な話し方など基本的な授業技術を身に付け，生徒の特徴を的確に把握し，生徒の反応を活かしながら集中を保った授業ができる。		教科教育法，教育実習Ⅰ・Ⅱ，教育方法論，教職実践演習
□基礎的な知識や技能について反復して教えたり，板書や資料の提示をわかりやすくするなど，基礎学力の定着を図る指導法を工夫することができる。		教科教育法，教育実習Ⅰ・Ⅱ，教育方法論，教職実践演習
□誠実，公平かつ責任感をもって生徒に接し，生徒から学び，ともに成長しようとする意識をもって指導にあたることができる。		教育実習Ⅰ・Ⅱ，教職教育論，教職実践演習
□生徒の成長や安全，健康管理につねに配慮して，具体的な教育活動を組み立てることができる。		教育実習Ⅰ・Ⅱ，教職実践演習

修することで，目指す資質・能力の定着も可能となる。あいまいで無計画な履修のもとでは，必要な科目の取りこぼしだけでなく，たとえ履修したとしても十分な成果の得られない受講結果になる。大学によっては，下記のように，基礎から応用・発展へと科目を配置しているが，見通しの甘さから基礎知識なしに応用や発展科目から履修しなければならない者も散見される。

理科教育概論（2年次前期）→理科指導法Ⅰ（2年次後期）→理科授業法（3年次前期）→理科指導法Ⅱ（3年次後期）→理科授業発展演習（中学・高校）

1年次～4年次にわたっての用意周到な履修計画のもとに，その都度，履修・修得状況のチェックを繰り返しながら，各学年・各科目の到達目標をクリアしていく。教員としての資質・能力はその先に得られるものであることを肝に銘じたい。

最後に，いわば4年間の学びの成果が問われる舞台でもある教育実習において，指導教員から次のような「所見」を得た学生もいることを紹介しておこう。
「教科内容にたいする深い理解があり，それを生徒に伝えたいという情熱がありました。誠実で責任感が強く，教師としての適性が強く感じられました」（下線は筆者）
周到な準備のもと，日々精進していただきたい。

備考

　学校を取り巻くICT環境の急速な変化に鑑み，2021（令和3）年8月の文部科学省通知によって，各教科に共通して修得すべき情報通信技術（ICT）活用指導力を総論的に修得できるよう新しく科目を設置することが示された。以下(1), (2)にその要点を示しておく。

(1)表1-1の免許法施行規則66条の6に，「情報機器の操作（2単位）」に加えて「数理，データ活用及び人工知能に関する科目（2単位）」を設けること。

(2)表1-1の①に含まれる「道徳や総合的学習の時間等の指導法，生徒指導，教育相談等に関する科目」のうち，「教育の方法及び技術（情報機器及び教材の活用を含む）」を「教育の方法および技術」及び「情報通信技術を活用した教育の理論及び方法（1単位以上修得するものとする）」とすること。

第2章

教育実習では何が評価されるか

本章で学ぶこと

　教育実習は，教員免許状取得に不可欠というだけでなく，教職を志す姿勢そのものが試される場でもある。採用試験の面接でも教育実習での経験が問われることが多い。教育実習は自分の教職への適性や，資質・能力を見直す場であり，教育実習での学びや取り組みがその後の教職を目指した学生生活や教員生活を送る上での礎となる。実習校などでの評価とともに，教職を目指す自分自身への評価という，内外二面の評価を意識したほうがよいだろう。本章では，まず教育実習での学校など外部からの具体的な評価を評価票等に基づいて概説する。次に教職を目指す自分自身を成長させる貴重な場であることを示したい。

1　教育実習で育成が期待される資質・能力

(1) 教育実習にどのような姿勢で臨むか

　一般に，直接人間を相手にする仕事では，就職後すぐに単独で顧客と対応することは少ない。しかし，医師と教員はすぐに最前線を任される。そのため，学生時代から病院や学校など大学以外での実習が求められる。

　教員希望の学生を，教壇に立てるように成長させるのであるから，教育実習のもつ影響力は大きい。学校では，教育活動が継続されており，そのなかで実習生を受け入れるのだから，学校や教員の尽力，実習生自らの努力が必要となる。これらを認識し，教育実習生は，まず実習校や指導教員に対して，感謝の念をもつことが大切である。未熟な授業を真剣に聞いてくれる生徒に対しても同様の念をもちたい。技術的には，いくら努力しても現役の教員のようにはいかない。それでも「絶対に教員になりたい」という熱意と誠実さが溢れるよう

な姿勢を示したい。実際，実習生はこの方法でしか学校や教員，生徒の期待に応えることができないのである。

　なかには，「将来のことを考えて，教員免許だけでも取っておこうか」「教員になるつもりはないけど，教育学部なので，教員免許を取得しないと卒業できないから，やむをえない」と考える人もいる。しかし，このような姿勢は，受け入れ校や先生方に大変失礼であり，絶対に口にしてはいけない。心に思えば，態度に現れてしまうものであるから，教育実習中に絶対に不満をもたないこと，口に出さないことが，自分自身を成長させることになる（もっともセクハラ，パワハラと思える言動があれば，すぐに大学に連絡する）。

（2）教育実習では何が評価されるか

　教育実習での評価は，教員として必要な資質・能力が備わっているかどうかである。多くの都道府県では，教育実習の評価票などが作成されている。図2－1は東京都の評価票である。

　4つの領域（教員の在り方，実践的な指導力，教育課題，学級経営）に分けられ，それぞれ，評価項目や，具体的な姿が記されている。これらの観点は全国共通であり，実習に行く前に熟読しておくことが実習での具体的なイメージをつくることになるだろう。

　ただ，具体的な内容，項目を見て，自分の評定を考えると不安に思うことも考えられる。項目は現職の教員に当てはめてもよい内容が記されているからである。指摘しておきたいのは，たとえ今は不十分であったとしても，将来に向けて期待できること，そして指導担当教員はつねに前向きに実習生を評価しようとすることである。それには先述の誠意や熱意を前面に出す必要があるが，もちろん，それだけでは高評価につながらない。

　一般的には，教職に就きたいという実習生の将来を考えて，厳しい評価がつけられることはない。それだけに，学校や教員が厳しい評価をつけたときは，よほどのことがあったと自覚しなければならない。

<table>
<tr><td colspan="2" rowspan="2">フリガナ
実習生名</td><td colspan="4">平成　　　年　　　月　　　日</td></tr>
<tr><td colspan="4">学部　　　　　学科
　　　　　　　専攻
学籍番号　（　　　　　　）</td></tr>
</table>

実習期間	出席すべき日数	出勤日数	欠席日数（理由）		遅刻・早退
平成　　年　　月　　日　から 平成　　年　　月　　日　まで	日	日	病　欠 事故欠 その他	日（ 日（ 日（	遅刻　　　回 早退　　　回

1　評　定

　　各評価項目及び総合評定について、いずれかの評語を記入してください。

　　（評語）　　5（非常に優れた資質・能力を有している）　　4（優れた資質・能力を有している）　　3（資質・能力を有している）
　　　　　　　　2（資質・能力が不足している）　　　　　　　1（教員としての資質・能力がない）

評　価　項　目		具　体　的　な　姿	評　定
【領域1】教員の在り方	(1) 使命感と豊かな人間性と教員として必要な教養	①児童・生徒一人一人の実態や状況を把握し、児童・生徒のよさや可能性を引き出し伸ばすために、児童・生徒と積極的に関わっている。 ②教師に求められる常識を身に付けている。	
	(2) コミュニケーション能力と対人関係力	①管理職をはじめとする、教職員とコミュニケーションを積極的に図ることができる能力を身に付けている。 ②児童・生徒と適切な言葉遣いや話しやすい態度で接することができる。	
	(3) 学校組織の一員としての役割と服務の厳正	①学級担任の職務内容や校務分掌について理解し、管理職等に必要な報告、連絡等を適切に行うことができる。 ②法令を遵守する態度を身に付けている。	
【領域2】実践的な指導力	(4) 学習指導要領の理解と授業づくり	①学習指導要領の各教科等の目標や内容を踏まえて学習指導案を工夫している。 ②授業準備のための教材研究・教材解釈ができ、児童・生徒の実態に即した授業づくりを実践している。	
	(5) 単元指導計画の作成と指導方法・指導技術	①単元指導計画に基づき、実践する授業の指導目標とや指導内容、評価規準、指導観等を踏まえた学習指導案を作成することができる。 ②授業の場面において児童・生徒の実態と教科の特性に応じた指導方法や指導技術（発問、板書、説明等）を身に付けている。	
	(6) 児童・生徒の学習状況の把握と授業改善	①学習指導における評価の意義について理解し、授業中の児童・生徒の学習状況の把握や個別指導等を工夫することができる。 ②授業研究後に授業を振り返り、課題を整理し授業改善を進めて実践している。	
【領域3】教育課題	(7) 多様な教育課題の理解及び対応力	①多様な教育課題の現状を理解するとともに、児童・生徒　や学校、社会が直面する課題への対応力を身に付けている。 ②通常の学級に在籍する、支援を要する児童・生徒へ積極的に関わり、指導している。	
【領域4】学級経営	(8) 学級経営と集団の把握・生活指導	①学級の規範づくりや教室の環境構成、清掃指導、給食指導等を積極的に行っている。 ②状況に応じて適時に的確な判断を行い、教師として毅然とした態度をとり、適切にほめたり、叱ったりすることができる。	
	(9) 児童・生徒理解と教育相談・保護者との連携	①カウンセリングマインドや教育相談の基本的な技法を踏まえて児童・生徒に接している。 ②保護者や地域住民等と連携して、学校の教育力を高めていることを理解している。	
総　合　評　定			

2　校長所見

　　教育実習全体を通しての所見を具体的に記入してください。

　　（観点別又は総合で「2」以下の評定を行った場合には、必ずその理由を記入してください。）

学　校　名 校　長　名　　　　　　　　　　　　　　　印	指導教員名　　　　　　　　　　　　　印

図2-1　教育実習成績評価票の例（東京都）

出所：東京都教育委員会ホームページ。

2　理科に関して教育実習で身に付けたい基本的な知識・理解

（1）理科教員として必要な姿勢

　まず，先ほどの東京都の評価票をもとに「理科の実践的な指導力」として，どのような姿勢が必要かを示し，要点や注意点について補足する。

学習指導要領の理解と授業づくり
　① 　学習指導要領の各教科等の目標や内容を踏まえて学習指導案を工夫している。
　② 　授業準備のための教材研究・教材解釈ができ，児童・生徒の実態に即した授業
　　 づくりを実践している。

　毎回の授業では，指導案の作成が求められる。指導案は授業の羅針盤であり，授業の設計図でもある。単元にしても，１時間の授業であっても，最初にねらいを設定する必要がある。教科書は学習指導要領に則って作成されているため熟読の必要がある。研究授業などで自分のオリジナリティを意識して，教科書通りの授業展開を避けたがる実習生もいるが，そのようなところにエネルギーを注ぐ必要はない。むしろ，これまでの授業で生徒がつまずいているところを意識して，ていねいな説明をし，より理解しやすい教材作成に労力を割いてもらいたい。指導教員も，生徒の立場に立って考える姿勢を高く評価する。

単元指導計画の作成と指導方法・指導技術
　① 　単元指導計画に基づき，実践する授業の指導目標や指導内容，評価規準，指導
　　 観等を踏まえた学習指導案を作成することができる。
　② 　授業の場面において児童・生徒の実態と教科の特性に応じた指導方法や指導技
　　 術（発問，板書，説明等）を身に付けている。

　最近では，指導案のなかにも評価の観点が求められることが多い。この場合は評価規準（⇨第10章）に則って作成する必要がある。指導案は授業の計画書であるだけに指導教員としっかり打ち合わせをして，指導を受ける必要がある。
　発問は授業展開での教師の具体的な働きかけであり，生徒の疑問や発言から，生徒の理解を確認するとともに，授業を進めるコミュニケーションを伴った重

要な意味がある（⇨第9章）。そのため，指導案のなかに組み入れて，授業のね
らいに沿って作成しておいたほうがよい。ただ，授業中に想定外の質問があっ
たとしても教育実習では，生徒の話を聞きながらも全てを取り上げないほうが
よいこともある。ベテラン教員では，生徒の自由な質問を取り上げて授業を展
開するテクニックもあるが，教育実習生の力量でそれを行うと授業の収拾がつ
かなくなることも多い。説明のタイミングと板書のタイミングはバランスを取
る必要がある。説明をして，板書をし，さらに説明する「間の取り方」は，意
識して行うと，落ち着いて授業を行っているという印象を与え，評価されるこ
ともある。

> 児童・生徒の学習状況の把握と授業改善
> ①　学習指導における評価の意義について理解し，授業中の児童・生徒の学習状況
> 　　の把握や個別指導等を工夫することができる。
> ②　授業研究後に授業を振り返り，課題を整理し授業改善を進めて実践している。

　教育実習のなかで，実際に生徒を評価する機会は少ない。しかし，先述のよ
うに，評価は授業のねらいや指導と一体であるため，指導案には評価の観点が
求められることも多い。評価の観点を記載することで，授業のねらい，生徒に
付けさせたい力が明確になるからである。授業では，学習指導要領の評価の3
つの観点のどれを意識しているのかを明示することもできる。
　授業後，自分自身で授業の課題を整理し，改善が必要である箇所に気付くこ
とが大切である。授業を参観していた指導教員は，どこが授業の問題であった
かを指摘してくれるが，その前に自分自身で気付いた点を問われることがある。
的確に答えることができるように，授業が終わった後，あらかじめまとめてお
いたほうがよい。指導教員の助言に納得のいかないこともあるかもしれない。
しかし，そのときでも，素直に指導教員の説明を理解することに努め，絶対に
言い訳をしないことである。指導教員から自分の授業を適切に振り返ることが
できない，向上心のない実習生と評価されることもあるからだ。

（2）理科室で学びたいこと
　理科の教育実習が他の教科と異なるのは，職員室（実習生控室）だけでなく，

理科準備室で指導案や教材を作成する機会が多いことである。また，理科室で授業を行うこともある。教育実習の最大の山場である研究授業には，理科の場合，実験，観察などが不可欠であり，理科の準備室，実験室などを一連の配置として捉える必要がある。理科室で実験器具や薬品の保管場所を確認しておくことは，実験や観察時の生徒の効率的かつ安全に配慮した動線にもつながる。

　教育実習では，実習校での実験，観察の指導方法を学ぶことも大切である。理科系の学生にとって，大学の研究室などで，日ごろから関連する実験・実習に伴う操作などを熟知していると思い込んでいることも多い。しかし，大学と実習校とでは異なった配慮が必要となる操作もある。近年では，パソコンや液晶プロジェクターは当然ながら，電子黒板なども備わっている理科室がある。担当の理科教員はどのようなときにICTなどを用いているかも理解しておきたい。

　また，理科室では担当教員によって様々な工夫がされている。例えば水槽で水生生物が飼われていたり，岩石や化石標本などが展示されていたりする。なかには学生科学賞などの受賞作品を一定期間展示しているところも見られる。理科室を実験などで効率よく使用するのが目的だけでなく，生徒自身が理科室に入室したら，理科の学習意欲を高めるような工夫がなされている。自分が理科教員になったとき，他の教科と違い，担任するクラスの教室配置だけでなく，理科室の配置などを考えることによって，理科の教員としての自覚やおもしろさを感じることにもなる。指導教員は，このような姿勢も何気なく見ているのである。

3　様々な視点からの教育実習での評価

　教育実習前には，大学において必ず事前指導や諸注意・連絡がある。実はこのときに受けた指導が，実習先ではそのまま評価される。それを怠ったり，違反したりした場合，教育実習の評価自体が極端に低くなると覚悟したほうがよい。実習校での姿勢は学生感覚とは大きく違っている。近年，実習校においても個人情報の管理が厳しくなっている。個人情報の入ったUSBメモリなどを紛失すると大変なことになる。ツイッター，インスタグラムなどSNSでこれくらいと思っても許されない行動が多々ある。なかには指導教員に注意を受け

たことを思わずツイッターに書き込んだため，実習校から実習中止を申し渡された実習生もいる。生徒と親しくなっても，学校外での接触は当然のこと，LINEやメールアドレスの交換なども禁じられていることが多い。いくら熱心に教材研究をしたり，授業の評判がよかったりしても，何かひとつしくじると教育実習の成績自体に大きく影響するため，実習前に受けた指導はしっかりと肝に据えておくことが必要である。

4　教育実習での評価を活かす方法

　教育実習が終わると安心する学生も多いが，教育実習終了後，実習校に提出が義務付けられている書類やレポートなどもある。これらは早目に作成し提出する必要がある。遅れることは絶対に許されず，教育実習での評価の減点対象となる。また記憶や印象が新しいほど，多面的な考察が可能となる。学校から離れて整理していくうちに，教育実習中には気付かなかったことが見えてくることもある。大学によっては，教育実習後の反省会や報告会が実施される。他の教育実習生の報告を聞くことによって，新たな理解や気付きも生じる。最近では，大学においても教育実習委員会や教育実習担当者などからのコメントや指導もあり，これらを踏まえた振り返りが重要であるのは述べるまでもない。
　教育実習後の振り返りは採用試験の記述試験や面接試験時にも活きてくる。記述試験では，経験に基づいて記載するとき，教育実習は貴重な体験であったことに気付く。また，面接試験では，必ず教育実習に関する質問がされる。例えば，教育実習で最も印象的であったこと，教育実習で学んだこと，うまくいかなかったこと，教育実習での経験を教員になったときにどのように活かすか，自分が教員に向いていると感じたのはどのようなときか，などである。
　一方で，教育実習は失敗（大きな失敗ではないのに，授業がうまくいかなかった，生徒の心をつかめなかった，適切な指導ができなかった）だったと感じ，さらには，自分は教員に向いていないのでは，と落ち込むことがある。しかし，それは逆に大きな気付きや学びがあったのであり，けっしてマイナスに考える必要はない。教育実習はうまくいった，自分は教員に向いているという勘違いをしている学生よりは，将来への飛躍が期待できるのであるから。

第3章

教員採用試験では何が問われるのか

本章で学ぶこと

　教員採用試験で問われるのは，理科に関する知識・技能のみではなく，教師としての姿勢そのものであるということを強調しておきたい。中学校では2021（令和3）年度，高等学校ではその翌年から全面実施される「学習指導要領」で育成したい資質・能力として，「知識及び技能」「思考力，判断力，表現力等」「主体的に学ぶ力，人間性等」がかかげられているが，理科教員自身にもこれらの力量が備わっている必要がある。これらの力量に加えて，教育に対する強い熱意と誠実な姿勢，責任感など，理科教員を目指す読者には意識してもらいたい。

1　採用試験の突破に向けて

（1）教員採用試験とはどのような試験か

　教職に就くためには，まず，希望する都道府県・政令指定都市等の採用試験に合格しなくてはならない。出身大学，大学時代の成績などが直接合否につながるわけではなく，非常に公平・公正な試験制度である。一方，採用の判断は設置者である教育委員会に委ねられ，大学の成績や評価がよくても採用されるとは限らない（大学推薦であっても採用されない場合があるので，安心できない）。

　採用試験では就職後に必要な資質・能力が問われる。近年では，新任教員でも学校での即戦力が求められる。理科の専門性は当然のこと，生徒や学級を任せ，保護者や地域，同僚や管理職，設置者の信頼を得ることができるのかなど，あらゆる角度から審査される。つまり，理科に関する知識・技能だけでなく，生徒指導，学級運営・学校運営の一部など，教職に直結する知見，保護者・地域・同僚等への期待に応え，教師として向上が望める人かなど，複数の目で審

査される。採用側としても一度採用すれば，よほどの失態がない限り退職をさせることはできず，長期間，雇用し続ける。そこで，あらゆる就職対策にいえるが，教員採用試験に関しても筆記・論述，口述・面接などからなる多様な試験を突破するための安直な付焼刃的な方法はないことを肝に銘じておきたい。

（2）理科教員としての意識・姿勢

　教員としての資質・能力には就職してから身に付いたり，付けたりするものもある。学校管理・運営など教師のライフステージに応じて力量が形成されていくが，学生時代に習得しておくべきものも多い。理科教員となる場合，学生時代から，理科の専門知識とともに実験・観察の内容・方法，データ処理などの技能の習得などは必要である。生徒に指導するためには，まず教員自身に経験や力量が備わっていなければならないのは述べるまでもない。

　一般的には大学時代の生活は，わずか4年である。ゼミなどに配属されて専門的な卒業研究に取り組むようになったとしても，長くて3年生からで2年間，大学院修士課程に進学したとしても4年間ほどである。教員になって何十年経っても専門を問われれば，学生時代の卒論などで学んだことをあげる人が多い。学生時代に培った専門性は，長い教職生活の間にも影響を与えるといえる。

　理工系の学部では，専門性を高めた研究は，いわば高層型のビルのように比較的狭い範囲で高く積み上げることも可能であるかもしれない。しかし，理科系出身者で教員として，教育研究に携わっていくためには，ピラミッド型のような構築物，つまり裾野の広さを心掛けることが必要である。卒業研究を手掛ける際にも，自分の専門を広く捉えるという姿勢で臨んでもらいたい。卒業研究だけでなく，教育実習や，理科の専門の授業で取り組んだことも放置せず，自分自身の教職のキャリアとして体系化するような意識が重要である。

2　教職に対する基本的な知識・理解

（1）教職教養で必要なこと

　教育の世界に限らず，人間社会には必ず法律や条例があり，それに基づき，秩序立って動いている。学校教育も同様であり，そのため教育法規は教職教養

のなかで，最も出題頻度が高いといってよい。ただ，日本国憲法，教育基本法，学校教育法及び学校教育法施行規則など，そのまま覚えればよいというものではない（実際，教育六法を読んでも簡単に身には付かない）。なぜ，このような法律や条例ができたのか，その背景や根拠を理解しておくことが必要である。特にものごとを筋道立てて考えることは理科の教員にとっても重要なことであるが，この姿勢はあらゆる教育活動でも求められる。

　学習のプロセスにおいては，PDCAサイクルが重視されている。しかし，学校の置かれた状況によってはOODAサイクル（ループ）も今日では必要となっている。ここでいうOODAサイクルとは，観察・状況把握（Observe）－情勢への適応・行動の方向づけ（Orient）－意思決定（Decide）－行動（Act）によって，適切な意思決定を実現するものである。学校安全・学校危機管理など，自然災害に対する防災・減災教育，復興教育，さらには放射線教育などにおいて，この視点は，これからの先行き不透明な時代に生きていく子どもたちよりもむしろ，大人にこそ備わっておくべきものである。加えて，コロナ禍を過ごす児童生徒にとっては大人になってからではなく，就学期から，この視点に慣れ親しんでおきたい。実際，卒業研究などで生態系や地質学などのフィールドワークに取り組んだ人たちにとっては，まずは状況を把握するためのObserveから始まるOODAサイクルのような研究手法を用いていたこともあるだろう。

　さて，話を採用試験の出題傾向に戻そう。近年は教育の課題と密接な法律や条例が出題されることが多い。日本国憲法，教育基本法，学校教育法そして学校教育法施行規則は定番である。さらに，最近の傾向として「いじめ防止対策推進法」「児童虐待の防止等に関する法律（通称，児童虐待防止法）」「学校保健安全法」などにも目を通しておきたい。東日本大震災後，石巻市立大川小学校のように最高裁まで争われた事例もあり，「学校保健安全法」についての解釈が，子どもたちの命を守る教育現場にとって厳しいものとなったなど，単なる法規名の暗記に留まることなく近年の事例とともに法規を理解する必要がある。

　もちろん教育法規については，管理職試験や指導主事試験でも出題されるが，初任者に期待されることとは異なったものである。教育法規については，教師生活を送る際にも，その意図をつねに意識しておかなくてはならない。

（2）専門教養で必要なこと

　理科教員は，物理・化学・生物・地学の４領域とも理解しておく必要がある。高校教員を目指す場合も，かつては，各科目の内容が試験範囲であった。しかし，高校現場では，科目の専門性よりもクラス運営が重視されることが多いため，学年に開講されている科目を受けもつ。つまり，たとえ高校教員であっても教員免許は「理科」のため，「物理」「化学」「生物」「地学」のどの科目でも担当できなくてはならない。教員採用試験でも全科目にわたって出題範囲となることも多い。高校理科教員を希望する者は，少なくとも全科目とも高校入試レベルの知識は必要であり，現行の「基礎」を付した科目くらいの内容は求められている。専門科目については，大学入試レベル以上の知識が問われる。受験しようとする都道府県の過去問は早期から目を通しておきたい。

　採用試験に合格しても，採用された高校は必ずしも進学校とは限らない。むしろ，それ以外の高校に配属される可能性が高い。体系的な理科を学ぶのが，生涯最後になる生徒の多い学校では，理科の学びが実社会でなぜ必要かを語る姿勢も重要である。理系に進学した学生は，高校では物理や化学を履修し，大学でもこの領域を学び，指導にも自信があるだろう。だが，生物や地学の領域を長らく学んでいなかった，場合によっては地学領域の知識は中学校以来ということも珍しくない。採用試験対策としても早めにこの領域に取り組むことが必要である。逆に学生時代に生物や化学領域に取り組んだ学生は，物理を知らないこともある。

　一般的に，出題の範囲や傾向，試験時間などは，各都道府県とも年度によって大きく変わることは少ない。傾向を知り，その対策を講ずるためにも，過去に出題された問題は解いておく必要がある。

3　問われる教職や地域に対する熱意

　教育に関する国の施策や動向もつかんでおく必要がある。文部科学省のウェブページは，つねに気にかけたい。各都道府県教育委員会等も採用試験前には求める教員像を示しているから，熟知し，受験しようとする都道府県との適性を考えておく必要がある。また，その都道府県の教育方針などを知っておくこ

とも重要である。これらは試験に直接的には問われないとしても，論述・口述試験の際に例としてあげることは，採点者に好印象を与えることにもなる。

　ICTの活用は若い理系の教員には期待されやすい。現在日本でもSTEM教育が重視され，ICTも重要な課題である。GIGA（Global and Innovation Gateway for All）スクール構想やプログラミング教育が注目され始めた時期に，新型コロナウイルス感染症によって，オンライン，オンデマンドなどの教材や授業づくりが喫緊の課題となった。中央教育審議会の答申の全文とはいかなくとも，その骨子には目を通しておきたい。時代の変化に対しても柔軟に対応できる姿勢こそが，これからの理科教員に期待されるところである。

　地域を主題とした出題が見られることもある。全国からの受験生を意識して，地域特有の出題は避ける傾向の都道府県もある。しかし，その地域で本気で教職に就くことを問うために，地域の生態系や地質・岩石などを出題するところもあるので，受験地の傾向と対策もしておきたい。

4　面接で問われる人間性

　協調性，責任感，柔軟な対応力はいつの時代にも求められる。コミュニケーション能力は教職に限らず，全ての就職試験の面接時においても問われる。

　面接試験では，なぜ理科の教員になろうと考えたのか，自分はどのような点で教員に適していると思うのか，目指す教員像とは，などが問われる。その都道府県を受験する理由や併願する府県なども聞かれることがある。自分の出身地や大学が立地する地域でない場合は，その理由を述べることができるようにしておく必要がある。単に倍率が低かったからとは答えにくく，ごまかそうとしても面接者にはすぐに見抜かれる。その場合は，自分はどこでも教職に就きたいと開き直ることもひとつの方法である。加えて学生時代，何に取り組んでいたか，それを教職にどのように活かすのか，が問われるのも面接試験の定番である。これについて自問し，自分なりの回答を得ておくことは不可欠である。

　また，一般に，部活動やサークル，大学の委員会などを経歴などに記していると，活動を積み重ねてきた経験，そこから得たものの回答が求められる。さらに，教員希望者には，教育実習での知見などが質問される。もちろん，理科

系の学生もサークルやアルバイトなどの経験で得たものがあれば，それを語ってもよい。しかし，他学部や学科の学生より卒業研究などで，研究室で過ごした時間は長いはずである。卒業研究での取り組みや教育実習での実験，観察の指導の経験を踏まえて理科のおもしろさ，楽しさも語ることができるようになってもらいたい。よく4年生になると教員採用試験が数か月後に迫るため，卒業研究などの研究はひとまず置いて，試験対策に時間を割く学生も見られる。しかし，自然界の事物・現象の何に興味をもって，卒業研究に取り組んでいるのか，また今後の計画など語れるくらいには研究を進めておくべきであろう。学び続ける教員の資質の有無は，そのようなところからも探れるのである。

　面接で重要なのは話しすぎないことである。問われたことをきちんと理解して正確に答えることが肝要である。質問には，正解のない問いもあったり，返答に困ったりするものも意図的に含まれている場合もある。そのとき，下を向いたり，目をそらしたりせずに，にこやかな表情で真剣に答えようとする姿勢が必要である。これは教職に就いたときに，困難な状況や保護者・地域の人からのクレームなどにどのように対応できるかを見られることが多いからである。

　集団討論においても，けっしてしゃべりすぎないこと，むしろ人の意見などを頷いて聞ける人が評価される。教職に就いてからも生徒や保護者，地域の方々，さらには同僚，管理職に対しても相手の立場に立って物事を考えることができるかどうかが試されていると知るべきである。近年の日本の教育の成果かどうかは定かでないが，自分の考えや主張を明確にできる人は増えている。しかし，相手のことをよく聞いて理解した上での自己主張であるかどうかは疑わしい。

5　短時間で問われる授業力

　教員採用試験では模擬授業が実施されることも多い。教育実習などで指導は受けてきたはずではあるが，面接委員を生徒に見立てた模擬授業とは少し異なる。まず，時間が短いことである。最初に本時の授業のねらいについて端的に話すこと，その際，明るく，熱っぽく，さらに生徒へ対するのと同じように面接委員の一人ひとりの目を見て進めていくことが求められる。緊張すると早口

になりやすいが，伝えたいことはゆっくりと，話し方のメリハリをつけることが大切である。また，教育実習でも発問の大切さは学んだと思うが，短時間の模擬授業でも発揮できるようにしたい。逆に教育実習で慣れてきたころに，これが採用試験での模擬授業であると想定しながら授業を進める方法もある。

　話し方の慣れは授業回数に比例して向上する。そのため，模擬授業は，教育実習期間だけでなく，何度も空き教室などでトレーニングをしておく必要がある。学会発表や卒論発表などでも，このトレーニングは活きてくる。一夜漬けでは通用しないことを肝に銘じておこう。教職に限ったことではないが，コミュニケーション能力はつねに求められる。自分のプレゼンテーション（板書も含む）はこれでよいのかを，模擬授業などをビデオで撮影して後から見ることも気付きが生じる。話し方などの癖は，なかなか気が付かず，修正する機会もない。理学部や工学部出身者は自分の授業を客観的に見る機会は少ないかもしれないが，鏡などで自分の話し方を意識することは重要な対策となる。このとき，ノンバーバルなコミュニケーション（非言語によるコミュニケーション）も気にかけたい。つまり，身振り，手振り，視線などである。

　理科においては，実験・観察など技能を含む資質・能力が問われることがある。しかし，日本の教員採用試験の場合，時間の制約からか，諸外国で実施されている実験や観察などを伴ったパフォーマンステストは今のところあまり見られない。その代わり，安全性の観点からも実験の操作や器具の用い方を問う問題が出題されることが多い。そもそも実験を行う場合や理科室の管理などを含めて，理科教員には整理・整頓の能力が求められているともいえる。ましてや面接試験などで，服装・髪形などだらしない印象を与えてしまう受験生は問題外である。

第4章

理科教員としてのライフスタイル・ライフワーク

本章で学ぶこと

　理科教員としての生きがいは，主に次の3点に整理できる。第一に最新の科学の知見を得ることの楽しさである。学生時代に専門とした研究領域だけでなく，様々な自然科学の領域では新たな発見がある。第二に，科学的な知見を生徒に伝えていくことを工夫する楽しさである。これには新たな実験・観察方法や教材の開発などが挙げられる。最後に，自分の働きかけによって，生徒がどのように反応するかを見ることができる喜びである。知らなかったことやわからなかったことを知ったり，理解できたりするときの生徒の驚きや喜びは理科教員の醍醐味ともいえる。

1　教師生活のスタート

　採用試験への備えと新任教員としての取り組みは連動している。採用試験に合格するための努力は大変であるが，得るものも多い。しかし，採用試験の突破はゴールではなくスタートにすぎない。新生活のスタートはその後の人生に重要な影響を与える。採用されて必ずしも定年までの教職が保証されるわけではない。採用試験でも教職の適性の判定には限界があるため，地方公務員法では，「職員の採用は，すべて条件付のものとし，その職員がその職において6月を勤務し，その間その職務を良好な成績で遂行したときに正式採用になるものとする（後略）」と記され，初任者の行動には慎重さが求められる。

　教職に採用された後も関連した業務に多くの時間が割かれる。まずは，周囲にお手本を探すことである。ベテランの教員は，学年主任や校務分掌の長など，教科の準備以上に多忙な人は多い。しかし，そのような人たちは忙しいからといってけっして理科の授業をおろそかにしていないはずだ。

　教職の仕事に加え，理科の教員として，はじめて体験することも多い。大学では専門であったはずの科目も教えるとなれば別の難しさがある。現在の学習指導要領では，小学校段階から中・高等学校まで理科の4領域は体系化されている。これまで各校種や学年では，どのような内容を履修してきたかを授業前に理解しておく必要があるが，学習指導要領解説編での図（⇨巻末資料）の一読でも十分である。

　指導の観点については，学生時代や教育実習で学んでいたとしても，生徒一人ひとりの成績評価の方法については，教員になってはじめて知ることも多い。評価については別のところ（⇨第10章）で紹介するので，ここでは，「指導と評価の一体化」の重要性について指摘するだけにとどめておく。

2　理科授業の展開

（1）実験・観察への対応

　学習指導要領では探究活動が中・高等学校の学びの目玉として位置付けられている。核となる実験・観察は，実験材料の点検，購入から始まって，学習目標に沿った構成や実験観察の具体的なあり方の検討から実験終了後の後片付け，生徒のレポート提出とその確認まで，1時間の授業に対して多くの労力が必要とされる。高等学校では実習助手が配置されていることが多いので，協力・分担などを相談したり打ち合わせたりしておくこともスムーズな運営に欠かせない。

　実験・観察を行う意義として，座学では見えない生徒一人ひとりの性格まで見ることができることがあげられる。保健体育科や美術科などの科目を担当する教員が生徒の性格を理解しやすいのは，生徒が能動的な姿勢を取っているときの姿を見る時間が長いからだといえる。理科授業においても講義を受けているときの生徒は受動的であり，生徒の様子から興味・関心や理解を捉えることは容易ではない（授業中は説明に頷いていたので理解できていると思っていたところ，試験の結果に愕然としたという経験をもつ教員は多い）。それに対して，実験・観察を行っているときの生徒は表情から態度まで読み取ることができる。不明点などがあれば，グループのなかに尋ねる声が聞こえることもある。

　OECD 生徒の学習到達度調査のなかで，日本の義務教育段階修了後の課題のひとつに生徒の授業に参加している意識が低いことが報告されている。教師の説明を理解できないと参加意識が低くなることは容易に想像できる。しかし，実験や観察では意外な印象を受ける。これには実験などが授業で十分位置付けられていないこと，実験などを行っても，なぜこの実験を伴う作業をしているか理解できていないことなどが考えられる。「見通し」をもった授業の展開は，理科が得意，不得意にかかわらず，あらゆる生徒が参加意識をもつためにも重要である。

　実験・観察の実施には取り扱う内容だけでなく，時間配分への配慮も大切である。教育実習での実験や観察を伴った授業を思い出せば，時間が足りなかったことに気付く。準備した実験に対して生徒がどれくらいの時間でできるかは，予測が難しかっただろう。そのため，時間内に実験などを終える指導で精一杯となり，授業のまとめまでたどりつかなかったこともあったかもしれない。学習指導要領告示前に，中央教育審議会では，諮問時に「アクティブラーニング」が強調された。最終的に学習指導要領では「主体的・対話的で深い学び」と記載されたが，実験・観察を主題とする理科の授業ではこれまでも実践されてきた学びである。しかし，この機会にもう一度，この言葉の意味を捉え直してもよい。

（2）理科授業の展開

　一般的に小学校とは異なり，中学校，高等学校とも着任後すぐにクラス担任となることは少ないため，理科の授業の準備に充てる時間が保証されていることになる。教育実習のときだけでなく，教師生活を長年積み，授業内容に関連した知識は蓄積されても必ずしも満足のいく授業ができるとは限らない。ここに授業力向上の奥深さがある。「授業力」とは，生徒の状況を踏まえ，授業を構築し展開する力ではあるが，教室・実験室の限られた空間で，生徒にどのように発信するかは決まった方法があるとは限らない。ICT の活用が増え，教員が生徒一人ひとりやグループなどの机間指導をしなくても，生徒の学びの状況が画面に一覧されることも多くなった。また，従来の板書や教員が示す演示実験においても，液晶プロジェクターや電子黒板などでパワーポイントやカメ

ラでの拡大も可能となっている。これらのプレゼンテーションの基本的な方法は学生時代に習得している人も多い。

　教員には企画調整力も重要であり，理科では限られた時間内でのマネジメントが求められる。教育実習での学びは教員になったときにも大きな影響を与えるが，それとは違う方法も必要となる。指導案を書いて，指導教員に見てもらい，それに則った授業を展開する。導入，展開，まとめは一連性のものであるが，なかなかうまくいかない場合も経験しただろう。実際の授業展開では，先にこの日のまとめを考えることも必要となる。この時間では生徒にどのような知識や技能などを習得させたいのかを明確にし，そのためにはどのような授業を展開すればよいかを考え，最初に授業のねらいを示す。実習生や若手教員の授業を見ると，最初から授業の流れが断続的であることが多く，授業を展開していくうちに授業のねらいが不明になり，授業では何が重要であったのか，生徒が理解できなくなる場合もある。授業は50分間のドラマである。つまり，ドラマの脚本（シナリオ）を想定して，その骨子を明らかにするのが指導案だといっても過言ではない。学習指導案については第11章以降で示すことになる。

3　先端科学も記された教科書の内容を理解することの大切さ

　自然科学の発展は著しく，最新の情報からすれば教科書の内容には遅れが見られることもあった。近年ではその差は小さくなりつつある。これには平成14年に学習指導要領での取り扱いが大きく変わったことにも理由がある。それまで，学習指導要領で取り扱われる内容はマキシマムであり，それを越えて教えることは認められなかった。教科書検定においても学習指導要領の内容を逸脱していないかが大きなポイントであった。しかし，現在では学習指導要領はミニマムであり，そこに記された内容を取り扱っていれば，生徒の興味や関心，能力に応じて，それ以上の内容を取り扱ってもよいようになり，その結果，理数教育の充実と連動して，理科の教科書内容は高度になった。特に高校の現行の4単位の科目内容には先端の科学的事項が記されていることも多い。読者自身が生徒のころの教科書の内容とは異なっていることも理解しておきたい。

4　理科教員としての資質・向上を目指して

（1）専門外の内容の学び

　科目ごとに採用された高等学校でも，教員免許は「理科」である。そのため，どの科目も担当できることになっている。かつての高等学校社会科の教員免許は，現在では「地理・歴史科」と「公民科」に分かれている（理科でも分けるような議論があったが，旧社会科のように多くの人が納得するような分け方ができなかった）。しかし，このことをプラス面として考えたい。学生時代「物理」や「化学」が専門であったが，教えるために学ぶと意外と「地学」や「生物」がおもしろいということもある。同じ科学であっても，研究手法などの違いに気付き，理科教員としての豊かさ・広がりにもつながる。

（2）理科の教師としての楽しみを知る

　理科教員に限らず，一度教職に就くと，そのまま定年まで教員生活を送ることになる。毎年，新たな授業を考える教員とマンネリ化した授業を展開する教員とでは，何年も経つと大きな差が生じるのは当然である。教職に就くと，年を経るごとに受動的に対応しなくてはならない業務が増え，期限内に提出する書類作成なども多くなる。学年，校務分掌，クラス運営など，割り振られた業務を期日までに的確にこなすだけでも疲れるのは事実である。しかし，受け身の業務だけでなく，能動的な業務を見付けることが充実した教員生活につながる。部活動に教員としての自己実現を感じている人もいるが，理科教員としては，理科が好きな人が多かっただけに，理科教育への取り組みにおもしろさを見付けることもできるはずである。

　また，生徒と一緒に研究する楽しさを知っている理科教員も多い。例えばSSH（Super Science Highschool）での教育活動での取り組みがあげられる。SSHは2002（平成14）年から20年も取り組まれてきたものであり，科学技術立国を支える人材育成が期待されている。毎年，「これが高校生の研究か」と思えるほどのレベルのものもあり，外国のジャーナルに掲載された研究もある。これらの成果は高校生だけでは限界があり，指導教員の尽力が伺える。確かに高校

生の自主的な活動では，野球やサッカー，ラグビーなど運動系の部活動などが注目され，指導者の姿勢もマスコミ等で取り扱われる。近年ではSSHの生徒発表会の受賞校の指導教員も注目を集めるようになった。コメントからは，指導教員の努力や熱意も伺われ，生徒とともに研究する楽しさが感じられる。

（3）理科教員としての継続的な学び

　教材開発など，継続的に研究を行うには刺激も必要である。がんばっている理科教員の取り組みは大きな励みになる。職場の同僚からの指導やコメントも期待できるが理科教員の数としては限界があるため，学外へ求めることも大切である。例えば，市町や都道府県での公的な理科関係の研究会への参加があげられる。教育委員会や教育センターでは研修会が開催されるので，積極的に出席することも考えたい。

　さらには，全国レベルでの学会への参加もある。学会といっても自然科学の研究だけではない。教材，プログラム開発も立派な教育研究となる。一度，教育関係の学会，例えば日本理科教育学会などに参加して，興味のある発表を聞いてみることも大切である。自分がこれまで取り組んできたことと関係が深いこともあるし，このようなアプローチが教育研究となるのかと気付かされることもある。思い切って研究会や学会で発表することも勧める。発表することが次の教育活動への大きな刺激となる。学生時代に卒業研究の発表や中間発表時，指導教員や関係者などから指導，コメントを受け，発表後には充実感があっただろう。この充実感を就職後も継続し，それを刺激として求めることもすすめたい。

　一般に理系の学部や講座は指導教員との関わりが長かったり，研究の結び付きが深かったりする。卒業後も，出身大学の教員と連絡をとったり，なかには共同研究を続けている人もいる。また，先述のSSHのように，生徒への指導や大学の研究施設の利用などを依頼することもある。学部や講座の出身生が卒業後も懸命に取り組んでいる場合，大学教員は協力を惜しまない。自分自身が能動的な姿勢で向上心をもち，何事にもチャレンジングであることが理科教員としても，人間としても，魅力が備わっていくことにつながる。

5　理科教員としてのライフワーク【応用編】

（1）在職のまま，大学院に進学する

　教員になってから本格的に学びたいと思うことは珍しくなく，むしろ望ましいことである。現在では，現職のまま，大学院に進学する機会も増えている。2年間，大学院に派遣される制度もある。義務教育の学校であれば，1年間は大学院で学び，2年目は学校現場に戻って，研究を続ける方法もある。また，通信制の大学院もあり，そこで学びを深め，修士の学位を得ることもできる。さらに，学校に在籍したまま，博士号を取得することも可能となっている。かつても学校教員から理学部や工学部の大学の教員になった人はいるが，最近では教育学部や教職大学院の教員として転職する人が増えている。

（2）研究費の獲得

　新たな教育研究活動を行おうとした場合，当然ながら予算が必要となる。例えば，個人的なパソコンや自分の研究用の備品・消耗品，関連する書籍の購入，さらには研究調査や学会参加に伴う旅費などの確保である。授業で使用する実験材料など，確かにある一定の予算は学校も用意しているが，それだけでは実践研究には厳しい。そこで，外部から研究費を獲得することを勧めたい。学術振興財団の科学研究費補助金は，その典型的な例である。現在，学校の教師には，奨励研究として，1年間に100万円まで申請することができる。

（3）将来のイメージを考える

　読者には，これから理科の教員を目指す人や，学校教員をスタートしたばかりの若手が多いだろう。将来，自分はどのような理科教員になるのかを考える余裕はまだないかもしれない。しかし，目標をもてばしらずしらずのうちにそちらに向かって努力していくものである。そのためにも10年後，20年後の自分を想定し，そのとき自分は何をしていたいかという「なりたい自分」を比較的若い時代から考えることである。

第Ⅱ部

理科の授業づくりの基盤

　　第Ⅱ部では，具体的に理科の授業を計画・準備し，展開する際に意識し
ておくべきことを整理した。まず，近代以降，国として中等教育のなかで
理科教育には何が期待され，どのように確立されてきたかを探る。近代日
本の教育改革として，明治の学制，戦後の民主主義に基づく教育，そして
現在の生きる力の育成を目指した教育の潮流を概説し，学校教育において
の法的拘束力をもつ現在の学習指導要領及びその変遷についても解説する。
さらに学び手の立場にも立ち，他の教科との共通性や差異を意識しながら，
歴史的・国際的な動向を踏まえ，教材論，学習論，教授・学習論，教育評
価についても，理科の特色を重視して紹介する。

第 5 章

中等理科教育の変遷過程
―中等教育の確立をめぐって―

この章で学ぶこと

　日本の理科教育，特に中等理科教育について，その特色と，今後の歩むべき方向を
読み解くため，胎動期としての明治5年公布の学制から令和期に至る流れについて概
観する。「日本の理科教育はいつ誕生したか」，「日本の理科教育のねらい，特徴とは
何か」，そして「日本の理科教育，過去から現在，変化したものは何か」について明
らかにする。小学校の基盤の上に中等学校が築かれた経緯を見失うことなく，初等・
中等学校の双方の推移について見ていくことにする。まず本章では明治初期から教科
理科の誕生，そして明治35年の中学校確立期まで概観する。

1　中学校「理科」の誕生をめぐって

(1) 創始期（明治5年～明治11年）――学制は近代教育制度の青写真

　そもそも，日本の理科教育はいつ誕生したのだろう。それは黒船来航で西洋
文明に目覚めはじめた江戸末期か，それとも戦後，民主主義のスタートを切っ
た昭和20年代か。ここでまず，明治期の初等・中等教育誕生に関わる事項を年
表で確認しておこう。なお，表5－1には小学校の就学率も示してある。

　明治5年の学制，またその下での諸政策は，いずれも近代的な学校教育制度
を目指したものであったが，地方の実情にはマッチせず，文明開化をスローガ
ンとした新時代への青写真という位置付けであった。

　全国を8つの地域（大学区）に分け，さらに一大学区あたり32の中学区を設
け，各中学区の下には210の小学区を置き，全国に5万3,760校の小学校，また
256校の中学校を設置するという計画であった。これは，2020年現在の小学校
数1万9,525校と比べてもその壮大さがわかる。

表5-1　明治期の小・中学校に関わる規則

年	事　項	小学校就学率（%）
1871（明治4）	文部省創設（全国の教育行政の統括）	
1872（明治5）	学制公布，小学教則制定，中学教則略制定（翌，改正）	28.1
1879（明治12）	教育令公布（学制廃止）	41.2
1880（明治13）	改正教育令公布	41.1
1881（明治14）	小学校教則綱領制定，中学校教則大綱制定	43.0
1884（明治17）	中学校教則大綱改正，中学校通則制定	50.8
1886（明治19）	小学校令公布，中学校令公布①（教育令の廃止）尋常中学校ノ学科及其程度制定	46.3
1887（明治20）	教科用図書検定規則制定	45.0
1890（明治23）	教育ニ関スル勅語発布，小学校令改正	48.9
1891（明治24）	中学校令改正②	50.3
1894（明治27）	高等学校令公布（高等中学校を高等学校に改称）	61.7
1899（明治32）	中学校令改正③（尋常中学校を中学校に改称）	72.8
1901（明治34）	中学校令施行規則制定（翌，中学校教授要目制定）	88.1
1903（明治36）	小学校令改正，教科書国定制度	93.2
1911（明治44）	中学校教授要目改正，尋常小学校理科書使用開始	98.2

　学制施行の順序としては，国民皆学を目指す小学校，また教員養成のための師範学校の設置が主眼であり，「小学を経たる生徒に普通の学科を教える所」としてスタートした中学校は，官立の中学校を除いては，積極的な奨励策はなく，もっぱら地方やまた個人の手に委ねられた。

　学制期の中学校は，小学校と大学の中間に位置するものの総称であり，幕末期の開成所の流れをくむ南校など官立の最高学府は全て中学校として位置付けられた。他方，学制以前に設立されていた府県の諸学校，私塾や寺子屋などはいったん廃止され，新しく学制に基づいた学校として設立された。しかし，その大半は資格のない教師による，教育内容も，さらには就学年数も学制の規定にはよらない「変則」ものであり，事実，全国の中学校のうち約7割が1学校1教員であり，2教員の中学校を合わせると実に総数の約8割を占めるというありさまであった。

　次の手記は弘前藩の藩校の流れをくむ東奥義塾に設けられた中学校の様子

である。

> 　私が塾に居ったのは明治8年の10月から14年の3月まで……塾はその頃まだ正式の中学の学則によらず，学科本位で組をつくっていました。広い部屋の中に英語数学漢文歴史等各々組が分かれていて，自分の学力によって適当な組に入って勉強するのです。……しかし，この制度は間もなく学年制度になってしまいました。……その頃，塾で使っていた教科書の主なものは大概塾の備え付けであって塾生の多くはこれを借用するのです。地理歴史数学理化生理等皆原書を教科書として教えていました。その頃はまだ邦文の良い教科書がなかったのです。（下線は筆者）

　輝かしい理想にもかかわらず，その施策は当時の社会事情とかけ離れており，学制は早くも明治10年代には教育令や改正教育令にとって代わられることになる。

○理科教育の実態——何がどのように教えられたか

　学制の施行規則である中学教則略によると，中学校は，小学校と同様，上下2等（ともに3年6級構成）に分かれ，上等小学を修了した14歳児は下等中学6級から入り，順次進級試験を受けながらより上位の級に進むことになる。しかし，現状は下等小学での就学が大半を占め，上等小学へ進むものはきわめて少なかった。さらに原級留置者（留年）も多く，下等小学8級，7級（今でいう小学校第1学年）に全児童の90％がひしめくというありさまであった。

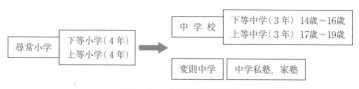

図5-1　学制期の中学校

　中学教則略に見る理科関係の科目は，下等中学では窮理学（物理学），化学，博物学，生理学であり，上等中学では窮理学，化学，博物学に動物学，金石学（鉱山学），地質学，重学（力学）大意，星学大意が加わり，数学と合わせると自然科学を相当に重視した教科編成になっている。明治初期の中学校もまた小学校同様，世界で最も自然科学，しかも窮理学（物理学）に重点を置くカリキ

ュラムであった。

　この自然科学重視の姿勢については，ペリー来航の翌年（1854年），佐久間象山の書に「大凡敵国の侮りを受け候は，全く彼が知力学力の及び候所に，此の方の知力学力及び候はぬより出候事」とあり，西洋の科学技術の受容は象山の危機意識に留まらず国家の存亡にも関わる一大関心事であった。

　表5-2は，明治11年の東奥義塾（変則中学校）で行われていた教育課業表（教科カリキュラム）である。下等中学（表左）は3年制だが上等中学（表右）は2年制（本来ならともに3年の就学年数），また科目名も中学教則略とは異なっていることがわかる。ちなみに，中学教則略に示された下等中学第6級（第1学年前期）の教科は国語，算術，習字（書読・作文），外国語，地理学，歴史，**代数学，幾何学，物理学，化学，生理学**，国体そして政体大意の13科目である。物理ではなく物理学（学問の初歩）が講じられていた点に注意したい。

表5-2　東奥義塾課業表

さらに，課業表にはカッケンボスの物理書やウェルの化学書などの書名があるが，いずれも原書が使われるなど，生徒の実態からしても「余りにも高度な内容，学習困難な教科書」であった。

当時の下等小学や上等小学でも物理学大意が課業表に掲載されており，カッケンボスなどを原本とした『物理階梯（かいてい）』が教科書として広く用いられた。現在の高等学校や大学教養レベルの物理学を理科の知識のない教員が小学生に読んで聞かせていたのである。

ちなみに，東奥義塾での物理学の進度について見てみよう。課業表には週当たりの時間数こそ明記されていないが，当時大学進学を目指す中学校として設立された「外人教師によって教授する中学校」では，カッケンボスの物理書を用い，上等中学の3年間にわたって週2時間が当てられおり，たとえ倍の週4時間としても1年で450頁にも及ぶ原書を，しかも教室に1冊備え置かれたものを生徒が借り受けて学ぶには相当な無理があったことが想像される。

（2）模索期（明治12年〜明治18年）──地方の実態に目を向けた教育令

明治12年に学制は廃止され，新たに教育令が公布された。学区制を廃止し町村単位に小学校を設置すること，また中学校についてもかつてのように中等教育全般の総称ではなく「高等ナル普通学科ヲ授クル所」と規定し，その設置も土地の状況に応じて「各府県ハ設置スヘシ」と定めた。これ以降，教育令の下に定められる中学校教則大綱（明治14年）や中学校通則（明治17年）によって，中学校の明確な位置付けや，変則と称した種々雑多な中学校の改廃・標準化が国家の施策として推し進められていく。この背景には，学制による初等教育がようやく成果をあげ，中等教育への要望が高まってきたことなどがあげられる。

○理科教育の実態──何がどのように教えられたか

中学校教則大綱によって，中学校は「高等ノ普通学科ヲ授クル所ニシテ①中人以上ノ業務ニ就クカ為メ又ハ②高等ノ学校ニ入ルカ為メニ必須ノ学科ヲ授クルモノトス」（第1条：下線は筆者）と規定された。すなわち，中学校の目的を卒業後の進路に応じて，

①　中人（中流）以上の業務につくための適切な教育を施す機関

②　高等の学校に入るための必須な学科を授ける進学課程

と性格付けたのである。この就職，進学という二重の目的は，中等教育が抱える今日に至る主要な課題となる。

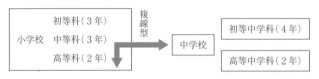

図5-2　教育令期の中学校

　中学校は初等中学科（4年），高等中学科（2年）の計6年とし，その入学資格を小学校中等科修了からとした。小学校中等科修了時点で中学校へ進学するもの，小学校高等科に進むものという複線化が引かれたことになる。

　教科内容については，小学校では自然科学関係は初等科には含まれず，中等科で**博物・物理**，高等科で**化学・博物・生理**が教えられた。しかも，その配当時間は全授業時間数の7.6％と学制時の半減となった。

　小学校教則綱領（明治14年）に示された各学科の程度を見てみよう。理科は第17条「博物」～第20条「生理」とあり，特筆すべきは博物で，「最初は努めて実物に依りて<u>通常</u>の動物の名称，部分，常習，効用。<u>通常</u>の植物……<u>及通常</u>の金石……を授け高等科に至っては更に植物，動物の略説を授けるべし。凡そ博物を授けるには努めて<u>通常</u>の動物，植物，金石の標本等を蒐集せんことを要す」（下線は筆者）とした。「通常の」という言葉が目に付くが，それまでの学問体系の基礎を授けるという位置付けから，児童にとって身近なものを用いつつ実物教育を施すという変化の背景には，ペスタロッチが提唱し高峰秀夫らによって紹介された「開発教授法」があった。

●―――――――――――――――FOCUS①　教師を魅了した近代的な教授原則

　以下の9つの教授原理は，ペスタロッチ（J. H. Pestalozzi）の「開発教授法」を扱った代表的著作である『改正教授術』（若林虎三郎・白井毅編）に示されたものである。

(1)　活発は児童の天性なり。動作に慣れしめよ。手を修練せしめよ。

(2) 自然の順序に従いて諸心力を開発すべし。最初心を作り後に之に給せよ。

(3) 五感より始めよ。児童の発見しうる所のものは決して之を説明すべからず。

(4) 諸教科はその元基より教ふべし。一時一事。

(5) 一歩一歩にすすめ。全く貫通すべし。授業の目的は教師の教え能ふ所のものにあらず。生徒の学び能ふ所のものなり。

(6) 直接なると間接なるとを問わず，各課必ず要点なかるべからず。

(7) 観念を先にし，表出を後にすべし。

(8) 既知より未知に進め。一物より一般に及べ。有形より無形に進め。易より難に及べ。近より遠に及べ。簡より繁に進め。

(9) 先ず総合し，後分解すべし。

　児童生徒の心の能力（知覚力，創造力，推論力，比較力など）をいかに伸ばすかに奔走していた当時の教師たちの姿が目に浮かぶ。これら9つの原理のなかには，現代の私たちにも参考にすべき多くのものが含まれている。

　一方，中学校については，表5-3のように初等中学科では「生理，動物，植物，物理，化学」，高等中学科では「金石，物理，化学」が配当された。総時間数に占める理科の割合は初等中学科で9.2%，高等中学科で19%である。さらに中学校教則大綱によって示された教科の程度では，小学校教則綱領のように事細かに示されてはいないが，学制期の「徒に虚文空理の弊」を指摘し，実用の観点から実物教育の充実に力点が置かれた。

表5-3　明治14年週間教授時数

| | 初等中学科 | | | | | | | | 高等中学科 | | | |
| | 1年 | | 2年 | | 3年 | | 4年 | | 1年 | | 2年 | |
	前期	後期	前期	後期	前期	後期	前期	後期	前期	後期	前期	後期
生　理							2	2				
動　物			2	2								
植　物					2	3						
金　石									2	2		
物　理					2	2			2	2	2	3
化　学							2	2		2	2	3
総時間数	28	28	28	28	28	28	28	28	26	26	26	26

　教科書については，学制期には翻訳書や啓蒙書の類が使われたが，明治14年に使用教科書を届け出る「教科書開申制度」，明治16年には教科書使用の可否を伺い出る「教科書認可制度」が設けられ，明治19年の「教科書検定制度」へとつながる。しかし，中学校で使用する教科書には依然適切なものはなく，そのほとんどが翻訳ものであった。

　教育令期には，博物についてはペスタロッチの開発教授法を取り入れたものも現れたが，高橋章臣の指摘に見るように，博物以外の物理や化学は「難しいところを省いて易しくしたくらいのことにすぎず，学制時代の翻訳書とあまり違わないものであった。何々小学という教科書は教育令時代の特徴とみるべきもの」（高橋，1907）というありさまであった。

2　学校令は「理科」誕生の原点──理科の原点を知ろう

(1) 確立期（明治19年〜明治33年）──学制以来の根本的改革

　明治19年に内閣制度が導入され，学校教育においても学制以来根本的な改革が断行された。冒頭に掲げた表5－1のように，明治19年以降，小学校令や中学校令はいく度となく改正されるが，昭和16年の国民学校令がひかれるまでの約60年間，わが国の学校教育の指導理念は変わることはなかった。

　小学校令における代表的な改革としては，教科書検定制度の導入，小学校を尋常小学校，高等小学校と改組し，尋常小学校を義務とした義務教育制度の導入，さらには明治19年に制定された「小学校の学科及びその程度」には各学科の程度として，高等小学校の配当科目に『理科』という名称が用いられ，ここに教科としての「理科」が誕生した。曰く理科は，

　　「果実，穀物，菜蔬，草木，人体，禽獣……等，<u>人生に最も緊切の関係あるもの</u>，日月，星，空気，温度……天秤，磁石，電信等，<u>日常児童の目撃しうるところのものを教く</u>」（下線は筆者）

ものとされた。学制期（明治5年）から改正教育令までの「諸科学の大意（体系的な学び）」を授けるという位置付けから，ドイツ流の博物教育を範とした子どもの身のまわりの事物・事象を羅列的に扱う「理科」教育がここに始まったのである。この新展開は，当時の教員にとっては青天の霹靂であり，「非常な変

化で，まるで革命といってもよいくらい」（高橋，1907）であった。

　しかし当初，理科は博物，物理，化学などで扱う事物・事象を寄せ集めたものとして理解されていたが，明治23年の小学校令（改正）時の教則「**小学校教則大綱**」で理科は何を教える教科かという「**理科の要旨**」が示されることになる。また，理科特有の教授法も明らかにされた。

【要旨】通常の天然物，および現象の観察を精密にし，その相互・及び人生に対する
　　関係の大要を理解せしめ，兼ねて天然物を愛するの心を養う

【内容】児童の目撃しうる事実を授け，通常の物理上化学上の現象，通常児童の目撃
　　しうる機械の構造，使用等，兼ねて人身の生理および衛生の大要

【教授法】実地の観察に基づき，もしくは標本・模型・図画等を示し，または簡単な
　　る試験（実験のこと）を施し，明瞭に理解せしめんことを要す

　なお，中学校における理科の具体的な教育内容については，明治35年制定の「理科の教授要目」で明らかにされる。中学校では理科という教科名は使用されず，博物（動物と植物），物理及化学という名称が依然として用いられ，自然科学の各分野の初歩が教えられていた。博物，物理及化学が理科という名称に変わるのは昭和6年の改正からである。

○理科教育の実態——何がどのように教えられたか

　明治19年の中学校令は，中等教育の基幹をなす中学校の確立に向けての第一歩であった。

　この期の中学校の目的は，明治14年の中学校教則大綱と同様，「実業ニ就カント欲シ又ハ高等ノ学校ニ入ラント欲スルモノニ須要ナル教育ヲ為ス所」（下

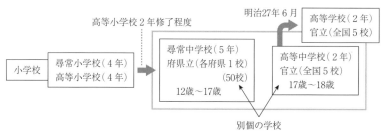

図5-3　学校令期の中学校

線は筆者）という２つの目的を有していた。またその編成は，図５-３のように高等・尋常中学校に大別され，当時中学校の名に値しない学校が乱立していたのを反映して５年制の公立中学校は各府県１校とし，その上に官立の高等中学校を５校設置した。

　なお明治24年には，各府県１校に限るという縛りは緩和され土地の実情によっては複数校設置できるようになる。さらに明治27年には高等学校令が公布され，官立の高等中学校は高等学校になる。これにより，小学校から中学校，高等学校を経て大学に至る，西欧先進諸国にも見られない単線型でピラミッド型の近代教育制度が確立されたことになる。また，尋常中学校が普通教育を担う最終段階となる。

　表５-４は明治19年に中学校令によって定められた「尋常中学校の学科及びその程度（学科目の週間教授時数)」である。理科関係は，博物と物理，化学の３科目であり，明治14年のものと比較して科目数もまた時間数も大幅に減少していることがわかる。全授業時間数に占める理科の割合は8.6％である。

表５-４　明治19年週間教授時数

	第５級第１年	第４級第２年	第３級第３年	第２級第４年	第１級第５年
倫　理	1	1	1	1	1
国語及漢文	5	5	5	3	2
第一外国語	6	6	7	5	5
第二外国語もしくは農業				4	3
地　理	1	2	2	1	
歴　史	1	1	2	1	2
数　学	4	4	4	4	3
博　物	1		2		3
物　理		｝1			3
化　学				2	
習　字	2	1			
図　画	2	2	2	2	1
唱　歌	2	2			
体　操	3	3	3	5	5
計	28	28	28	28	28

（2）整備期（明治34年〜昭和16年）──中等・高等教育制度の整備へ

　明治27年に高等学校令が公布されたことにより，明治32年の中学校令では尋常中学校の名称は中学校（5年制）に改められ，その目的も「男子に須要なる高等普教育を成す」のように一新されることになる。この新しい中学校令の下，明治34年の中学校令施行規則では，それまでの中学校関係の諸規則が整備され，特に第1章の「学科及其の程度」では，学科目，各学科目の教授目標・教授要旨・教授内容の概要，各学科目の毎週の教授時間などが明確に示された。

　明治35年には「中学校教授要目」が定められ，「①要目実施上の注意」と「②各学科目の教授項目別の配列と教授上の注意」によって扱うべき教育内容が細部にわたって明記された。表5-5は教授要目で示された週間授業時数である。

表5-5　明治35年週間教授時数

		1年	2年	3年	4年	5年
修　身		1	1	1	1	1
国語及漢文		7	7	7	6	6
外国語		6	6	7	7	7
歴　史		1	2	2	2	1
地　理		2	1	1	1	1
数　学		4	4	4	4	4
博　物	鉱　物	2				
	植　物		2			
	生理衛生			2		
物理化学	物　理					4
	化　学				4	
法制及経済						2
図　画		1	1	1	1	
唱　歌		1	1	1		
体　操		3	3	3	3	3

　①では，「中学校教育の目的や各学科固有の目的を失わないようにしながらも学科間相互の連絡を保って全体の統一を図ること」や「教授が形式的に流れることなく，生徒に正確な理解を与えるようにすること」，また「教科書を用いて教授すること」など指導上の注意点が8点にわたって触れられている。

　他方，②については，各学科の教授項目が学年別に示され，例えば，第5学年で週4時間配当の物理では，力学の指導項目として，

長さ，面積，立積，時の単位，静止及び運動，速度およびその測り方，加速度，運動の組み立ておよび分解，円運動，慣性，力，質量，質量の単位，密度，力の絶対単位，力の重力単位，運動量，作用及び反動，質点に作用する力の組み立て及び分解，重力，落体，放射体，剛体に作用する力の組み立て及び分解，力の能率，重心，物体の座り，天秤，てこ，輪軸，滑車等，摩擦，仕事，仕事の単位，エネルギーに二種あること，エネルギー保存，単振り子，合成振り子，相当単一振り子，時計，gの測定，宇宙引力

をあげており，力学以外に，物性，音響，熱，光，磁気，静電気，流動電気を，いまでいう単元として指定した。

　さらに物理及び化学の教授上の注意として，12項目にわたって詳細に指示し

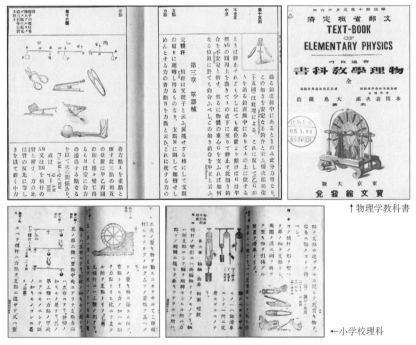

↑物理学教科書

←小学校理科

図5-4　検定済教科書

た。例えば，「物理化学では，なるべく生徒にとって身近な実例をあげながら，
また可能な限り実験を行うこと」や「密度と比重とは区別がつきにくいので，
特に注意を払う必要があること」，「時々，計算問題を与えて，得た知識をより
精確なものにすること」，また実験に関しては物理，化学それぞれについて備
品をリストアップし，「授業で失敗しないように用意周到な予備実験を行うこ
と」や「実験に必要な器具や薬品は，授業前に教室に出して準備しておくこ
と」など教授上の注意事項を具体的かつ，詳細に示した。

　各中学校の教授細目（カリキュラム）や検定教科書は教授要目を基準に製作
されることから，中学校教授要目によってわが国の中学校の教育課程は，何を
どのように，どの程度教えるかという基礎が確立されたことになる。

　図5-4は，明治39年刊行の文部省検定済「普通教育　物理学教科書」であ
る。随所に身近な例を取り上げ，また問いを設けるなど教授要目の趣旨が反映
されていることがわかる。なお，参考に明治34年高等小学校理科（児童用教科
書）から「てこ・輪軸」の項を示す。

○中等教育充実の背景——高まる教育熱による後押し

　この中等・高等教育の整備の背景には，国民の教育への関心，さらにはまた
進学要求への高まりがあった。事実，明治30年の小学校の就学率は67％であっ
たが，明治33年には72％，翌34年には81％，35年には92％，40年には97.4％と
なり，約10年間で約1.5倍に増
加した（図5-5）。この就学率
の上昇と呼応して，中学校数
（生徒数）も明治30年の118校
（5万3,000人）が明治39年には
271校（10万9,000人）と2倍以
上の増加を示している。特に有
名中学校の競争率はすさまじく，
東京府立第一中学校の明治末期
から大正期にかけては7〜9倍
という激しさであった。

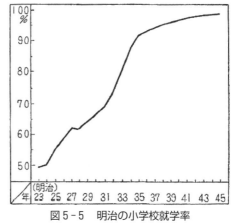

図5-5　明治の小学校就学率

第6章

戦後の理科教育の推移

―現行の学習指導要領を読み解くために―

この章で学ぶこと

　第5章では日本の理科教育の原点を明治19年の小学校令に求め，学校制度のなかに位置付けながらも，その後の推移について概観した。本章では，戦後の理科教育の流れについて学ぶ。理科教育をはじめとして戦後の学校教育は学習指導要領によって規定される。昭和22年の学習指導要領（試案）から現行の学習指導要領，その間に一部修正を含めて都合9回の改訂を数える。そこには，時代の社会状況を反映し経験主義（子どもの学び中心）と系統主義（教科中心）という大きな流れがある。この流れの上に立ってこそ，現行の理科教育の特色や今後の進むべき方向が見える。

1　平和的で民主的な市民の育成を目指して

（1）昭和22年，試案としての学習指導要領がスタートする

　昭和22年は戦後学校教育にとって画期的な年であった。日本国憲法の制定，教育基本法や学校教育法の公布である。教育基本法に示された平和的で民主的な市民の育成を目指して，戦後の教育はスタートした。戦後の教育を特徴付けるもの，それが学習指導要領である。各時代の影響は小学校理科に色濃く表れるものであるから，表6-1には昭和22年の試案から平成29年までの小学校理科を軸とした学習指導要領の変遷が示してある。

　昭和20年代の学習指導要領は試案という位置付けであり法的拘束性はなかった。しかし昭和33年からは官報に公示され法的拘束性をもつようになる。また，その変遷は児童生徒の学びに軸足を置いた「経験主義」と教科の系統性を重視した「系統主義」とに大別され，当時の社会的要請を受けながら，この両主義の間を揺れ動くことになる。

表 6-1　学習指導要領の変遷（経験主義と系統主義にゆれる学習指導要領）

年代区分	ねらいと特色	時代背景	
昭和20年代 ・試案　　　　(S22) ・試案改訂　(S27)	・平和教育，民主主義教育 ・**生活単元，問題解決学習** ・小学校学習指導要領　理科編試案	・戦後教育改革期 ・新憲法，教育基本法，学校教育法の発布	経験重視

【這い回る理科（基礎学力の低下）】

昭和30年代 ・官報公示　(S33)	・**教育課程の基準** ・基礎学力の重視（国語・算数） ・**系統性重視（系統理科）**	・高度経済成長 ・試案から国家基準へ	系統的な学習

【スプートニクショック（昭和32年）】

昭和40年代 ・官報公示　(S43)	・教科，特別活動，道徳の3領域 ・**理数教育の現代化（高度な内容）** ・系統理科の完成期	・高度経済成長（公害，環境破壊の表面化） ・受験激化，偏差値導入	

【自然離れ・理科離れ，落ちこぼれ】

昭和50年代 ・官報公示　(S52)	・**ゆとりと充実**（学校裁量新設） ・基礎基本の充実 ・個性，能力に応じた教育	・経済安定成長期（バブル崩壊の兆し） ・人間性の回復	ゆとりと充実

【校内暴力・いじめ・不登校激化】

平成期 ・官報公示　(H元)	・**新しい学力観，個性重視** ・生活科の新設 ・低学年理科の廃止	・日本経済の陰り	
平成10年代 ・官報公示　(H10)	・**生きる力（心の教育）の育成** ・完全学校週5日制，学習内容3割削減，総合的な学習の時間 ・新しい学力観	・低経済成長時代	
・官報公示　(H15) 　一部改正	・学習指導要領は最低基準 ・発展的な学習の導入	・低経済成長時代 ・個に応じた指導	学力重視の時代へ

【教育基本法の改正，PISA ショック】

平成20年代 ・官報公示　(H20)	・基礎学力の重視 ・**理数教育の充実（時間数増加）** ・**系統性の重視**	・低経済成長時代（一億総活躍時代） ・外国語活動の導入	
平成20・30年代 ・官報公示　(H29)	・学びに向かう力，人間性の涵養 ・社会に開かれた教育課程 ・主体的・対話的で深い学び	・低経済成長時代	

　昭和22年の小学校・中学校学習指導要領・理科編（試案）によって，戦後の理科教育の新しい方向性が示された。すなわち，全ての人が合理的な生活を営み，よりよい生活ができるように，「物ごとを科学的に見たり，考えたり，取り扱ったりする能力」，「科学の原理と応用に関する知識」，さらに「真理を見いだし，進んで新しいものを作り出す態度」が身に付くよう児童生徒の身のまわりにある事物・現象に単元を求めるという経験主義的な問題解決型の学習がスタートしたのである。さらに昭和27年の試案改訂では，この問題解決能力育成の重視がさらに推し進められることになる。さらにまた，実験設備等の充実のため，昭和28年には理科教育振興法，続く昭和29年には同施行令が制定された。

　昭和23年には児童用教科書「小学生の科学」が文部省主導で刊行された。いわゆる児童生徒の生活に単元を求めた生活単元学習である。第4学年から第6学年まで各5冊の計15冊，さらに観察と実験の報告（実験記録学習帳）が各1冊の都合18冊から構成されている。少々長くはなるが，その単元名を以下に示しておこう。なお，第1学年から第3学年までは教科書は使用されていない。

【第4学年用（合本2冊）週3時間】
1．私たちのまわりにはどんな生物がいるか
2．生物はどのように育つか
3．空には何が見えるか（3，4は合本）
4．地面はどんなになっているか
5．湯はどのようにしてわくか（5，6は合本）
6．かん電池でどんなことができるか
7．どうしたらじょうぶな体がつくれるか
【第5学年用（合本5冊）週3～4時間】
8．生物はどのようにして生きているか（8，9は合本）
9．生物はどのようなつながりをもっているか
10．天気はどのように変わるか（10，11は合本）
11．こよみはどのようにして作られたか
12．音はどうして出るか（12，13は合本）
13．物はどのようにして見えるか

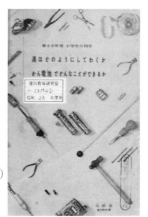

図6-1　第4学年用表紙

14. **電磁石はどのように使われているか**（14，15は合本）

15. **機械や道具を使うとどんなに便利か**

16. よい食べ物をとるにはどんな工夫をすればよいか（16，17は合本）

17. 住まいや着物は健康とどんな関係があるか

【第6学年用（合本4冊）週3～4時間】

18. 生物はどのように変わってきたか（18，19は
　　合本）

19. 生物をどのように利用しているか

20. 地球にはどんな変化があるか（20，21は合本）

21. 宇宙はどんなになっているか

22. 物の質はどのように変わるか（22，23は合本）

23. 電気を使うとどんなに便利か

24. 交通機関はどのようにして動くか

25. 体はどのようにはたらいているか（25，26は
　　合本）

26. 伝染病や寄生虫はどうしたら防げるか

図6-2　第5学年用表紙

　また，第4学年の教科書には教師のためのページが設けられ，生活単元学習
の趣旨とともに児童に付けさせたい能力や態度が明らかにされた。「湯はどう
してわくか」に示された「考える能力」，「技術的能力」そして「科学的態度」
を紹介しよう。

考える能力：普遍化する能力，関係的にみる能力，推論する能力，数量的に見る能力，
予想する能力，企画する能力，筋道の通った考えをする能力，原理を応用する能力
技術的能力：材料を使う能力，記録する能力，工作する能力，機械器具を使う能力，
危険から身を守る能力
科学的態度：事実を尊重する態度，科学を尊重する態度，慎重に行動する態度，道理
にしたがう態度，注意深く正確に行動する態度

　教科書を教えるのではなく，教科書で教えるという視点に立ったとき，今に
通じる能力の育成が図られていたことがわかる。
　中学校理科については，小学校理科のように1単元につき1冊という構成で

はなく学年ごとに合本されてはいるが，その内容は小学校理科同様，生活単元に基づいたものであった。ちなみに，中学校第2学年は日常の科学をテーマとし「1．からだのしくみやはたらきはどのようになっているか」「2．私たちの食物は自然界からどのようにして得られるか」「3．熱や光はどのように利用されるか」「4．どのような衣服や家が健康によいか」「5．電気はどのように利用されているか」「6．道具や機械を使うと仕事はどのようにはかどるか」という6つの単元から構成されている。5．の電気についての単元を見ると，電子の流れを妨げるものとしての抵抗の概念や抵抗の直列接続や並列接続，またオームの法則，さらに電磁石や発電機，電池の構造，電気分解などの現行の教科書にも通じる内容も扱われてはいる。ただ，単元末に設けられた復習問題は，「ほかの部屋に電灯がついているのに，一室だけがつかない。どんなことを調べればよいか」や「モーターやトランスが焼けるときがある。それはどうしてか」，また「電気をあつかうとき，とくにどんな注意をしなければならないか」など，やはり電気を使用する上での配慮という生活単元に基づいた展開であった。中学校第1学年と第3学年のテーマは，それぞれ自然のすがた，科学の恩恵である。

（2）生活単元学習への批判

　経験主義による民主主義への志向という目的を掲げながらも，児童生徒の生活にあまりにも密着しすぎたため，例えば各種ソケットの名称や自転車の細かな部品名まで扱うなど「雑多理科」という印象が強く，またこれらの事物・現象から一般化される科学的な知識や概念などへの深まりがなく，基礎学力の低下が懸念された。以下の指摘のように，生活単元を建前とした理科は，自然科学を体系的に学ばせることを目的とはしておらず，その意味では科学の学習を否定するものであった。

　　「生活単元学習は“実際生活”というものに学習を埋没させ，自然科学の方法や論理を無視していた。また，問題解決の学習は，極端に言えば子どもたちを原始の時代に引き戻し，自然に取り組んでいく何らかの武器（知識）も与えないで，素手で自然に立ち向かわせ，問題を解決させようとするものであった」（真船，1968）

　折しも高度経済成長のもと，科学技術を担う人材の要求という社会的背景も
あり，昭和30年代，そして40年代は系統性重視へと移っていくことになる。さ
らに特筆すべきことは，昭和20年代は試案という位置付けであった学習指導要
領が昭和30年代以降は法的拘束性をもつようになったことである。

2　経験主義から系統主義への移行──昭和30年代から40年代

　昭和33年の学習指導要領の改訂では，批判の多かった生活単元学習をあらた
め，科学の体系やその基本概念が重視されるようになる。学年の進行に伴い学
習が深まるよう教育内容の系統性が図られるようになった。「系統理科」とい
われるゆえんである。この時期，中学校理科では一分野制が導入され，また高
等学校理科では物理〜地学の4分野，計12単位が必修となった。
　昭和43年の学習指導要領では，この系統的な学びはさらに推し進められ，
種々雑多な経験や知識よりも，探究の過程に代表される問題解決の過程を通し
て自然を知ること自体が理科の目的となった。具体的には，探究の過程を通し
て自然科学の基本概念が習得できるよう，子どもの学びの適時性にも考慮しつ
つ教材を系統的，また構造的に配列したことがあげられる。小学校理科では学
習内容が「生物とその環境」，「物質とエネルギー」，そして「地球と宇宙」と
いう3領域にまとめられた。この時代のキャッチフレーズは，現代における自
然科学の発展をも教育に取り入れるという「教育の現代化」である。
　ちなみに，高等学校物理に大きな影響を与えた『PSSC 物理』の構成につい
てみてみよう。まず，物理学の基礎概念である時間・空間，運動，物質を扱い
粒子モデルを登場させる。次に光の諸現象から波動モデルを登場させ，その後，
運動力学を詳細に扱う。最終章では電磁気から原子の物理へと進み，粒子と波
動の結合として量子論を登場させ量子の世界の探究へと向かう。このように，
当時最先端であった量子物理学の見地に立って，教科内容の構造化が図られた
のである。
　なお，昭和43年の小学校学習指導要領理科の目標は以下の通りである。

> 自然に親しみ，自然の事物・現象を観察実験などによって，論理的，客観的にとら
> え，自然の認識を深めるとともに，科学的な態度を育てる。このため，
> (1)　生物と生命現象の理解を深め，生命を尊重する態度を養う。
> (2)　自然の事物・現象を互いに関連づけて考察し，物質の性質とその変化に伴う現象
> 　　やはたらきを理解させる。
> (3)　自然の事物・現象についての原因・結果の関係的な見方・考え方や定性的，定量
> 　　的な処理の能力を育てるとともに，自然を一体として考察する態度を養う。

　しかし，児童生徒の日常生活とはあまりにもかけ離れた多くの内容が盛り込まれたため，理科嫌い・理科離れを招く結果となった。さらに，児童生徒の問題行動も社会問題化し，人間性の尊重やゆとりが叫ばれるようになる。

3　系統主義から再び経験主義へ——平成時代の理科教育

　昭和50年代，高度経済成長は終わりを告げ，社会は物質よりも精神，また経済優先から健康・福祉優先へと向かいはじめた。「人間性の回復」「ゆとりと充実」をキャッチフレーズに昭和52年に学習指導要領の改訂が行われた。もう一度子どもの学び中心へと舵を大きく変えたのである。
　小学校学習指導要領理科の目標もまた，以下に示すような非常にシンプルなものになった。

> 観察・実験などを通して，自然を調べる能力と態度を育てるとともに，自然の事物・
> 現象についての理解を図り，自然を愛する心情を培う。

　ゆとりは，理科などの授業時間数の減少や教科内容の削減として現れることになる。小学校では第5・6学年で週4時間から3時間へと1時間減少。中学校でも，それまでの週当たり4時間が第1・2学年で3時間となり，高等学校も週4時間の理科Ⅰのみが必修となった。理科Ⅰとは，中学校で削除された内容を補完し，さらに高等学校理科の基礎を身に付け，自然について総合的な見方や考え方の育成をねらいとした科目である。
　その後，平成元年，10年，20年と学習指導要領は改訂されるが，その基本的

な方向は昭和52年のものと変わりはない。

平成元年の学習指導要領では，それまでの学力が知識や技能の修得に偏りすぎていたとして，自ら学ぶ意欲や思考力・判断力・表現力などを基本とする「新しい学力」が提唱された。社会の変化にも対応できる自己教育力を獲得する学力観だといえる。これを受け，評価もまた観点別評価が導入されたり，小学校低学年では理科・社会が廃止され，新しく生活科が設けられた。中学校では中等教育の前期と捉え直し，教科の選択制が拡充され，第3学年での選択教科のひとつとして理科が設けられた。これにより第3学年理科の授業時数に105時間〜140時間の開きが生じることとなる。高等学校では理科Ⅰに代わる総合的な理科の科目として「総合理科」（選択4単位）が設けられた。

平成10年の改訂では，この流れはさらに推し進められ，「生きる力」の育成が教育の目的として加えられた。総合的な学習の時間が創設されたり，また平成14年から実施される完全学校週5日制の導入によって授業時間数は激減し，理科でも学習内容のおよそ3割が中学校へと移った。ちなみに中学校第3学年の理科の授業時数は80時間（選択理科を加えても115時間）である。高等学校では，中学校理科からの内容の移行もあり，中学校理科の第一分野・第二分野に相当するエネルギーと物質の成り立ちを中心とした理科総合A，また生物とそれを取り巻く環境を中心とした理科総合B，さらに科学と人間生活との関わりを学ぶ理科基礎（各2単位）が登場した。

この影響は，基礎・基本の不理解や学力の低下となって現れる。この基礎学力の低下への対応策として，一部改正が加えられたのが**平成15年の学習指導要領**である。それは，学習指導要領は最低基準を示したものであり，児童生徒の実態にあわせて発展的課題を扱ってもよいというものであった。

以下，平成元年，10年に公示された小学校学習指導要領理科の目標を見てみよう。平成10年の学習指導要領は平成元年のものに比して括弧内の文言が加えられただけである。

> 自然に親しみ，（見通しをもって）観察・実験などを行い，問題解決の能力と自然を愛する心情を育てるとともに自然の事物・現象についての理解を図り，科学的な見方や考え方を養う。

表6-2　中学校・高等学校理科の変遷過程

	告示年度	科　目（週あたりの授業時数）	備　考
第1期 昭和22年版	1947年 試案	中学校：（4） 高校：物理，化学，生物，地学（各5）から 1科目必修	**生活単元学習** 高校進学率42.5%
第2期 昭和26年版	1951年 試案	中学校：中1（3～5），中2・3（4～5） 高校：同上	**生活単元学習**，問題解決能力重視 高校進学率51.5%
昭和31年版	1956年 改訂版	高校：物理，化学，生物，地学（各3）または（各5）から2科目6単位必修	
第3期 昭和33年版	中1958年 高1960年	中学校：（4）←2分野制の登場 高校：物理A（3）B（5），化学A（3）B（4），生物（4），地学（2）から4科目12単位必修←物化生地全科目必修	**系統性重視**，教科書検定制開始，科学技術振興 高校進学率70.7%
第4期 昭和43年版	中1969年 高1970年	中学校：（4） 高校：基礎理科（6），物理～地学それぞれⅠ（3）Ⅱ（3）；基礎理科，またはⅠから2科目6単位必修	**理科教育現代化**，探究活動・科学の方法 共通一次試験開始 高校進学率91.9%
第5期 昭和52年版	中1977年 高1978年	中学校：中1・2（3），中3（4） 高校：理科Ⅰ（4），理科Ⅱ（2），物理（4）～地学（4）；理科Ⅰのみ必修	**ゆとりと充実**，情報教育，コンピュータ導入 高校進学率94.2%
第6期 平成元年版	中1989年 高1989年	中学校：中1・2（3），中3（3～4） 高校：総合理科（4），物理～地学それぞれⅠA（2）ⅠB（4）Ⅱ（3）；総合理科，ⅠA，ⅠBの2区分にわたって2科目必修	**新しい学力観**の提唱，理科離れが顕著 大学入試センター試験 高校進学率94.1%
第7期 平成10年版	中1998年 高1999年	中学校：中1・2（3），中3（年80時間～115時間）←さらなる時間数減 高校：理科基礎（2），理科総合A，理科総合B（各2），物理～地学それぞれⅠ（3），Ⅱ（3）；理科基礎，A，Bから1科目選択，それに加えてⅠから1科目の計2科目必修	学校週5日制，総合的な学習の時間，**教科内容3割削減**，教科書に発展的内容を盛り込む 高校進学率95.9%
第8期 平成20年版	中2008年 高2009年	中学校：中1（3），中2・3（4） 高校：科学と人間生活，物理基礎～地学基礎（各2），物理～地学（各4），課題研究（1）：基礎科目から3科目，科学と人間生活を含む場合は基礎科目から1科目必修	**小中高の内容の系統性重視**（エネルギー～地球の4領域），理・数の時間数増加 高校進学率96.4%

　平成20年の学習指導要領では，この基礎学力の重視（時間と内容の充実，理数の充実）がキーワードになる。小・中・高等学校の系統的な学びに重きが置かれ，小学校理科はそれまでの3領域制（生物とその環境，物質エネルギー，地球と宇宙）から中学校理科同様2領域制（物質とエネルギー，生命と地球）に移った。また，エネルギー，粒子，生命，地球という4つの概念を柱として，学習者の発達段階を踏まえ小・中・高等学校の学習内容の構造化が図られた。さらに，これらの学習を可能にするため，小学校理科ではようやく350時間から405時間へと55時間の時間数の増加が見られた（ちなみに昭和33年の学習指導要領では理科の総時間数は626時間となっている）。中学校理科でも平成10年の総時間数290時間から385時間と95時間増となった。

　理科の目標としては，平成10年の目標とおおむね同じだが，「自然の事物・現象についての実感を伴った理解を図り」のように「実感を伴う」という文言が加えられた。このように，わが国の理科教育は系統学習と経験学習の2つの間を振り子のおもりのようにゆれ動いている。

　なお，表6-2は昭和20年代から平成20年代にわたっての中・高等学校理科の変遷過程（科目と時間数など）を表したものである。

4　理科の見方・考え方による探究活動へ

　平成28年12月の中央教育審議会の答申を受けて，平成29年，現行の学習指導要領が告示された（小学校は令和2年全面実施，中・高等学校は令和3・4年全面実施）。中央教育審議会の答申では，求められる**資質・能力**として，次の3点をあげている。
　①　何を理解し，何ができるか（生きて働く**知識・技能**の習得）
　②　理解していることやできることをどう使うか（未知の状況にも対応できる**思考力や判断力，表現力**の獲得）
　③　どのように社会や世界と関わり，よりよい人生を送るか（人生や社会に活かそうとする**学びに向かう力**や，また**人間性**の育成）
　次に示した中学校理科の目標には，科学的に探究するための資質・能力として中教審の答申が反映された。小学校理科の目標も，「科学的に探究する」が

「科学的に解決する」となるなどの違いはあるにせよ，ほぼ同じ構成である。

　自然の事物・現象に関わり，理科の見方・考え方を働かせ，見通しをもって観察，実験を行うことなどを通して，自然の事物・現象を科学的に探究するために必要な資質・能力を次のとおり育成することを目指す。

(1)　自然の事物・現象についての理解を深め，科学的に探究するために必要な観察，実験などに関する基本的な技能を身に付けるようにする。

(2)　観察，実験などを行い，科学的に探究する力を養う。

(3)　自然の事物・現象に進んで関わり，科学的に探究しようとする態度を養う。

（中学校学習指導要領　第2章第4節理科　第1目標，下線は筆者）

　資質・能力としてあげている(1)が答申の①に，また(2)が②に，そして(3)が③に対応していることは容易に想像がつく。特に，小・中・高等学校を通して「理科の見方・考え方」が強調された。理科には固有の見方・考え方があり，それらを通して科学的に探究するための資質・能力の育成に関わるのである。

○理科固有の見方とは何か（社会科等の見方とはどう違うのか）

　見方とは様々な事象を捉える各教科ならではの視点であり，理科では，その学習内容がエネルギー，粒子，生命，地球と分類され，それぞれの学習を通して，表6-3のようにエネルギー領域では主として「量的・関係的な視点」で事物現象を捉え，粒子領域では「質的・実体的な視点」で，生命領域では「多

表6-3　理科の見方・考え方（小学校を例にして）

領　域	理科の見方（自然を捉える主な視点）
エネルギー	量的・関係的な視点
粒　子	質的・実体的な視点
生　命	多様性と共通性の視点
地　球	時間的・空間的な視点

学　年	理科の考え方
第3学年	比較しながら調べる
第4学年	関係付けて調べる
第5学年	条件を制御しながら調べる
第6学年	多面的に調べる

様性と共通性の視点」で，また地球領域では「時間的・空間的な視点」で捉える。このように，自然の階層性に依拠しながらも，自然現象をエネルギー，粒子，生命，地球という大きな枠組みで捉え，さらにエネルギー領域であれば量的・関係的な視点という，その領域固有の迫り方で自然現象のもつ特徴的な性質やありようを把握することになる。

○理科の考え方とは何か（科学的な方法・アプローチ）

　理科の考え方とは，理科固有の探究の仕方であり，例えば小学校理科では，それぞれ学年によって「比較しながら調べる（3年）」「関係付けて調べる（4年）」「条件を制御しながら調べる（5年）」「多面的に調べる（6年）」と特徴的なアプローチの仕方が示されており，教科書で取り上げる実験や観察も各学年の考え方を培うように配慮されている。中学校では，小学校の基礎の上に，「自然の事物・現象に進んで関わり，その中から問題を見いだす（1年）」「解決する方法を立案し，その結果を分析して解釈する（2年）」「探究の過程を振り返る（3年）」という探究のための学習過程へと発展する。

　したがって，理科の見方・考え方とは，「自然の事物・現象を，質的・量的な関係や時間的・空間的な関係などの科学的な視点で捉え（←見方），比較したり，関係付けたりするなどの科学的な探究の方法（←考え方）を用いて考察すること」と整理することができる。問題解決や科学的に探究するための資質・能力（①〜③）を理科の見方・考え方を駆使して培うことになる。

　主体的・対話的で深い学びや，またタブレットに代表されるICT教育などは，これら資質・能力を培うための学び方であり，またそれをより可能にさせるためのツール（道具）である。これこれの内容を修得したから深い学びに達したという知識や技能の到達点を示すものではないし，児童生徒の学習活動の活性化に結び付いてこそのICT活用である。第4次産業革命（AI革命）の最中，未来の教室やGIGAスクール構想など未来を予感させる言葉とは裏腹に児童生徒の未来像を描きづらい状況にある。「不易流行」を心に刻み，学習者不在に陥らないよう心したいものである。

第7章

教 材 論

この章で学ぶこと

　理科は自然の事物・現象を扱う教科であり，それを教室内で具現化したり，日進月歩の科学技術の成果を伝えたりなど，求められる資質・能力の育成を達成するために用いられる教材には重要な役割がある。さらに，物化生地の各領域や科目の目標に応じても大きな違いがある。理科教材も生徒の発達段階などによって異なったり，取り扱い方も違ってきたりする。加えて，明治以降100年以上の伝統をもつ教材から，今日のICT教材まで，様々な歴史がある。本章では授業を構成するひとつの要素としての教材の意義を考え，さらに教材に託した今後の理科教育のあり方をも検討したい。

1　学習指導要領，教育課程と教材との関わり

（1）学習指導要領と教育課程の関係

　教材を考えるために，まず教材と密接に関連する学習指導要領と教育課程について概説する。全国のどの地域であっても，一定の水準の教育が受けられるようにするため，文部科学省では，学校教育法などに基づき，各学校で教育課程を編成する際の基準を定めている。これが「学習指導要領」である。

　学習指導要領では，小学校，中学校，高等学校ごとに，それぞれの教科の目標や教育内容を定めており，これとは別に，学校教育法施行規則では，例えば教科ごとの年間の標準授業時数が定められている。

　学校では，この学習指導要領や年間の標準授業時数などを踏まえ，地域や学校の実態に応じて教育課程を編成する。そして，それぞれの教科や科目の指導の際に使用する検定教科書は，学習指導要領によって定められた学習内容を反映した，いわば代表的な教材である。

（2）教育課程とカリキュラムの関係

教材開発と密接な関係にある言葉が，よくいわれる学校における「カリキュラム・マネジメント」の確立であろう。日本ではカリキュラムという言葉の使われ方に曖昧さがある。そこで，カリキュラムとはどのような意味をもつのか。カリキュラムと教育課程との関係について言及したい。

教育課程とは，中央教育審議会の答申（2016年）によると「学校教育の目的や目標を達成するために，教育の内容を子どもの心身の発達に応じ，授業時数との関連において総合的に組織した学校の教育計画であり，その編成主体は学校である」と規定されている。学校には，子どもたちの姿や地域の実情などを踏まえて，学校が設定する学校教育目標を実現するために，学習指導要領に基づき教育課程を編成し，それを実施・評価し改善していくことが求められる。これが，いわゆるカリキュラム・マネジメントである。

すなわち，カリキュラムとは，一定の教育の目的に合わせて教育内容と学習支援を総合的に計画したものであり，教育課程とほぼ同じ意味であるから，本章では，以降カリキュラムという言葉を用いることにする。

学習指導要領は国が定めた学びの規準であり，一定の期間，教育内容の柱（基準性）になるものではあるが，平成15年以降の学習指導要領は大綱化が図られ，子どもたちの姿や地域の実情などに応じて発展的に教えることが可能になった。このように，カリキュラム編成（本来は学校の教育全体を指すが，特に理科領域のみに限定して述べる）と教材の扱い方やその開発はある程度，柔軟に行うことができるのである。

2　授業づくりと教材との関わり

（1）学習指導要領の目標・内容を理解し教材を認識すること

理科のカリキュラム編成や教材開発を計画するには，まず学習指導要領における目標や内容をしっかり理解することが重要である。

中学校理科の目標（高等学校もほぼ同様）は以下の通り学習指導要領に記載されている。「自然の事物・現象に関わり，理科の見方・考え方を働かせ，見通しをもって観察，実験を行うこと等を通して，自然の事物・現象を科学的に探

究するために必要な資質・能力を次のとおり育成することを目指す」として，
以下の3点をあげている。

---

(1) 【知識及び技能】自然の事物・現象についての理解を深め，科学的に探究するために必要な観察，実験等に関する基本的な技能を身に付けるようにする。

(2) 【思考力，判断力，表現力等】観察，実験等を行い，科学的に探究する力を養う。

(3) 【学びに向かう力，人間性等】自然の事物・現象に進んで関わり，科学的に探究しようとする態度を養う。

　また中学校理科の見方・考え方として，学習指導要領解説には以下のように記述されている。「自然の事物・現象を，質的・量的な関係や時間的・空間的な関係等の科学的な視点で捉え，比較したり，関係付けたりする等の科学的に探究する方法を用いて考えること」（文部科学省，2018）。

　ここで，思考・探究のキーワードを校種や学年にしたがって並べると，次のようになる。小学校では第3学年「比較」，第4学年「関係付け」，第5学年「条件制御」，第6学年「多面的に考える」，中・高等学校では「見通し，規則性や関係性，分析・解釈・表現」である。さらに，中学校と高等学校の違いに着目するならば，「定性的な分析」が確立されるのが中学校であり，より「定量的な分析」が求められるのが高等学校といえる。

　なぜ学習指導要領から教材を考えることが重要なのかを考えてみよう。例えば，小学校第3学年で「電気を通すもの・通さないもの」という内容がある。小学校第3学年の思考・探究のキーワードは比較である。したがって，この「比較」をねらいとして，最適な教材とは何かを考えることが重要になる。別の言い方をすれば，学年を追うごとに「比較→関係付け→条件制御→多面的視点→……」と獲得していくことになる児童生徒の思考・探究について，どのような教材を活用すれば各段階でのねらいを児童生徒に理解・定着させやすいかを考えることである。同じ教材であっても培いたい段階によっては，教材の扱い方に違いがでることになる。このように，小学校段階からの学習指導要領に記された各学年の思考・探究のねらいや学習内容を踏まえた上で，中学校以降の教材内容やカリキュラム編成を考えることが重要である。

（2）授業づくりにおける教材の位置

　授業を成り立たせる要素とは何かについて考えてみよう。授業場面を大きく捉えると，授業は教える側（教員）と学ぶ側（生徒），そしてその間をつなぐ「教材」で構成されている。授業は，「生徒」と「教員」，「教材」の3つの要素が図7-1のように三角形の構造をなしているといえる。

　教員が一方的に指導し，生徒が一方的に教えられるのではなく，教員と生徒，生徒同士がともに刺激し合い，学び合う。その際，学び合いの橋渡しをしているのが教材である。

　さて，授業を成り立たせる3つの要素だが，「教材」は「教育内容」と密接に関わっており，図7-1の「教材」を「教育内容」と置き換えてもよい（図7-2）。

　「教材」と記したときは，教員と生徒の学び合いの橋渡しを成立させるための材料や道具といったイメージになるが，「教育内容」に置き換えたときは内容とともに「教育目的」や「教育方法」をも含むイメージに変わる。

　このように，「教材」には学ぶ材料とか道具，学習内容など様々なイメージが含まれ，多様な観点から捉えることができるが，同時にまた曖昧な点も否定できない。

　さらに，教材を教具とほぼ同じ意味に捉え「教材教具」と合わせて呼ぶことも多い。一方，教育目的を達成するための内容や方法を備えたものを教材と呼

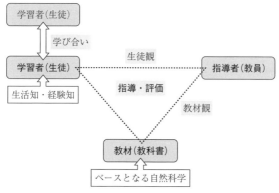

図7-1　授業を成り立たせる要素（1）

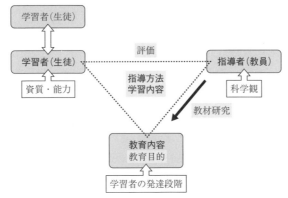

図7-2　授業を成り立たせる要素（2）

び，効果的に児童生徒に学ばせるための補助道具を教具と呼んで，両者を区別することもある。後者の場合，教材と教具をはっきり区別してはいるが，具体的なものをあげて教材と教具のどちらに分類されるのかを考えると，意外に区別できないものもある。例えば，チョークを考えてみればよい。黒板とともに教具と断言してはばからないように思えるが，しかし希塩酸を注いで二酸化炭素を発生させたとき，炭酸カルシウムを成分にもつ教材へと変化する。このように，教材と教具を厳密に（固定的に）区別することは難しい。

（3）教材とは何か

　「教材とは何か」をここで改めて問うてみよう。前述した通り，具体的に何が教材かは厳密にはいえないものである。教材が不可欠なものであることについては教員間で共通の認識があったとしても，教材の捉え方は人によって様々であり，狭義のものから広義のものまで実に多様である。以下，教材にはどのような意味が含まれているかをていねいに見ていくことで，理科教育における教材とは何かに迫ることにしよう。

　①　教育実践の際に用いられる，教育の内容に関わる実物教材（素材）

　教育実践の際に用いられる教材としては，例えば，学校内外で日常的に観察できる動植物がある。理科室での実物の活用例として，気孔の観察にツユクサ，葉緑体の観察にオオカナダモ，細胞の核の観察にタマネギの表皮があげられる。

校内に設置されるビオトープや岩石園から，校外のフィールドそのものまでが生物や地学の領域にとっては教材となる。春の野草の学習では，田んぼのあぜ道全体の環境が学習のねらいを達成するための最適な教材となる。さらには，理科室にある生物標本や岩石標本，地層の剝ぎ取り標本なども実物教材ということができる。

② **教育の内容が示されている情報媒体**（メディア）

教科書はじめ，資料集，VTRやネット上の動画，新聞や雑誌の切り抜きなどの情報媒体（メディア）も教材といえる。天気が書き込める日本の地図が入った黒板なども含まれる。従来から，時間・空間的スケールが大きなもの，教室では実験・観察が不可能なものとして視聴覚教材が用いられてきたが，これは今やICTによって代わられつつある。

小・中学校では児童生徒一人ひとりにタブレットが支給され，ICT教育が実践されようとしている。このタブレットそのものは，情報媒体を映し出す道具（生徒からすれば文具）にすぎないが，使用ソフトによっては今後，教材と捉えられる可能性も否定できない。電子黒板やデジタル教科書，さらにはプログラミング教材など，教材となりうる新たな情報媒体は著しく発達してきており，今後の活用状況など想像をはるかに超えるものが想定される。

③ **あるテーマに沿ってひとまとまりにパッケージ化された活動教材**

パッケージ化された教材とは何か。例えば，酸アルカリの学習では，①酸性雨でとけた銅像，②梅干しの酸っぱい味わい，③リトマス試験紙，BTB溶液，フェノールフタレイン液などの反応，④レモン電池，⑤水酸化ナトリウムと魚の骨の標本づくり，⑥希塩酸と水酸化ナトリウムによる中和……といった部品となる教材（以後，部品教材と呼ぶ。海外ではモジュール教材と呼ばれることもある）などをあげることができる。この部品教材を学びの順番に配置した（プログラム化した）学習活動全体を構成する教材群がある。部品教材と区別する意味でこの何らかのテーマについての，ひとまとまりの計画された部品教材を「活動教材」と呼ぶ。最適な部品教材を見付けることも大切だが，このテーマに沿っての学習活動を支える活動教材を開発することはさらに重要である。

カリキュラム（単元や授業などを含む）編成とは，いわば，いろいろな部品教材をどう配列すれば最適な活動教材に仕立てられるかという編成であり，その

意味では教材は，カリキュラムの構成要素（モジュール）と捉えることができる。モジュール教材はカリキュラムの進め方を示す学習プログラムなどとセットになったものも多い。

　カリキュラムには学習者に対して育成したい目標がある。その目標を達成するため，1回1回の授業でどの部品教材を取り上げ，カリキュラム全体で教材をどう配列（プログラム化）するか，その全体をデザインすることが重要になる。以下，理科教育の目標と内容との関係をはじめ，教科内容を決める要因について見ていくことにしよう。

3　教科内容を左右する要因について

　理科の内容を左右する要因については従来から論議されてきた。ここでは，それらを踏まえて，次の3つの視点から整理する。
　(1)　理科教育の目標と教科内容（目標が変わると内容も変わるか）
　(2)　教科内容と教材は同一か（教科書を教えるか，教科書で教えるか）
　(3)　教科中心主義と学習者中心主義（教科内容の扱い方）

(1) 理科教育の目標と教科内容
○内容決定の際，目標と方法とはどう関わるか
　理科教育をはじめ，いかなる教育活動も，つねに目標と方法とによって具体化されるものである。この目標の設定とそれを実現させるための方法についてヘルバルト（J. F. Herbart）は，「目標は倫理学に，方法は心理学にある」とした。確かに教育の究極の目標は人格の形成であり人間形成であるということからも，目指すべき人格とはどのようなものかについては倫理学に求めることになる。また，教えと学びの相互作用である教授・学習過程としての教育方法は心理学的な検討を必要とする。しかし，他方，ナトルプ（P. G. Natorp）は教育内容を構成する際，教育の目標と方法をそれぞれ別個（かたや倫理学に求め，かたや心理学に求める）に捉えることに反対し，教育の目標や方法はともに論理学によっても決定されるべきものとした。

○目標によって内容は確定する

　教育目標は教育内容によって実現し，また教育内容は教育目標を達成させるために選ばれ構成される。教育内容は教育目標によって規定されるのである。

　どう教えるかという教育方法は教育目標から直接には影響を受けないが，教育内容は教育目標から強い影響を受ける。したがって，理科教育の目標が変わると，理科の内容も変わってくるといってもよい。

　例えば，「見通しをもって観察，実験を行うこと」のように「見通し」という文言が目標のなかに新たに記されると，観察，実験前に「見通し」の育成に応じた教育内容を新たに加える必要が生じる。それまでは，ともかく観察や実験を行って，その結果から結論，さらには普遍的な事実を導き出すことが求められていたのではあるが，しかし，はじめに仮説を立てること，さらにはどのような観察や実験を行うのかを生徒自身が考える機会を与えることなどが求められる。このことは，教育目標は教育方法にも影響を与えることを意味する。

　さて，理科教育の目標についてだが，以下の 7 つが考えられる。

　①認知領域の開発，②技能領域の開発，③情意領域の開発，④創造性の開発，⑤批判的精神の育成，⑥よき市民精神の育成，⑦職業との関連

　現在の日本の理科教育では，上記のうち，①〜④が目標とされている。直近の学習指導要領では，探究活動として④の創造性の開発に力点が置かれた。一方，英国では Science for all の名のもと，⑥のよき市民精神の育成が目標とされている。

　このように日本と英国では理科教育の目標が異なっているが，この目標の違いが，内容構成にどのような影響を与えるかについて紹介する。英国でのキーステージ 4 （日本でいう中学校第 3 学年〜高等学校第 1 学年）で用いる GCSE Science （higher）の単元は次の 9 つからなっている。

生物分野	遺伝	健康維持	地球上の生命
化学分野	大気汚染	物質の選択	化学物質（長所と短所）
物理分野	宇宙の中の地球	放射と命	持続可能なエネルギー

　この単元内容を構成するに当たっては，図 7 - 3 のように，2 つの要素を生徒が将来出会うであろう場面（活用の場面）において満たされるように配慮さ

れている。すなわち,

　要素1【科学の重要なアイデア】科学的に考えるとは何を行うことか
　要素2【科学的な説明】個々の知識の暗記よりも,科学の重要な概念を含ん
　　　だ文脈のなかで概念や知識がどのように活用されるか

（要素1,2の詳細については章末注に示す）

　6個の要素1と16個の要素2を盛り込んだストーリー（物語）が,「遺伝」
から「持続可能なエネルギー」に至る9つの単元内容を構成しているのである。
これらの学習内容は,いずれもよき市民精神の育成を目標としたものであり,
日本の理科教育の単元構成とは大きく異なっている。
　教材として日常生活の身近なもののなかから何を取り上げるかは,教育目標
や内容を踏まえて工夫することになる。生徒もまた,日常生活での科学の活か
し方という文脈のなかで考えるコンピテンシー（活用力）が問われ,試験にお
いてもパフォーマンス的な力が試される。このように,海外の理科教育に目を
向けることで,理科教育の目標が違えば,その教育内容として何を取り上げる
かという視点に影響を与え,したがって結果として教科内容に大きな違いとな

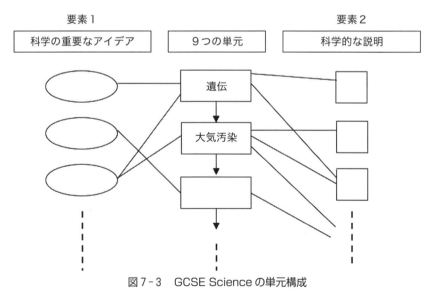

図7-3　GCSE Science の単元構成

って現れることがより鮮明になる。まさに教育目標は教育内容を規定し，さらには教育方法や教材をも規定するのである。

（2）教科内容と教材は同一か――教科書を教えるか，教科書で教えるか

すでに指摘した通り，教育目標（学習目標）を達成するための手段が教育内容であった。ここでいう，「教科書を教えるか，それとも教科書で教えるか」という問いかけは，まさに目的と手段を混同していないかという警告でもある。

たとえ知識・技能の習得を中心にした教育内容であったとしても，そのための教材は教科書だけでなく，ドリル学習を併用したり，子どもたちが興味をもつ実験や観察の材料であったり，学習集団による討論や学び合いという方法をも目標達成のためには考えなくてはならない。

確かに教科内容を具体的に著したものが教材としての教科書ではあるが，しかし教科書が教科内容の全てではない。教育目標とそれにそった教育内容を教材としての教科書をも活用しながら伝えることは肝心ではあるが，教科書のみに頼り切ってそれに終始することで教育目標が達成されるとは限らない。

教育目標は評価に対応するものであり，教科書は目標よりも子どもの学習状況に柔軟に対応するように多様化されていることが必要である。このことを反映して，教科書会社ごとにそれぞれ特色ある教科書が刊行されており，確かに共通する部分も多いが，出版時期の情勢や地域のバランス，子どもの状況に応じて，取り扱う内容は多少異なっている。

繰り返しになるが，教科書は教育目標を達成するための教材のひとつであることを認識し，教科書を教えるのではなく，教科書で教えるのだということを忘れてはならない。それでは，教科書で「何」を教えるのか。日々の授業でいえば学習目標であり，この学習目標を達成するため授業内容の選定や構成に苦心する。このことは授業づくりの場面で具体的に考えたい（⇨第Ⅲ部）。

（3）教科中心主義と学習者中心主義――教科内容の扱い方

教科中心であれ，学習者中心であれ，一方的な授業では生徒は受け身になり，やる気を損なってしまう。何よりも学習者の積極的な学びにはつながらない。これまで，授業を教科中心（教材単元）と学習者中心（経験単元）に分け，その

効果的なやり方について実践研究が行われてきた。教材単元や経験単元とは，どのような単元をいうのであろうか。

○教科中心（教材単元）

　教材単元とは，教科の内容のまとまりを基礎にして単元を構成する考え方である。内容とは，将来，社会で必要とされ，学習指導要領には評価規準としても記載されている。これに則って教師は学習者に身に付けさせることが求められる。したがって，その内容が実態に合わず，子どもに興味・関心がないからといって，扱わなくてもよいという性格のものではない。子どもに実感を伴った理解をさせるために，適した活動・教材を考え，興味をもたせるために，導入の工夫などが必要となる。その意味で「はじめに教えるべき内容ありき」である。

○子ども中心（経験単元）

　近年，課題研究等が重視されつつあり，理科の授業においても探究学習を中心に展開されることもある。別の言い方をするならば，子どもにとって意味のある問題を発見し，解決活動のまとまりを基盤にして構成される単元である。学習途中に切実な問題が生じれば，その解決ができるように教師は支援し，体験を通して子どもが教育的内容を学ぶことができるようにしていく。目標や方向はあるにしても，学習指導要領で評価規準として内容が具体的に規定されているわけではなく，学校単位で目標や内容をしっかりと考えていくこと，それを具体的にどのような活動を通して実現していくかをきちんと分けて考えることが必要である。

○現状の理科の内容の扱い方

　理科も経験学習的な問題解決学習の方法をとる。しかし，「はじめに子どもありき」で子どもの興味・関心によりそって，1時間，1時間の授業の「主題」や「めあて」を子どもに設定させたりしない。理科は系統的な構造をもつ教育内容，すなわち「はじめに内容ありき」で構成されているからである。他方で，学習者不在であっては教育目標を達成することはできない。1時間の授業の導入で「主題」や「めあて」に興味をもたせ，展開の随所で発問を計画し，より主体的に学ばせるという，いわば「教科中心」「子ども中心」の両方のバランスを図りながら理科の内容は取り扱われているのが実態である。

4　教材開発について

(1) 教材開発とカリキュラム編成との関係

　教材開発とは，まさに教師の専門性に裏付けられオリジナリティまでもが備わったものといえる。教育目標を達成させるために，従来の教材の不備を補い，より本質にせまるための教師の主体的探究的活動である。カリキュラム編成との関係で教材開発には，次の3つの方向が考えられる。

①　カリキュラムの枠組み内で独自の教材を開発していく方向

　例えば，中学校第3学年「遺伝の規則性と遺伝子」という単元がある。このあらかじめ決まっているカリキュラム内で実験や観察がしやすく学習のねらいをより達成しやすい材料を求める。トウモロコシやエンドウマメが観察しやすくねらいを達成しやすいと判断し，それを教材として取り入れた場合は，このカリキュラム枠内での教材開発に相当する。

②　部品教材を適切に並べ活動教材とし新たなカリキュラムを編成していく方向

　例えば，身のまわりには，学習者にとって身近な大気や水質の変化，地球温暖化など環境問題に関する様々な課題（内容）が存在する。それらの自然環境を理解するために観察や実験が容易なもの，学ぶ価値や意義があるものをモジュールとして選び系統的に並べる。例えば「地域の自然環境の保全・保護」というねらいで「人間活動が地域の自然環境に与える影響」というような単元を設計する場合などがこの新たなカリキュラムを編成する教材開発に相当する。

　蓄積されたいろいろな活動や知識が先にあって，そこから人々に共通して必要なものをモジュールとして整備し，カリキュラムの骨組みを構成していく場合も同様である。

③　これからの教材開発

　これまでは，どちらかというと教材開発を「この実験，教科書では教材として〇〇を使っているが，もっと簡単に手に入り，観察しやすい教材は他にないか」という，いわばカリキュラムそのものの新たな構築ではなく，材料探しという視点で捉えることが多かった。しかし，今後は教材を教育目標実現のため

の素材（モジュール）と捉え，そのモジュールを並べ，新たなカリキュラムを
開発していく方向が望まれる。

　さらに，教材として，

　ア　学習者にとって観察や実験がしやすい

　イ　学習者が個人として，また集団として考えを深められる

　ウ　新たな気付きを誘う意外性がある

など，様々な長所をもった教材を集め，そこに共通する期待される学習効果や
教材のもつ長所から，全体の目標を定める。この目標を達成するため，教材を
モジュールとして適切に並べ，新しいカリキュラムを編成する研究も，今後重
要になってくるだろう。

（2）教材開発が先か，カリキュラムが先か

　これまで，カリキュラムとの関係で教材開発について述べてきたが，次のよ
うな見方で教材開発を2つに分けることができる。

> (1)　トップダウン方式：「何らかの教育的意図としての枠組み（カリキュラム）」があ
> って，それに沿って教材開発をする場合である。教育的意図を持ち，育成したい生
> 徒の資質・能力等の目標があり，それに見合った教材を部品教材として収集し，活
> 動教材としてひとまとまりに並べていく教材開発である。
>
> (2)　ボトムアップ方式：「いろいろな活動体験やそこから得られた様々な知識の蓄積」
> があって，次代を担う生徒たちが体験しておくべき活動は何かを吟味して取り上げ，
> 教材として練り上げる。それらを素材（モジュール）として組み立てた教育計画を，
> 公教育のカリキュラムの骨組みとしていく教材開発である。

　(1)のように，いったんカリキュラムの骨組みができれば，当分はそれに沿っ
た方向で，よりよい教材の開発が進められるのは自然なことである。何らかの
教育的意図（すなわち枠組み）があって，それに沿って教材を開発する場合，開
発された教材の使用目的は明確なため，教材は授業ですぐに使えるという利点
がある。

　一方，(2)のように，活動体験や様々な知識が教材になるかどうかを吟味する
場合は，通常の理科の授業でそのまま使えるとは限らない。しかし，長期的な

カリキュラムの再編・変革に寄与する可能性を秘めている。

　教育に携わる者は，これからの時代，(2)の立場，すなわちカリキュラムの枠組みを一方的に与えられたと考え，「固定的で，変えられない・触れられないもの」と捉えるのではなく，自分たちもそれを検討する担い手であると意識することが何よりも重要である。その上で，「未来に生きる生徒たちにとって，生きる土台づくりのために，どのような活動を体験することが大切か」について考え，議論し，教材の開発を進めるという「カリキュラム編成に連なる研究活動」を積み上げていくことが現在求められている教員像でもある。

　また，このような教材開発に対する教師の意識や力量は，選択理科や総合的な学習の時間，クラブ活動，理科自由研究などの指導だけではなく，中・高等学校理科の柱である探究活動の指導にも大いに発揮されるものである。

（3）教材開発のタイプ

　教材の開発は，その動機（出発点）によって次のようなタイプに分けることができる。教材を開発する際に，自分はどのタイプに属するのかを考えたり目指そうとしたりすることは，安心感と大いなる自信につながるものである。例示しながらまとめておきたい。

○タイプ1：現行カリキュラムから出発する教材開発

　「○○の単元で，より身近な用具を使ってできる実験教材がほしい」など，現行のカリキュラム（指導要領や教科書）の内容に沿って教育効果を高めようとすることを動機とした教材開発。

> 例　手回し発電機や発光ダイオードを効果的に使って，よりわかりやすいエネルギー変換教材の開発に取り組む。また，地域の岩石を採取し，授業で教材として取扱う。教科書の写真や市販の岩石標本など，なじみのない岩石に関して，実感を伴うことが可能となる。

○タイプ2：現行カリキュラムにとらわれずに「生きる力を育む上で必要な活動体験は何か」という教育の原点に立ち返って取り組む教材開発

　中学校学習指導要領解説総則編では，「各学校においては，生徒や学校，地域の実態及び生徒の発達の段階を考慮し，豊かな人生の実現や災害等を乗り越えて次代の社会を形成することに向けた現代的な諸課題に対応して求められる資質・能力を，教科等横断的な視点で育成していくことができるよう，各学校の特色を生かした教育課程の編成を図るものとする」（第2の2（2））こと，「生徒が生命の有限性や自然の大切さ，主体的に挑戦してみることや多様な他者と協働することの重要性などを実感しながら理解することができるよう，各教科等の特質に応じた体験活動を重視し，家庭や地域社会と連携しつつ体系的・継続的に実施できるよう工夫すること」（第3の1（5））が示されている。

　そこで，これらの取り組みの具現化として，「現代的な諸課題に関する教科等横断的な教育内容についての参考資料」が示され，「環境に関する教育」「海洋に関する教育」「放射線に関する教育」「防災を含む安全に関する教育」があげられている。これらを具体化するためには，理科教育の内容を中心として，新たな教材の開発が求められる。

○タイプ3：現行カリキュラムを過去や海外のカリキュラムと比較することで「重要なのに現行カリキュラムにはないこと」に気付き，それを取り入れるための教材開発

例1　アメリカ第9学年用教科書（Lab-Aids 社『SEPUP』）

　全ての章や節において，生徒の日常生活に近い内容に関する疑問を共有する場面（Challenge），科学的な探究を行うにあたって科学的方法に関する場面（Procedure），そして，分析・解釈するにあたっての視点や科学的な疑問点，レポートをまとめるにあたっての考察すべきポイントなどが記述されている場面（Analysis）に分かれて記載されている。さらに，学習を行うための実験教材をセットで購入することができるようになっている。これらを参考に学校や生徒の実態に応じた実験教材の開発を行う。

例2　イギリスの教科書（Collins 社『KS3 Science』）

　科学や技術が背景にある社会的な問題，メディアで取り上げられている科学や技術の諸問題（例えば，健康問題や環境問題）が積極的に取り上げられている。それらの学習内容では，これまでに学習した知識や科学的な事実，証拠に基づき考え，話し合い，意思決定する活動が取り上げられている。さらには科学者の研究に関する内容や科学の歴史，科学や技術，社会との関係なども取り上げられている。日本においても新型コロナウイルス感染症の問題や自然災害に関する防災・減災，復興などに関する教材を開発する意義がある。

例3　昭和20年代の教科書（第4学年〜第6学年の計15冊）

　生活単元で構成され，「這いまわる理科」と揶揄されたりしたが，しかし，扱われている内容については高度なものがあり，しかも学習者にとって身近なテーマが多く含まれていることから，探究活動のテーマ探しには格好の材料になる。また第4学年の教科書（5冊）の最後には「先生のページ」が設けられており，生活単元という教材を用いながらも学習者に付けさせたい能力が，「知識・思考」「技能」そして「態度」という令和の時代の資質・能力にも通じる指摘がある。「教科書で教える」を考える格好の資料でもある。

○タイプ4：自身の素朴な関心から出発した探究活動をもとに行われる教材開発

　教材開発者自身が，はじめは現状のカリキュラムやカリキュラムはこうあるべきという議論には関わらないで，自分の生活上の必要性や自然に対する素朴な疑問や欲求，興味・関心を出発点として，一つひとつのステップを大切にした探究活動を体験する。探究がある程度進んだ段階で，そこでの発見や体験の過程そのものの意義や価値について考察し，教材として整備する。

例1　「爪は，どの部分で伸びるのだろう？」という素朴な疑問から自分の爪の根元から先にかけて等間隔に印をして観察してみたところ根元から伸びていることが判明した。成長に関わる身近な体験のひとつとしての教材となる。

例2　「下水をただ放置して，何もしないとどうなってしまうのだろう？」という素朴な疑問から実際にビーカーに入れて室内に数日間放置し，その間，ときどき透視度やCODをチェックした。結果，放置するだけでも，徐々にではあるが，きれいになっていくことが判明した。

例3　「ニセアカシアの葉を昼みたとき，朝はもっと開いていたような気がした。本当か？」という素朴な疑問から意識的に観察したところ，晴天日には確かにそうだということが判明した。では，「ほかの植物ではどうか」という新たな疑問が湧き，さらに観察を続けた。結果，クローバー，クズ，カタバミなど，他の身近な植物にも日中，葉の開閉運動をするものがあることが判明した。

例4　「エジソンが竹で電球のフィラメントを作ったというが，自分にもできるのだろうか？」という素朴な疑問から意識的に実験を行ってみたところ，実際に，竹を細くフィラメント化し，炭化することで「本当に」できたことが判明し，実感をもって理解することの重要さを身をもって知ることができた。このことはぜひとも生徒には伝えたい。

（4）意外性があり，「へえ，何で？」と盛り上がる教材開発の意義

　最後に，意外性のあるおもしろい教材を開発することの意義について述べたい。

　これまでも述べてきたように，理科の授業では，科学の知識ではなく，それを通して科学の概念を生徒に伝える。科学概念とは教科書に記述されている自然に関する「科学的な見方（自然の捉え方）」であり，内容である。それでは，生徒たちは，学習以前に自然に対する概念（見方）をもち合わせていないのかといえば，そうではない。第8章で詳細に扱うが，新しい学習内容を学ぶ以前に，生徒自身も，すでに彼らなりの見方で自然を把握している。この生徒が学習を始める前にもち合わせている自然に対する知識や考えを素朴概念（日常知）という。

　さらに，生徒の抱く素朴概念は教師が教科書で教えたい科学概念（科学知）とは異なる場合が多く，しかも多くの生徒に共有されている概念である。この

素朴概念は，往々にして生徒の生活体験に根差している分，強固であり，しかも生徒自身の成功体験に基づいているので，科学的ではないかもしれないが，うまくいくという満足感から信念に近いものになっている。

素朴概念は少なくとも従来の教授方法ではきわめて変えにくく，教科書に示された科学概念を学ぶ上で障害になる場合がある。素朴概念と比べ科学概念は日常生活で役に立たない，意味がないという意識が強いと，結果，生徒はやる気をなくし，教師のいう科学概念は伝わらない。では，どうすればよいか。「意外性のある観察・実験の教材を開発し，見せること」が非常に重要である。意外性のある教材で信念に近い素朴概念にゆさぶりをかけるのである。

多くの教師が体験していることであるが，教師が意外性のある実験を提示することで，生徒は予想していたことと全くかけ離れた結果に，「へえ，どうしてそうなるの？」「うわ！　何で？」と自然に声を上げる。例えば，人間や果物などが電気を流すことを確かめる実験などで，生徒たちから，そのような歓声を引き出すことになれば，それはとりもなおさず導入において「関心を引き寄せる」という教師の思惑が成功したことになる。

教師が授業を行う上で最も大切なことは，生徒たちにいかに学びたいという目的意識をもたせるかということである。

授業の導入部分で生徒たちに目的意識をもたせるには，生徒がすでにもっている知識や生徒なりの考え方と矛盾するような意外性のある教材を提示することが鍵になる。意外性のある教材が生徒の素朴概念と教師が伝えたい科学概念との間にギャップを生じさせる。このギャップが「へえ，何で？」という認知的葛藤を引き起こすのである。この認知的葛藤は「何でそうなるのか，調べてみたい」という内発的動機づけにつながる。知的好奇心や探究心を生じさせるような意外性のある教材（学習材や発問，観察・実験等）を開発することが大切である（⇨第16章）。

意外性のある教材開発の意義とは何か，要約すると次のようになる。生徒が日常生活で培った素朴概念と教師が伝えたい科学概念を別々のものとして突き放すのではなく，意外性のある教材によって，つなぎ止めることができる。意外性のある教材によって，生徒に学びたい，知りたいというやる気を生じさせることができる。

　意外性のある教材作成のためには，素朴概念と科学概念との分析は欠かせない。生徒の日常生活に根差した素朴概念が，どのような状況下で得られ，どのような言葉で語られ，どのような論理で……という分析を行ってこそ，「ここぞ」という素朴概念をゆさぶる核心が得られる。闇雲な教材ではとうてい揺さぶることもできず，導入で成功したとしても，その次の展開では，どのような発問で，教材でという連鎖は期待できない。生徒にとって意外性のある教材とは，教師にとっては十分想定内の教材（練りに練った教材）であるべきである。

注

　図7-3の2つの要素は以下の通り。

　要素1　科学のアイデア（Ideas about Science）：科学的に考えるとは何をすることかを6点に盛り込む。

IaS1: Data and their limitations, IaS2: Correlation and cause, IaS3: Developing explanation, IaS4: The scientific community, IaS5: Risk, IaS6: Making decisions about scientific and technology

　要素2　科学的に説明（Science Explanations）：知識の断片よりも、重要な科学の概念を盛り込んだ「説明的な記述」を市民は求めている。ストーリーの中に理解の本質を特徴づける。

SE1: Chemicals (The idea of substance), SE2: Chemical change (The atomic/molecular model), SE3: Materials and their properties (linking structure and function), SE4: Interdependence of living things, SE5: The chemical cycles of life, SE6: Cells as the basic units of living things, SE7: Maintenance of life, SE8: The gene theory of inheritance, SE9: The theory of evolution by natural selection, SE10: The gene theory of disease, SE11: Energy sources and uses, SE12: The idea of radiation, SE13: Radioactivity, SE14: The structure and evolution of the Earth, SE15: The structure of Solar System, SE16: The structure and evolution of the Universe

第 **8** 章

学 習 論

本章で学ぶこと

　授業は，学習者の論理（生活的概念）を教科の論理（科学的概念）と出会わせ再構
成していく過程である。何を教えるかの吟味も重要であるが，それがどう学習者に学
ばれ，結果として学習者は何ができるようになるのか（学習成果）まで考え，手立て
を講じる必要がある。本章では，近年の教育改革や教育実践の基盤となっている構成
主義の考え方や認知主義の学習理論のエッセンスを解説する。その上で，コンピテン
シー・ベースの改革が目指す学びや授業の方向性について明らかにする。

1　学習者の論理を意識することの意味

　教師がある内容を重要だと思っても，生徒の学習の論理を踏まえないとうま
く伝わらない。また，教師の側が伝わったと思っても，生徒なりの解釈が施さ
れて，多かれ少なかれ教師の意図との間にはズレが生じている。すぐれた教師
は，教師と生徒の間に生じるズレのなかに学習のチャンスを見いだし，臨機応
変に授業を展開する。

　教師として成長するための中核的な部分は，教科の内容についての正しい理
解や深い教養があるだけでなく，それぞれの内容を学ぶ際に生徒がどう思考し，
どこでどうつまずくかの予測やイメージが具体的で確かなものになっていくこ
と，いわば学び手の目線で教育活動の全過程を眺められるようになり教育的な
想像力が豊かになること（学習者が「見える」ようになること）である（注1）。
本節では，人は物事をいかに学ぶかを確認しながら，学習者の論理を意識する
ことの意味や意義について述べる。

（1）構成主義の学習観と生徒の学びの捉え方

　学習者は身のまわりの事象について，学校で教わる前から生活経験などをもとに自然発生的に知識（生活的概念，あるいは**素朴概念**）を構成している。そして，そうした生活的概念と教師が教えたい科学的概念，すなわち科学的知識の体系を習得することで形成される概念との間には大きなギャップがある。

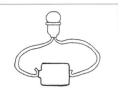

（問題）

　豆電球が光っているとき，電流はどのように流れているのでしょうか？　右の図を使って説明してください。（堀，1998，18頁をもとに作成）

　例えば，「電磁石」の授業の前に，豆電球が光っているときの電流の流れについて，小学生に対して上のような問題を提示し，イメージや説明を自由に記述させてみると，次のような素朴概念が出てくる。①両極から流れた電流が豆電球でぶつかって光るという説。電流の流れについては，＋極から流れ出た電流が－極に戻ることで光ると正しく認識しているようだが，豆電球通過後の電流の量については，②勢いが衰えたり使えなくなったりしていると考える説（図8-1）や，③違うものに変化していると考える説も出てくる。

　学習者は白紙で，それに新しく知識を書き込むのが教育だと思われがちである。しかし，学習者は生活に根ざした自分なりの世界観を頭に描いて授業に臨んでいる。そして，教師が伝えようとする知識に対して，学習者はそれまでの生活経験や既有知識をもとに解釈し，その意味を構成しようとする（**構成主義**の学習観）。「知識は詰め込みたくても詰め込めない」のであって，教師の意図通りに学習者が学ぶとは限らないのである（西林，1994）。ゆえに，「電流」についての科学的概念も，それが生活的概念を無視して教えられるならば，仮にテストでは正しく答えられたとしても，数か月

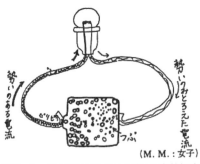

（M.M.：女子）

図8-1　「電流」に関する子どもの素朴概念

出所：堀，1998，18頁。

後にはまた生活的概念に戻ってしまっているということが起こる。

　さらに，教えていることと学び取られていることとのずれという点で重要なのは，教科の内容だけを指導しているつもりでも，学校教育は無意識のうちに，必ず何らかの社会的，人格的な影響を子どもたちに与えているという事実である（隠れたカリキュラム（hidden curriculum））。例えば，答えよりも考え方が大事だと授業ではいいながら，テストでは答えだけを求めるために，結局答えを暗記すればよいと学習者が学んでしまっているという具合である。

　それゆえ，一見したところ，順調に計画通りに進んでいるような授業であっても，生徒が35人いれば35通りの学習が同時進行で生起しているし，それらは教師の意図との間にズレを生み出している。逆に，教える側が失敗だと思っていても，生徒たちはしたたかに学んでいるということはしばしば起こるし，技量が未熟な教師の下で，生徒たちが教師を助けて豊かな学習を生み出すこともある。授業とは，教師と生徒たちとが協同で成立させていくものであり，たとえ一斉授業の形態であっても，生徒同士の見えない支え合いが授業を支えている。近年，「学び合い」が強調され，グループ学習が実施される機会も多くなってきたが，グループ学習を導入する意味は，ほどよく教師の目が届かない時間・空間（隙間空間）を生み出すことで，授業を潜在的に支えてきた生徒同士の学び合いの力を引き出すことにある。

（2）「つまずきを活かす」発想で授業を豊かにする

　学習者なりの理屈や素朴概念やつまずきを発見するためには，学習者の反応に対して，「知っているか／知らないか」「できるか／できないか」と二値的に見るのではなく，どのような知り方をしているのか，どのような方法で解いているのかといった具合に，学習者の論理を質的に解釈していくことが求められる。「子どもはつまずきの天才である」（東井，1958）との言葉もあるが，生徒たちと関わっていると，授業中の想定外な発言や行為，ノートやプリント，テストでの的外れな記述や誤答を目にする機会もあるだろう。これらを不正解や珍回答として片付けるのでなく，その背景にある生徒なりの理屈から学ぶ姿勢をもち，ときにはそれを味わったり分析したりすることを少しずつ積み重ねていくと，学習者の学びが見えてくるようになる。

　こうして，学習者の素朴概念やつまずきを事前に把握したり予測したりしておくことで，例えば，「回路ができると明かりがつく」といった学習指導要領レベルの記述をこえて，指導の核となる本質部分（例：電流の流れの方向性と量の保存性の認識）へと目標が焦点化され，実質的な指導の見通しにつながる目標の把握も可能となる。また，つまずきが明らかになることで，評価のポイントも明確になる。

　授業過程においては，つまずきをあらかじめなくすように，あるいは，顕在化しないように指導しようと考えるよりも，ある程度つまずきを活かしながら授業を展開しようと考えるのが効果的である。学習者の素朴概念は，日常生活の実感から構成されているため，科学的概念よりも説得力があるように映るときさえある。例えば，「電池がなくなる」という日常生活の経験については，両極から電流が出ていったり，電流の量や質が途中で変わったりすると考えるほうが納得できる。

（問題）

　スチールウールのかたまりを天びんの両側にのせて，水平につりあわせます。

　つぎに，一方のスチールウールを綿菓子のようにほぐして，さらなどの上において燃やします。そして，すっかり燃えたら，また天びんにのせることにします。そのとき，天びんはどうなると思いますか。

（予想）

ア．もやしたほうが軽くなって上がるだろう。

イ．もやしたほうが重くなって下がるだろう。

ウ．水平のままだろう。　　　　　　　　　　　　　　　　　　　（仮説実験授業より）

　素朴概念と科学的概念との間のギャップは，教師による意識的・系統的な指導なくしては乗り越えるのは困難である。その際，素朴概念をもっている生徒との対話が組織されるならば，正解とされる考え方をもっている生徒たちも，その根拠が問われ，より深い理解に至ることができるだろう。つまずきを活かす発想は，教材づくりや発問づくりにおいても有効である。

　上にあげた例（スチールウールの燃焼）は，1960年代に板倉聖宣が提唱した「仮説実験授業」と呼ばれる授業方式の代表的な教材のひとつである（注2）。

この例にあるような問題を投げかけ，3つの選択肢を示しつつ，子どもたちの予想を聞く。このとき，もの（木や紙）は燃やすと軽くなるという日常生活での経験から一般化された知識（素朴概念）に照らして，多くの子どもたちは選択肢アを選ぶ。選んだ理由（仮説）について集団で討論した後，燃やしたほうが重くなって下がるという意外な実験結果が示される。これによって，物質が酸素と結び付く化学変化である「酸化」の概念を実感を伴って理解していくことになる。

　例えば，体重計に普通に立ったとき，片足で立ったとき，しゃがんでふんばったときで，重さに違いが出てくるかといった具合に，仮説実験授業は，日ごろ気に留めない日常の事象などを掘り下げ，「えっ，それはどうなるんだろう」と学習者の探究心をくすぐり，学習者を惹きつけ，結論の意外性で学習者の認識をゆさぶるものである。そうした仮説実験授業のような核心を突く問いかけまではなくても，子どものつまずきを活かしながら素朴概念を再構成し，わかることを保障する教材や授業展開の工夫は重要であろう。

2　学習科学の展開と学習観の転換

　学習者の論理をつかむ上で，心理学や学習科学等による科学的知見に学ぶことは重要である。本節では，前節で紹介した「構成主義」の考え方をはじめ，近年の教育改革や教育実践に大きなインパクトを与えている，認知研究の展開とそうした諸研究が提起する学習観の転換についてまとめておこう。

(1) 行動主義から認知主義へのパラダイム転換
　心理学の学習研究には大きな2つの流れがある。ひとつは20世紀初頭からの**行動主義**の学習理論であり，もうひとつは**認知主義**の学習理論である（表8-1）。
　行動主義心理学では，知識などの学習は，**刺激**（stimulus）と**反応**（response）の結び付きの集合として捉えられる（S-R理論）。動物を調教するように，合図（刺激）を与えて特定の反応が生じたらご褒美をあげる，逆に違った反応が生じたら罰を与えるなどして，刺激と反応の**連合**を強化するような経験を与え，正しい学習行動へと制御すること（条件づけによる反復・強化）が重視される。

表 8-1　知的行動を研究する立場

	行動主義	認知主義	状況主義
学習とは	刺激・反応の連合	知識構造の構築	文化的実践への参加
キーワード	条件づけ 反復・強化	表象 情報処理	正統的周辺参加 (LPP)
特徴的な 方法論	統制された実験	情報処理モデル	民族誌的観察・記述
背景となる 学問	神経生理学 進化論	情報科学 人工知能	文化人類学 社会学

出所：市川，1995，37頁。

　古来より「形式陶冶」と「実質陶冶」という考え方がある。形式陶冶とは，19世紀までのヨーロッパの学校教育のように，ラテン語やユークリッド幾何学など，直接的に仕事や生活に役立つものではないが，その学習を通じて頭が鍛えられ，考える力がつくという考え方であり，実質陶冶とは，直接使える知識・技能を教えるべきとする考え方である。行動主義心理学は後者であり，学習の「転移 (transfer)」，すなわち「一般化」や「応用」といった言葉で語られるような，特定の学習が異なる状況でも他の学習に影響を与えることについても否定的である。行動主義心理学は，基礎を反復するドリル学習（ソーンダイク (E. L. Thorndike)）や，細分化された学習項目をスモールステップで順に学習していくプログラム学習（スキナー (B. F. Skinner)）を生み出した。ドリル学習などは現在でも取り入れられている学習法である。

　人間の心理を観察可能な行動からのみ説明しようとする行動主義に対しては，それで人間の心理過程を捉えたことになるのかが問われてきた。そして，1950年代後半から，コンピュータの発達と呼応しながら，心理学研究における行動主義から認知主義へのパラダイム転換が進展していく（認知革命，注3）。認知革命以降の心理学は，認知心理学や認知科学と呼ばれ，人間の内的な情報処理過程を解明するものである。この認知心理学において，学習は外界からの情報を能動的に解釈し，自分なりの意味を構成する動的な過程として捉えられる（構成主義の学習観）。また，認知心理学において，学習者は，そうした自己の認知過程を認知し（メタ認知），自己調整的に学習することで，生得的な学習能力や学習環境などの固定的な条件をも，自らの手で主体的に改善していける有能

な存在として捉えられている。

　認知主義の学習理論においては，学習は知識構造（**スキーマ**）の構築として捉えられ，知識構造の質が学習の転移や問題解決能力を規定するとされる。学習された知識は，個々ばらばらに蓄積されているのではなく，相互に関係づけられて一貫性をもった連想構造（**意味ネットワーク**）をなしているのである。学習者が新たに学ぶ知識は，そうした知識構造に適合する形で解釈され位置付けられる。内容を関連付けながら学ぶことで，時間が経っても覚えている（保持）し応用も効く（転移）というのは日常感覚にも合致するものである。

　さらに，問題解決における有能性は，形式的で一般的な知的能力よりも，解決すべき問題の属する領域における知識の有無やその質に規定される。ある領域の熟達者の問題解決はその領域の知識に依存しており，ゆえにある領域での熟達者が他の領域でもそうであるとは限らない（**領域固有性**）。例えば，チェスの熟達者は，チェスに関して構造化された知識をもっており，それゆえに駒の配置を瞬時に把握して再現したり，状況に応じて活用したりすることができる。だが，その有能性は，あくまでチェスという領域において発揮されるものであって，チェスの熟達者が将棋の熟達者であるとは限らない。

　構造化された知識の重要性は，ブルーナー（J. S. Bruner）による発見学習，すなわち個別の知識・技能を伴う一般的な概念や法則（教科の構造）を発見的に学ぶ方法の提起につながった。また，オースベル（D. P. Ausubel）は，最終的に身に付けさせたい内容を直接的に学ばせ（**受容学習**），かつ，その方法としては学習者が既有知識と関連付けて意味を構成しやすい形で学ばせること（**有意味学習**），すなわち，**有意味受容学習**の有効性を主張した。発見学習も場合によっては機械的でありうるし，受容学習も有意味でありうるというわけである。有意味学習論は，授業前や授業の導入時に補助的に新しい学習内容のアウトラインを示すなどしておくこと（**先行オーガナイザー**）の提起を含んでいたし，理科の学習や評価でしばしば使われる**概念マップ法**にもつながっていった。

　さらに，1980年代半ば以降は，学習を個人の頭のなかだけで生じる営みではなく，社会・文化的な状況に埋め込まれた営み（特定の共同体や文化のなかでの道具や他者との相互作用）として捉える見方である**社会的構成主義**の学習観が主張されるようになり，認知心理学に**状況論的アプローチ**が生まれた。知識や認

83

知は，個人の頭のなかにあるだけでなく，道具，本，コミュニティなどに分散的に分かちもたれているものであって，学習において状況や文脈，あるいは他者との協働を重視する。

　例えば，レイブ（J. Lave）とウェンガー（E. Wenger）は，アフリカの仕立屋の徒弟的な学習から，人間が実践共同体に参加し，そこでの振る舞い方を身に付けながら，新参者（周辺的参加）から古参者（十全的参加）へと成長していく社会的な過程として学習を捉え，それを**正統的周辺参加**（legitimate peripheral participation：LPP）と名付けた。それは，学校での学びの文脈が現実世界のそれとかけ離れているために，学校外で生きて働かない，学校でしか通用しない知識（学校知）になっているという問題提起にもつながった。また，知識は他者との対話を通して社会的に構成されるという社会的構成主義の考え方は，**ジグソー法**など，学習者間の相互作用や知識の協働構築を重視する協働学習を推進する理論的基盤となっている。

（2）自ら学び続ける学習者の育成に向けて

　認知主義においては，領域固有の知識構造や学びの社会的文脈の重要性が指摘される一方で，1970年代以降，「**メタ認知**」という概念によって，領域や文脈といった制約を超えて有能に主体的に学ぶことへの手掛かりも提起している。ここでいうメタ認知とは，文字通り「認知についての認知」を意味する概念（自分自身の内面や行動を客観的にみれる能力）であり，一般的に，知識的側面（認知についての知識：メタ認知的知識）と活動的側面（認知の監視，制御）の二側面で捉えられる。ある領域の熟達者になる上では，実践共同体への参加を通した，領域固有の知識構造の構築やものの見方・考え方の洗練が不可欠である。しかし，知識習得の早さや質，また複合的で総合的な問題への取り組みの成否，すなわち，一般的に学び上手（**知的な初心者**（intelligent novice））であるかどうかは，メタ認知によって規定されるというわけである。

　例えば，記憶と理解との違いに自覚的でありそれぞれの場合に適した学習方略を用いることや，自己の理解状況を適切にモニターすることなどは，効果的に学習を進める上で重要な要因である。また，類推などの認知的方略を用いて新奇な問題状況を既有知識が活用できるように捉え直したり，目標（ゴール）

から逆算して方法を考えたりといった，一般的な問題解決方略を柔軟に駆使することで，より適切な問題解決が実現できる。こうしたメタ認知は意図的な指導によってある程度は伸長可能であり，学習者に方略を教えることも有効な方策のひとつとされている。

メタ認知に関する研究は，**動機づけに関する研究**にも影響を与えている（認知的動機づけ理論）。動機づけについては，何らかの他の欲求を満たすための手段として褒めたり叱ったりという行動をとる**外発的動機づけ**と，知的好奇心のように欲求それ自体を満たすことを目的とした**内発的動機づけ**があるとされてきた。そして，教育においては後者を高めることが望ましいとされてきたし，内発的動機づけが外的な報酬を与えられることで低下するといったことも指摘されてきた。行動主義は前者と，認知主義は後者と親和性があることがわかるだろう。

さらに，認知的動機づけ理論は，目標達成に関わる動機づけを，認知的な変数，例えば課題の難度，自己の能力，学習過程などについての認知や認知システムを媒介とするものとして説明するアプローチであり，動機づけのメカニズムについて様々な知見を提供している（注4）。ここでは，中心的なものとして，「**期待×価値モデル**（expectancy-value model）」と「**目標理論**（goal theory）」について概説しよう。

まず，期待×価値モデルでは，ある方向に行動しようとする傾向の強さは，その行動によって一定の結果が得られるという期待の強さと，行為者にとってその結果がもつ価値の高さによって決定されると考える。期待には，「**結果期待**（outcome expectancy）」と「**効力期待**（efficacy expectancy）」の2つがある。結果期待とは，手段としての自らの行動が目標達成をもたらす見込みを意味し，効力期待は，その行動を成功裏に遂行できる見込みを意味している。

例えば，Aさんは今度のテストで高得点をとりたいと思っている（価値）。Aさんは教科書の15ページの内容を丸暗記すればテストで高得点がとれると考えている（結果期待）。そして，Aさんはそれを丸暗記できると思っている（効力期待）。ここではじめてAさんは行動を起こすといった具合である。

次に，目標理論では，個人の行動を目標到達のための合理的で節約的な振る舞いと見る。この立場からすると，動機づけは，目標を中心にした一連の情報

処理過程であり，個人が設定する目標やその意味付けによって目標達成過程が規定されることになる。期待×価値モデルが，何に対してどの程度動機づけられるのかに関係するのに対して，目標理論は，達成行動の方向付けや実行過程に関わるものといえる。

　目標理論の代表的論者であるドゥエック（C. S. Dweck）は，目標を「学習目標（learning goal）」と「成績目標（performance goal）」とに大別する。学習目標は，能力の増大を目指し学習そのものを目標とする。他方，成績目標は，能力についての他者からの肯定的評価を求め，逆に否定的評価を避けようとする。これらの目標の違いは，学習者のもつ暗黙の知能観に規定されている。すなわち，知能を固定的だと見る者は成績目標をもちやすく，可変的だと見る者は学習目標をもちやすい。

　上記のような目標の違いは，課題の選択，課題への取り組み方，結果の解釈のしかたなど，達成行動のパターンに影響する。例えば，失敗に直面した場面を考えてみよう。成績目標をもつ者は，失敗を能力不足の証として受け止め，無力感に陥りやすい。他方，学習目標をもつ者は，失敗を努力不足や用いた方法の不適切さを意味するものとして捉え，新たな方法での挑戦へと動機づけられる傾向にある。

　学習者を環境の受け手として受動的な存在とみなしがちな行動主義に対して，認知主義では，学習者が自らの知識や思考に対してより意識的になり責任をもつようにすることを強調する。メタ認知という概念は，その象徴的存在である。こうした学習における学習者自身の役割を鮮明にした発想は，「**自己調整学習**（self-regulated learning）」という概念に結実する。

　自己調整学習に関する代表的論者であるジマーマン（B. J. Zimmerman）は，学習者の主体的関与が学習成立にとって不可欠な契機であるとして，学習目標の設定，目標を達成するためのプランの作成，学習の遂行過程の制御，結果の自己反省，という学習者自身による能動的で持続的な自己調整のサイクルとして学習を捉える。多かれ少なかれ学習者は，自らの学習や行動を何らかの方法で自己制御しようとしているが，その質ややり方に違いがあるとして，巧みな自己調整学習者がするような学習の自己成就サイクルを，学習者が自らの手で確立していけるように指導していく必要性を提起する（表8-2）。

表8-2　素朴な学習者と巧みな学習者の自己調整の下位過程

自己調整の段階	自己調整学習者の種類	
	素朴な（naive）学習者	巧みな（skillful）学習者
事前の考慮	明細でなく遠くにある目標，成績目標志向，低い自己効力感，興味がない	明細で階層的な目標，学習目標志向，高い自己効力感，内発的に興味をもっている
目標遂行／意志的統制	焦点化されてない計画，セルフ・ハンディキャッピング方略，結果の自己モニタリング	目標遂行に焦点化されている，自己教示やイメージ，過程の自己モニタリング
自己反省	自己評価を避ける，能力への帰属，否定的な自己反応，適応的でない	自己評価を求める，方略や実践への帰属，積極的な自己反応，適応的である

出所：シャンク・ジマーマン，2007，7頁。訳は改めた。

　教えられなければ学ばないという学校依存状況を脱して，自律的に学ぶ主体として学習者をエンパワーメントし，生涯にわたって学び続ける力を育成する手がかりとして，自己調整学習が注目されている。今日のように，変化の激しい社会にあってはより関心が高まっているといってよい。

3　学力観の問い直しと学習者主体の授業への改革

　認知主義の学習理論の影響も受けながら，国際的に学力観の問い直しと学習者主体の授業を強調する形での教育改革が推進されている。日本においても，特にOECD生徒の学習到達度調査（PISA）などに刺激されながら改革が進められ，2017・2018年版学習指導要領においては，義務教育段階はもちろん，高校段階においても，コンピテンシー・ベース，あるいは資質・能力ベースで，教科の目標・内容・方法・評価のあり方を再構築していくことが求められている。本節では，そうした改革の流れと方向性について述べる。

(1) コンテンツ・ベースからコンピテンシー・ベースのカリキュラムへ

　教育内容の削減や「総合的な学習の時間」の創設を盛り込んだ1998年版学習指導要領が発表されて間もなく，「学力低下」を危ぶむ声が高まり，また，経済協力開発機構（OECD）による国際学力調査（PISA）の2003年調査で読解力

の順位が8位から14位に下がった，いわゆる「PISAショック」もあり，2000年代に入って教育改革のスローガンは「ゆとり教育」から「学力向上」へとシフトしていった。PISAは，現代社会が求める知識・技能を活用する力について評価しようとするものであり，**科学的リテラシー**についても，クローン，地球温暖化，酸性雨といった社会的・論争的問題に関する理解や判断力が問われた。そこには，構成主義や文脈を重視する状況論の影響も見て取れる。

　2007年から始まった「**全国学力・学習状況調査**」は，「知識」問題（A問題）と「活用」問題（B問題）で構成されてきた。そして，2008・2009年改訂の学習指導要領では，「習得」「活用」「探究」をキーワードとする「**確かな学力**」観，すなわち「総合的な学習の時間」などにおいて教科横断的で問題解決的な「探究」活動を組織するとともに，教科学習においては，基礎的・基本的な知識・技能の「習得」と，知識・技能の「活用」を通した思考力・判断力・表現力等の育成を「車の両輪」として重視する方向性が示された。

　このように，「確かな学力」観の下での「学力向上」政策の特徴は，「知識・技能」でも「関心・意欲・態度」でもなく，「知識・技能を活用して課題を解決するために必要な思考力・判断力・表現力等」，いわゆる活用する力が重視されている点にあった。さらに，思考力・判断力・表現力については，各教科の内容を活用して思考し判断したことを，記録・要約・説明・論述・討論といった言語活動（図・グラフ，構想や設計なども含む）を通じて評価することとされており，思考力と表現力とを，そして，思考することとコミュニケーションすることとを一体のものとして指導し評価していく方向性が示された。そこには，PISA調査の出題形式や学力（リテラシー）観の影響が見て取れる。

　そして，2017・2018年改訂の学習指導要領において，「学力向上」政策は新しいステージに入り，内容ベースから「資質・能力」（コンピテンシー）ベースへのカリキュラム改革が焦点となっている。それは，21世紀型の学びや高次の学力に焦点を合わせて，目標，カリキュラム，授業，評価，入試，教員養成など，教育システムの総体を一体のものとしてデザインし直すものとなっている。こうして，学力観については，それまでの「活用」に代わり「コンピテンシー」や「資質・能力」が，指導法については，「言語活動の充実」に代わり「**アクティブ・ラーニング**」や「**主体的・対話的で深い学び**」が，キーワードとなっ

た。

　コンピテンシー・ベースへの改革は，先進諸国に共通する動向である。多く
の先進諸国のナショナル・カリキュラムやスタンダード（共通教育目標）にお
いて，教科の知識・技能や思考力に加えて，教科横断的な能力（汎用的スキル）
を明確化する動きが見られる。そこでは，批判的思考，意思決定，問題解決，
自己調整といった高次の認知的スキルに加えて，粘り強さや協働といった非認
知的な社会・情動的スキル，さらに協働的な知識構築・問題解決にメディアや
テクノロジーを活用するスキルなどがあげられている（松尾，2015）。

　先述のように，2000年代に入り日本でも，初等・中等教育においては，
PISA リテラシーを意識して知識・技能を活用して課題を解決する思考力・判
断力・表現力等の育成に重点が置かれるようになった。また，高等教育でも，
「学士力」や「社会人基礎力」といった形で，汎用的スキルの重要性が主張さ
れてきた。そして2014年3月に出された「育成すべき資質・能力を踏まえた教
育目標・内容と評価の在り方に関する検討会」の論点整理では，学習指導要領
等の目標・内容について，イ）教科等の本質に関わるもの（教科等ならではの見
方・考え方など），ウ）教科等に固有の知識や個別スキルに関するものに加えて，
ア）教科等を横断する汎用的なスキル（コンピテンシー）等に関わるものとして，
①問題解決，論理的思考，コミュニケーション，意欲などの汎用的スキル，②
自己調整や内省，批判的思考等を可能にするメタ認知をもカリキュラム上に明
示することが示唆された。こうして，内容のみならず，教科等横断的な汎用的
スキルといった資質・能力も明確化し，系統立てて指導したり評価したりして
いくことが提起されるなど，カリキュラム開発とその評価において，内容ベー
スからコンピテンシー・ベースへのシフトが進められてきたのである。

　一般に「コンピテンシー」とは，職業上の実力や人生における成功を予測す
る，社会的スキルや動機，人格特性も含めた包括的な能力を指す。それは，
「何を知っているか」ではなく，実際の問題状況で「何ができるか」を問うも
のといえる。例えば，OECD の DeSeCo プロジェクトが示した「キー・コン
ピテンシー（key competency）」は，

　　①　相互作用的に道具を用いる力
　　②　社会的に異質な集団で交流する力

③　自律的に活動する力

の3つで構成されている（ライチェン・サルガニク, 2006）。キー・コンピテンシーはPISAの背景となっている枠組みで，PISAは①の要素の一部を評価するものとされている。

　コンピテンシー・ベースのカリキュラムを目指すということは，社会が求める「実力」との関係で，学校の役割や学校で育てる「学力」の中身を問い直すことを意味する。これまでの「学力」概念が，内容に即した認知的能力を軸に捉えられがちであったのに対して，「資質・能力」という言葉を使うことで，「実力」を構成する中心的な要素である非認知的要素も含め，包括的で全人的な育ちを学校で追究していこうとしているわけである。また，労働や社会生活の知性化や流動化が進むなかで，「コンピテンシー」概念は，特定の職業や専門分野に固有のものというより，教科・領域横断的で汎用的なものを中心に捉えられる傾向にある。

　各教科の授業で，また学校教育全体で，そうした汎用的で非認知的なものを含む資質・能力をどう意識的に育てていくのかが問われている。ただし，コンピテンシー・ベースの改革については，社会の要求が，企業社会からの人材育成や教育の効率性・経済性に矮小化されがちで，現状適応主義や学校教育全体の直線的なキャリア教育化に陥りがちである。しかし，経済の論理の下で軽視されがちな民主主義や市民形成の視点を重視することで，また，子ども期や青年期に固有の価値を尊重し，人間らしく育つための手間やまわり道も大切にすることで，生徒たちが未来社会を自ら決定し創造する自由を大切にするという視点もまた重要である（石井, 2015）。

（2）資質・能力の3つの柱とアクティブ・ラーニングの3つの視点とは

　2017・2018年版学習指導要領では，育成すべき資質・能力を「3つの柱」，すなわち「何を理解しているか，何ができるか」という生きて働く「知識及び技能」の習得，「理解していること・できることをどう使うか」という未知の状況にも対応できる「思考力，判断力，表現力等」の育成，そして「どのように社会・世界と関わり，よりよい人生を送るか」という学びを人生や社会に生かそうとする「学びに向かう力，人間性等」の涵養で，各教科や領域の目標を

整理した。

　また，アクティブ・ラーニングについては，特定の型を普及させるものではなく，現在の授業や学びのあり方を，子どもたちの学習への積極的関与や深い理解を実現するものへと改善していくための視点として理解すべきとし，

　①　学ぶことに興味や関心をもち，自己のキャリア形成の方向性と関連付けながら，見通しをもって粘り強く取り組み，自己の学習活動を振り返って次につなげる「**主体的な学び**」が実現できているか。

　②　子ども同士の協働，教職員や地域の人との対話，先哲の考え方を手がかりに考えることなどを通じ，自己の考えを広げ深める「**対話的な学び**」が実現できているか。

　③　各教科等で習得した概念や考え方を活用した「見方・考え方」を働かせ，問いを見いだして解決したり，自己の考えを形成し表したり，思いをもとに構想，創造したりすることに向かう「**深い学び**」が実現できているか。

という授業改善のための3つの視点があげられた。「主体的な学び」には自己調整学習の，「対話的な学び」には社会的構成主義の，「深い学び」には構造化された知識や概念理解を重視する認知主義の学習観の影響が息づいている。

　これら資質・能力の3つの柱とアクティブ・ラーニングの3つの視点が，いかなる学びや授業のあり方を志向しているのかは，教科の学力の質の**三層構造**と，学習活動の**三軸構造**を踏まえて考えるとより明確になる。

　望ましい学力像や教育目標の中身や構造を明らかにする，学力モデルや「教育目標の分類学（taxonomy of educational objectives）」の研究成果を踏まえると（石井，2020a），ある教科内容に関する学力の質的レベルは，図8-2のように三層で捉えることができる。

　個別の知識・技能の習得状況を問う「知っている・できる」レベルの課題（例：穴埋め問題で酸素，二酸化炭素などの化学記号を答える）が解けるからといって，概念の意味理解を問う「わかる」レベルの課題（例：燃えているろうそくを集気びんのなかに入れると炎がどうなるか予想し，そこで起こっている変化を絵で説明する）が解けるとは限らない。さらに，「わかる」レベルの課題が解けるからといって，実生活・実社会の文脈での知識・技能の総合的な活用力を問う「使える」レベルの課題（例：クラスでバーベキューをするのに一斗缶をコンロにして火

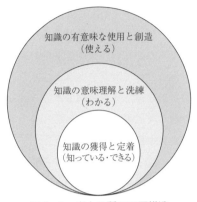

図8-2　学力の質の三層構造
出所：石井, 2020b, 41頁。

を起こそうとしているが，うまく燃え続けない。その理由を考えて，燃え続けるためにどうすればよいかを提案する）が解けるとは限らない。

　社会の変化のなかで学校教育に求められるようになってきているのは，第3層に位置する「使える」レベルの学力の育成と「真正の学習（authentic learning）」（学校外や将来の生活で遭遇する本物の，あるいは本物のエッセンスを保持した活動）の保障なのである。

　また，学力の質的レベルの違いにかかわらず，学習活動は何らかの形で「対象世界・他者・自己の3つの軸」での対話を含んでいる（図8-3）。そして，そうした対話を繰り返す結果，何らかの認識内容（知識），認識方法（スキル）が形成され身に付いていく。スキルは，対話の3つの軸（大きくは対象世界との認知的対話，他者・自己との社会的対話）に即して構造化できる。さらに，学習が行われている共同体の規範や文化に規定

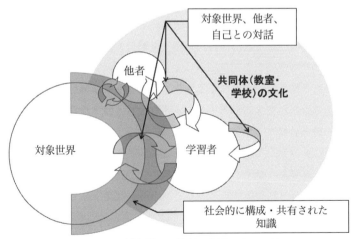

図8-3　対象世界・他者・自己の3つの軸
出所：石井, 2020a, 275頁。

される形で，何らかの情意面での影響も受ける。学力の階層ごとに，主に関連する知識，スキル，情意（いずれも資質・能力の要素）の例を示したのが表8-3である。

　資質・能力の3つの柱は，学校教育法が定める学力の3要素（「知識及び技能」「思考力，判断力，表現力その他の能力」「主体的に学習に取り組む態度」）それぞれについて，「使える」レベルのものへとバージョンアップを図るものとして，アクティブ・ラーニングの3つの視点は，学習活動の三軸構造に対応するもの，すなわち対象世界との深い学び，他者との対話的な学び，自己を見つめる主体的な学びとして捉えることができる。「社会に開かれた教育課程」，いわば各教科における「真正の学習」を目指す方向で，対話的な学びと主体的な学びを，対象世界の理解に向かう深い学びと切り離さずに，統合的に追究していく。これにより，学力の質の第1層である「できた」「解けた」喜びだけでなく，内容への知的興味，さらには自分たちのよりよき生とのつながりを実感するよう

表8-3　教科学習で育成する資質・能力の要素を捉える枠組み

能力・学習活動の階層レベル（カリキュラムの構造）		資質・能力の要素（目標の柱）			
		知　識	スキル		情意（関心・意欲・態度・人格特性）
			認知的スキル	社会的スキル	
教科等の枠付けの中での学習	知識の獲得と定着（知っている・できる）	事実的知識，技能（個別的スキル）	記憶と再生，機械的実行と自動化	学び合い，知識の協同構築	達成による自己効力感
	知識の意味理解と洗練（わかる）	概念的知識，方略（複合的プロセス）	解釈，関連付け，構造化，比較・分類，帰納的・演繹的推論		内容の価値に即した内発的動機，教科への関心・意欲
	知識の有意味な使用と創造（使える）	見方・考え方（原理と一般化，方法論）を軸とした領域固有の知識の複合体	知的問題解決，意思決定，仮説的推論を含む証明・実験・調査，知やモノの創発（批判的思考や創造的思考が深く関わる）	プロジェクトベースの対話（コミュニケーション）と協働	活動の社会的レリバンスに即した内発的動機，教科観・教科学習観（知的性向・態度）

　出所：石井，2020b，47頁。

な主体性が育まれ，また，知識を構造化する「わかる」レベルの思考にとどまらず，他者とともにもてる知識・技能を総合して協働的な問題解決を遂行していけるような，第3層に位置する「使える」レベルの思考が育っていく。そのなかで，内容知識も表面的で断片的な形ではなく，体系化され，さらにはその人の見方・考え方として内面化されていくのである。

　資質・能力の3つの柱の提案については，知識，スキル，情意の質に着目するのではなく，学力の3要素で知識・技能以上に思考力・判断力・表現力や主体的態度を重視するものと捉えてしまうと，1990年代の「新しい学力観」がそうであったように，内容の学びとは無関係な関心・意欲・態度の重視と知識習得の軽視，すなわち態度主義に陥りかねない。さらに，コンピテンシーとして非認知的能力が含まれていることを過度に強調し，教科横断的なコミュニケーションや協働や自律性の育成の名の下に，どんな内容でも主体的に協力しながら学ぶ個人や学級をつくることに力点が置かれるならば，いわば教科指導の特別活動化が生じ，教科の学習（認識形成）が形式化・空洞化しかねない。

　自己や他者と向かい合うだけでなく，対象世界と向き合うことも忘れてはならないというメッセージが，「主体的・対話的で深い学び」という順序には表れている。よくよく考えてみると，グループで頭を突き合わせて対話しているような，主体的・協働的な学びが成立しているとき，生徒たちの視線の先にあるのは，教師でも他のクラスメートでもなく，学ぶ対象である教材ではないだろうか。

　アクティブ・ラーニングをめぐっては，学習者中心か教師中心か，教師が教えるか教えることを控えて学習者に任せるかといった二項対立図式で議論されがちである。しかし，授業という営みは，教師と子ども，子どもと子どもの一般的なコミュニケーションではなく，教材を介した教師と子どもたちとのコミュニケーションである点に特徴がある。こうした授業におけるコミュニケーションの本質を踏まえるなら，生徒たちがまなざしを共有しつつ教材と深く対話し，教科の世界に没入していく学び（その瞬間自ずと教師は生徒たちの視野や意識から消えたような状況になっている）が実現できているかどうかを第一に吟味すべきだろう。

　教科学習としてのクオリティを追究することとアクティブ・ラーニングは対

立的に捉えられがちであるが，教科本来の魅力の追究の先に結果としてアクティブになるのである。

注

1　教師の専門性の発達において，教科内容に関する専門知識にも，子どもの学習や発達に関する専門知識にも解消されない，両者を統合し，子どもがどう学ぶかという視点から教科内容の意味や価値を捉え直した知識（「教えることを想定した教科内容に関する知識（pedagogical content knowledge：PCK）」）が重要だといわれている。

2　仮説実験授業とは，科学の基本的な概念や原理・原則が感動的に伝わるようなキーポイントになる実験を軸にした授業方式で，教科書，指導案，ノート，読み物を兼ねた「授業書」をもとに，「問題提示→予想→討論→実験」の順に展開する（板倉，1997）。

3　認知心理学や認知科学の成果については，波多野（1996），米国学術研究推進会議（2002）などを参照。

4　認知的動機づけ理論については，宮本・奈須（1995），鹿毛（2013）などを参照。

第 9 章

教授・学習論

本章で学ぶこと

　授業とは，教材を介した教師と生徒の相互作用の過程であり，教授・学習過程といわれる。教師による一方的な教え込みでもなく，生徒任せでもない形で，教材を学び深めて生徒に力を付けていくような授業をどうデザインし，臨機応変に生徒たちとの相互作用をどう組織化していけばよいのか。本章では，改めて授業を創ることや目指す授業のあり方の軸となる考え方を確認した上で，展開のある授業の組み立て方や授業展開を組織化する発問の工夫について述べる。

1　授業づくりの軸の再確認

　教員の世代交代が進み，授業づくりの知恵や技の伝承が課題となっているなか，また，オンライン学習など ICT 活用が授業のあり方をゆさぶるなか，本節では，改めて，授業を創るとはどういうことか，「主体的・対話的で深い学び」の先にある，目指す授業のあり方について確認したい。

(1) 改革に踊り，揺れる「授業」

　アクティブ・ラーニングや主体的・対話的で深い学びの重視のように，「教えること (教師主導)」から「学び (学習者主体)」へ，「一斉授業」から「学び合い」へといったスローガンの下，授業の改革が叫ばれてきた。さらに，コロナ禍を経て，オンライン化や一人一台端末が整備されるに伴って，全員が同じ内容を同じペースで同じ場所で学ぶ必要もなく，教室や学校，ひいては授業を経由せずに生徒一人ひとりが自由に学ぶようになればよいのではないかという考え方も広がりつつある。そこから，「授業」から「学び」へ，さらには学校

から「合校」（学校に限らない様々な学びの場のネットワーク），「個別最適な学び」へといった言葉も聞かれるようになった。

こうした二項対立図式のなかで，授業観が揺れている。しかし，一見もっともらしい改革の呼び声の裏で，実は手法主義が進んではいないか。オンライン学習やICT活用において授業の工夫というとき，○○アプリを使いこなすことに視野が限定されてはいないか。そしてその一方で，学ぶ教材の検討や内容論や生徒たちへの教師の願いが空洞化してはいないだろうか。二項対立図式のなかで，「学び」の強調は「教えること」の内実を照らし出し，個別化の強調は，集団での学びの意味を照らし出す。そこで，文字通り「AからBへ」と，否定的にAに光を当てるのではなく，Bに軸足を移したときにどうAが捉え直されるのかを問うことが重要である。要は，教えること，集団で学ぶことを含む「授業」が問われているのである。

どれだけ「学び」に光が当たろうとも，大人の責任を放棄しない限りは，「教えること」に限らず，教師，あるいは生徒の学びと成長を支援する他者の仕事はなくなりはしない。「授業から学びへ」という言葉を使っていても，教育関係者であれば，教えることや教師の仕事が完全になくなるという意味で使ってはいないだろう。「学び（学習者主体）」に光が当たることで，教師の指導性は見えにくくなっていくが，しかし確かに存在はしている。そうした見えにくくなってしまう部分にもしっかり光を当てておかないと，特に教育に関わる議論が教育関係者の内輪だけでなく社会全体に開かれたときに，言葉は文字通り受け取られてしまい，生徒に任せさえすれば学べるんだ，教師はいらないのではないかといった誤解を生み，それを文字通り実践するような取り組みや改革が生じかねないという点が危惧される。

（2）「授業」という営みの本質的特徴

第8章でも述べたように，授業という営みは，教師と生徒，あるいは生徒同士の一般的なコミュニケーションではなく，教材を介した教師と生徒たちとのコミュニケーションである。学習者中心か教師中心かといった二項対立の議論は，この授業という営みの本質的特徴を見落としていると言わざるをえない。

授業という営みの本質的特徴を踏まえるならば，生徒たちが学びをともにし

つつも教材と深く対話し，教科の世界に没入していく学びが実現できているかどうかを第一に吟味すべきである。教師主導は，いわば教師を忖度する授業に，学習者主体は教材に向き合わない授業に陥りがちである。教師主導でも学習者主体でも，生徒を引き込み，成長を保障する授業は，教材を介して教師と生徒，生徒同士が向き合い，ともに教材に挑むという関係性の上に成り立っているものである。

　教師の仕事は，【教材研究】教科の本質が反映された教材・題材で，本当に伝えたいものは何かを考え抜き，【導入】教材と生徒たちとのいい出会いを組織し，【発問とゆさぶりによる展開の組織化】生徒とともに横並びで教材と対話し，ときには生徒と競い合う関係に立ちながらも，生徒にとって学んでよかったと感じられる入り口をさりげなく指さし続けることである。授業は，教科書通りに淡々と流すものや，次々と脈絡なく課題をこなし流れるものではなく，ドラマのようにリズムや緩急やヤマ場がありストーリー性をもって局面が展開するものとして捉えるべきである。

　さらに，授業の先には，「じゃあ○○はどうなっているのだろう」「先生が言っていた○○ってそういうことだったのか」「これって授業で習ったことと関係あるんじゃないか」といった具合に，生徒たちが授業外，学校外の生活で引っかかりを覚え，立ち止まり，学びや追究を始めるような姿を目指したい。生活場面や生きることを豊かにしていくような，学ぶことへの導入としての授業である。

　こうして，教材を介して社会や文化のホンモノやその深みへと誘う，教師と生徒，生徒と生徒の学びあいの関係性を軸とした，触発的で媒介的な指導性こそが，AIでは実現しえない教師の役割の強みである。それはまた，ICT活用で学習者に学びを委ねることが目指されている昨今，伴走者的な教師の指導性としても重視されるものであろう。

（3）教科の本質を追究する授業とは

　上記のような授業づくりの不易の延長線上に，授業をアクティブなものにすることと教科の本質を追究することとを結びつけ，かつ「真正の学習」を実現する授業づくりのヴィジョンとして，知識・技能が実生活で活かされている場

面や，その領域の専門家が知を探究する過程を追体験し，「教科の本質」をともに「深め合う」授業としての「**教科する**（do a subject）」授業を提起したい。それは，教科の本質的かつ学ぶに値する部分，特にこれまでの教科学習であまり光の当てられてこなかった教科の本質的なプロセスのおもしろさを生徒たちに経験させるものである。

　教科学習の本来的意味は，それを学ぶことで身のまわりの世界の見え方やそれに対する関わり方が変わることにある。例えば「蒸発」という概念を学ぶことで，水たまりが次の日にはなくなっているという現象のメカニズムが見えてくるし，乾きやすくするため衣類を温めてから干すなどの工夫をするようになるといった具合である。それは，教科内容を通して身のまわりの現象を捉える「教科内容の眼鏡」としての意義を顕在化させることを意味する。

　また，教科の魅力は内容だけではなく，むしろそれ以上にプロセスにある。例えば「実験すること」という一見科学的な活動であっても，それを生徒たちの内的プロセスから見ると，「実験手順を正しく安全になぞること」（cookbook方式の作業的実験）になっていて，問いや仮説を伴った，真に「科学すること」になっていない場合が多いのではないか。

　実験の結果にばらつきが生じたときに，教科書の結論通りに片付けてしまっては，まず結論ありきの実験の作業化・儀式化に陥る。ばらつきが生じた原因を考えてみるよう生徒たちに投げかけることで，実験の手順や条件制御などに問題はなかったかなどを自分たちで気付くこともできるであろうし，例えば「塩酸にアルミニウムを入れると水素が発生する」と理解したつもりでも，「では，2枚，3枚とアルミニウムを追加していったらどうなるか」「アルミニウム以外の金属を入れてみるどうなるか」などとゆさぶりをかけ，事象と向き合うことを促すことで，生徒自身が「どうなるのかな」という問いをもって事象に向かい，教科書の記載を超えた科学本来のおもしろさへの気付きも出てくるだろう。

　教科書などの課題を提示して，グループで取り組むよう指示し，各グループから出てきた意見をただ交流して終わるだけでは，表面的に学習者主体の授業が成立しているようにそつなく見せることはできるかもしれない。しかし，学習の規律と時間を管理する役割を果たすだけで，生徒たちが教材と対話し学び，

深めていく過程に教師が絡んでいかなければ，学びの質は保障されないだろう。

　特に小学校では，授業はすでに十分アクティブであり，配慮すべきは活動主義にならないよう，課題や問いの質を吟味したり，グループでの児童たちの思考とコミュニケーションの中身を見取って次の一手を構想したり，多様な考え方を関連付けたりゆさぶったりすることが必要であり，そのために教師は教科内容や教材に関する深い理解と，それを児童の学びと結び付ける構想力が求められる。このことは中・高等学校でも同様である。

　教材研究とは，教師が生徒たちに本当に教えたいものを吟味し，そして，そうした教師が教えたいものを生徒の学びたいものにするような素材（ネタ）をデザインすることである。それは，教科の本質的なポイントを外さずに中身のある学びを保障することにつながる。さらに，そうした教材研究のプロセスは，生徒に先立って教師が一人の学び手として教材と対話するということであり，その教科に精通したり，教科の内容をとことん学び深める経験したりすることで，生徒たちが授業過程で出してくる多様な考え方を受け止め，学びのプロセスに伴走しつつその深まりを導くことを可能にするだろう。

　こうした教材研究において，教師自身も「科学する」経験をしているし，その「科学する」プロセスにこそ教師自身もまた教科のおもしろさを感じているのではないか。しかし，多くの場合，教師は教材研究の結論を生徒たちに伝えようとし，生徒たちもそれを忖度するのみで，生徒たちがそうしたプロセスを経験することはほとんどない。各教科にとって一番本質的でかつ魅力的なプロセスである教材研究のプロセスを，生徒たちに委ねていく。ここ一番のタイミングでポイントを絞ってグループ学習などを導入していくことで，アクティブ・ラーニングは，ただアクティブであることを超えて「教科する」授業となっていくのである。

2　「展開のある授業」を組み立てるために

(1) 授業をデザインするときの思考の道筋とは

　では，「教科する」授業を目指しつつ，教材を介して教科の深みへと誘う，また，ただ流す・こなすだけでないヤマ場のある「展開のある授業」と学びを

どう創っていけばよいのだろうか。巷には，様々な手法，授業プランや板書計画などの個別なヒントがあふれている。しかし，個別の手法や授業の要素を，全体のなかに自然な形で位置付けながら，ひとまとまりの授業をどう組み立てればよいのか。指導案の項目立ての理由を点ではなく線で理解していけるような授業を創る教師の思考の道筋について，以下，述べてみよう。

　授業を組み立てデザインする過程は，それこそ判断の連続であるが，しかし判断の節目となるいくつかの問題領域を見いだすことができる（表 9 - 1）。そうした判断の節目において教師が出す答えの妥当性が，その授業の成否を左右するがゆえに，それぞれの判断のポイントにおける一般的な原則を学ぶことが重要となる。図 9 - 1 に示した「**授業づくりのフレーム**」は，いわば「授業づくりのツボ」とでも呼ぶべきものを一般化したものである。基本的には指導案の項目もおおよそ 5 つのツボを押さえたものになっており，5 つのツボを意識することで，指導書などからコピペしながら指導案の項目をただ埋めるのではなく，指導案の項目の意味を理解しながらも，授業における生徒の思考過程や生徒とのやりとりをイメージした，いわば借り物でない自分の授業を構想することにつながるだろう。

　では，以下「昆虫」概念の授業づくりを例としながら，授業をデザインする思考の流れと「授業づくりのフレーム」の意味を説明しよう。

　小学生に「昆虫」という概念を教えるのにどの虫を素材として取り上げるかと尋ねると，多くの人は，カブトムシ，チョウ，トンボ，アリ，セミ，バッタ，

表 9 - 1　授業をデザインするときの判断のポイント

目的・目標（Goal）： ねがいとねらいを明確化する	何を教え，どのような学力を形成し，どんな子どもを育てたいか
教材・学習課題（Task）： 教材・学習課題をデザインする	どういう素材や活動を通してそれを学ばせるか
学習の流れと場の構造（Structure）： 学習の流れと場の構造の組織化	授業の展開をどう時系列で組織化し，学習形態と空間をどうデザインし，学びの文化的環境をどう再構成するか
技とテクノロジー（Art & Technology）： 授業を組織する技とテクノロジー	ことばと身体でどう働きかけるか，テクノロジーやメディアをどう活用するか
評価（Assessment）： 評価を指導や学習に生かす	どのような方法で学習の過程と成果を把握し，その結果をどう実践に生かすか

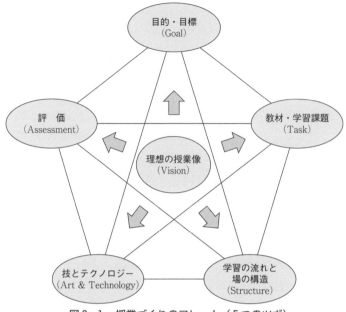

図9-1　授業づくりのフレーム（5つのツボ）

出所：石井，2020b，16頁。

クモなどを選択肢としてあげるだろう。このなかでどれが適切かを選ぶ際，ある人は，人気のあるカブトムシを使えば，子どもたちが動機づけられると考えるかもしれない。しかし，ここで考えるべきは，"Goal" である「昆虫」概念を指導するときに外してはいけない本質的な内容である。「昆虫」概念の授業では，昆虫に共通する特徴，すなわち「昆虫の体は頭，胸，腹で構成され，頭には目や触覚，口があり，胸から三対六本の足が生えている。変態により成長する」という内容を指導することになる。昆虫の体の構成だけが重要なら，アリを選んでもよいが，アリは小さくてすばしっこくて観察しにくいし，「変態」についても教えたいので，チョウが最も適切だと判断される。こうして "Goal" の達成を意識しながら，子どもたちの興味をそそり，かつそれを通して教えたい内容の理解が深まるような "Task" を考えるのである。

　さらに，"Structure" を考えることで，授業をドラマとしてデザインし，概念について印象深く学び理解を深めることができる。例えば，最初に「昆虫」

の特徴を典型的に示すチョウを用いて「昆虫」概念を指導する。その後に，「じゃあクモは昆虫かな？」と問いかけることで，日常生活では虫とされているが生物学的には「昆虫」ではないものの存在に子どもたちは気付き，彼らの「昆虫」概念の理解はより確かなものとなる。その上で，「昆虫」概念が理解できたと思っている子どもたちに対して，「昆虫」ではあるがその特徴が見えにくい素材として，カブトムシを取り上げ，「では，カブトムシは昆虫だろうか？」と問う。すると，子どもたちのなかに，「えっ，どうなんだろう？」という問いが生じ，子どもたちの理解がゆさぶられ，つぶやきやざわめきが起こるだろう。そうなればしめたものである。考えなさいとかグループで話し合いなさいなどと言われなくても，子どもたちはすでに思考し対話し始めているわけである。

　カブトムシが昆虫だと思う者とそうでない者とで議論するなどして，「実際どうなのか確かめたい」という子どもたちの探究心を高めた上で，カブトムシを実際に観察してもよいだろう。カブトムシが昆虫かどうかを議論することは，子どもたちの「昆虫」概念の理解や科学的推論の能力を試すことができるよい機会なので，クラス全体で話し合いをするよりも，ペアやグループの学習形態を用いて，子どもたち全員に思考しコミュニケーションする機会を与えることが有効かもしれない。そうして，カブトムシも確かに昆虫の特徴を備えていることを確かめることで，「昆虫」概念は，印象深く情動的な経験を伴って，子どもたちにすっきりと理解されるのである。

　ここで，直接的には発問が思考を触発しているが，その基盤として，チョウ，クモ，カブトムシという教材の配列が決定的に重要であることがわかるだろう。子どもの思考を触発する授業の展開を生み出す際には，**矛盾とゆさぶりの構造**をつくることが有効である。この例であれば，概念の典型例（「○○であるもの」）をまず提示し，その後に，その概念の適用範囲ではない例（「○○ならざるもの」）について，なぜそれがその概念に当てはまらないのかを考えさせることで，概念の適用範囲を明確にし，その意味内容を確固たるものにする。そうして，内容を理解したと思って安心している学習者に対し，その概念に当てはまるかどうか迷うような非典型例を提示することで，安定を崩し矛盾（認知的葛藤やもやもや感）を生じさせ，追究心に火を点ける（**教育的挑発としてのゆさぶり**）。そう

したゆさぶりの先に，非典型例もその概念の基本的な特徴を備えていることを確認することでより深い理解に至るのである。

　こうして，"Task" や "Structure" がよくデザインされていても，"Art & Technology" が巧みでなければ，期待したような授業のドラマ的な展開や理解の深まりはもたらされない。チョウ，クモ，カブトムシと教材を並べて，子どもたちに認知的葛藤を起こさせるような授業の展開の構造をデザインしたとしても，問いの前に「間」も「タメ」もなくさらっと授業を進めてしまっては，子どもたちの意欲も思考もかき立てられない。また，チョウやカブトムシを観察する際の子どもたちへの教師の指示やルールの指導があいまいだったり，教師が観察器具や実物を提示する機器を巧みに使いこなせなかったりすると，授業が混乱するおそれがある。実践過程での教師の指導技術や**非言語的コミュニケーション**の力や臨機応変の対応力が，授業での実践の質に大きく影響するのである。

　以上のように，「昆虫」概念を情動を伴って深く理解する授業が展開されても，"Assessment" として，例えばアリの絵を見せて，「頭」「胸」「腹」「触角」といった部位の名称を答えさせるような断片的な知識を問う客観テストを用いればどうだろう。そうした「豊かな授業」と「貧しい評価」というズレの結果，子どもたちは，評価される断片的な知識を記憶しておけばよいという学習方略を採用するようになる。頭のなかでのイメージの形成や知識間のネットワークの構築を大事にする授業を実施しているのであれば，評価もそれを可視化できるよう工夫する必要がある。例えば，「昆虫」概念の理解を問うのであれば，頭・胸・腹だけを書いたアリの絵を子どもたちに提示して，足はどこから生えているかを絵で描かせるとよいだろう。また，複数の生物を提示して，昆虫と昆虫でないものとを分類させてみてもよいし，そこで分類の理由を聞いてみてもよいだろう。豊かで深い学習を実現していくためには，目標と指導と評価の一貫性（alignment）を保証することが必要なのである。

（2）学力・学習の質的レベルに応じてめざす授業像はどう変わるか

　授業者が考える理想の授業像に応じて，授業づくりのフレームに示した5つのツボで何が妥当な判断となるのかは変わる。例えば表9-2のように，黒板

を背にして教科書の内容（正答）を一方的に淡々と説明し，個別の知識・技能の項目を網羅していって，客観テストのみで評価するような授業は，「知っている・できる」レベルのみを目標とするのであれば，よしとされるかもしれない。

しかし，「わかる」を伴わないと，「知っている・できる」という目標すら実際には達せられないし，学ぶ側から見れば単調で退屈で平板な授業となるだろう。逆に，目標が明確でなく，盛り上がる活動だけがある授業や，テクノロジーなどが華々しく使われているが，結局何を学んだのかがわからない授業も，よい授業とはみなされないだろう。

「知っている・できる」を含んでいて，さらに教科内容の豊かな習得を保障する「わかる」授業を成立させるには，授業づくりのフレームの5つのツボにおいて，表9-3のようなポイントを意識するとよいだろう。すなわち，個別の知識・技能から，それらを概括するような本質的な概念や方略に目標の焦点を移し，メインターゲットを絞って明確化する。教科内容と教材の区別を意識

表9-2 「知っている・できる」授業

目的・目標	個別の知識・技能中心（知っている・できるレベル）。 目標を学習者の姿で明確化できておらず，別の学習場面で生かせないまとめになっている。 メインターゲットが絞れておらず，項目を網羅することになっている。
教材・学習課題	教科書を教える授業。 教科書の記述をそのまま説明する。 盛り上がっても何を学んだかわからない。
学習の流れと場の構造	ヤマ場のない平板な授業，「時間がかかる」という感覚。 復習中心でやる気を削ぐ授業，スタートダッシュで息切れする授業。 つねに黒板を中心とする一方的で一様な授業形態。 教師の考える正答をさぐる関係性と正答主義の文化。
技とテクノロジー	わかりにくく不明瞭な説明や指示，クイズ的な問い中心，管理的な指示中心。 学習者に言葉を届ける意識がない，学習者の意見や反応を受け止める間がない。 新しいテクノロジーに使われている。
評価	客観テスト中心，授業の活動との整合性が問われない。 「学習の評価」（評定・成績付けのための評価）中心，最後にだけ評価して評価しっぱなしでフィードバックがない。

しながら，「**教科書を教える**」授業から「**教科書で教える**」授業に転換する。淡々とこなす「平板な授業」ではなく，ヤマ場のある「**展開のある授業**」を目指す。

　黒板を中心にした一斉授業の形態から黒板を必ずしもセンターにしない多様な学習形態を用いた授業へと転換する。発問，説明，指示などの工夫に加え，学習者との応答的なコミュニケーションを大切にする。評価についても，知識を問うだけでなく思考力・判断力といった高次の資質や能力を確認しうる工夫を行い，教師の指導改善につなげていくことを意識する，というわけである。

　さらに，より学習者主体の参加型の授業を意図し，そして，スキル主義や態度主義に陥ることなく，教科の枠にとらわれず知を総合化していく学びや，問いと答えの間の長い活動での試行錯誤を通じて，知識・スキル・情意の育ちを統合的に実現していく学びを実現することを目指すなら，「わかる」授業の先

表9-3 「わかる」授業

目的・目標	概括的な概念・方略中心（わかるレベル）。 目標を学習者の姿で明確化できていて，別の学習場面でも活かせる一般化されたまとめになっている。 メインターゲットが絞れていて，何を学んだかが教師や学習者もわかる。
教材・学習課題	教科書で教える授業。 典型性と具体性のある授業，思考する必然性と学びの足場のある課題。 →生活的概念をゆさぶり科学的概念がすっきりわかるネタ
学習の流れと場の構造	全体としてのヤマ場があるシンプルでストーリー性のある授業，「時間をかける」という感覚。 教師に導かれつつ，授業のヤマ場でメインターゲットの内容を活動や討論を通じてともに深め合う授業。 個人・ペア・グループ・全体での練り上げなど，多様な学習形態の活用。 教師とともに真理をさぐる関係性と学びの深さを尊重する文化。
技とテクノロジー	わかりやすく明確な説明や指示，意識的に思考を促す発問が中心。 学習者に言葉を届ける意識がある，学習者の意見や反応を受け止める間がある。 ローテクで対応できるところは対応しつつ，新しいテクノロジーを効果的に用いている。
評　価	知識のつながりとイメージを可視化する評価方法の工夫がある。 「学習のための評価」（教師がつまずきを指導改善に生かす）中心，わかる授業を通して生み出される思考の表現をもとに教師が自らの指導を振り返る。

に，表9-4のような「教科する」授業を意識する必要がある。すなわち，

(1) 一時間のメインターゲットが，教科の見方・考え方といったよりメタな目標との関係で位置付けられており，一時間単位で完結するのではなく，長期的な指導の見通し（カリキュラム構想）をもてていること。

(2) 「教科書で教える」授業を超えて，その教科の，さらには複数の教科の教科書を問題解決や探究活動の資料とするような，「教科書で学ぶ」授業を展望すること。

(3) 一時間の主要な活動の主導権が学習者に委ねられ，必ずしも教師の前や学級全体の場でなくても，各グループなどで静かなドラマが生まれる授業，そして，授業の終わりも，すっきりと終わるだけでなく，ときには新たな問いやさらにわからないことが生まれるような，「もやもやするけど楽し

表9-4 「教科する（do a subject）」授業

目的・目標	見方・考え方（プロセス）中心（使えるレベル）。 目標を学習者の姿で明確化できていて，単元や領域，ときには教科を超えた汎用性のあるまとめになっている。 メインターゲットが絞れていて，より長期的なゴールも意識されている。
教材・学習課題	教科書を資料にして学ぶ授業（教科書も学びのリソースのひとつ）。 思考する必然性と学びの足場のある課題，手もちの知識・技能を結集しないと解けないリアルで挑戦的な問題状況。 →教師の教材研究のプロセスをたどり直すのに必要な一次資料や現実場面。
学習の流れと場の構造	1時間の大部分が学習者に委ねられ，各個人や各グループで静かなドラマが生まれる授業（学びから展開が生まれる授業）。 時間を忘れて学び込む感覚，ともに未知を追究するプロセス自体を楽しみ新たな課題や問いが生まれる授業（もやもやするけど楽しい授業）。 個人やグループなど学習者のより息の長い自律的な活動に委ねる。 教師とともに未知を追究する関係性と教科の本質的価値を追究する文化。
技とテクノロジー	わかりやすく端的な説明や指示，教師にとっても未知を含む本物の問い。 学習者に言葉を届ける意識がある，学習者の意見や反応を受け止める間があり，学習者とともに未知を追究できる。 ローテクで対応できるところは対応しつつ，学びのツールやリソースのひとつとして新しいテクノロジーが効果的に用いられている。
評　価	知識・技能を総合するプロセスを可視化するパフォーマンス評価の活用。 「学習としての評価」（学習者自身がつまずきを学習改善に活かす）も含んで展開する。思考過程や最終的な作品をめぐって教師と子どもたち，子ども同士が対話や相互批評を行い，見る目を肥やしていく。

い授業」を目指すこと。

(4)　発問によって思考を方向づけ練り上げるのみならず，ときには教師にとっての未知も含む本物の問いを学習者とともに追究する，伴走者的促進者的な言葉かけや，創発的なコミュニケーションを活性化し促進するようICTを活用していくこと。

そして，評価に関しては，

(5)　教師がつまずきを生かすのみならず，学習者自身の自己評価能力の育ちを含んで，「学習のための評価」を超えて「学習としての評価」をより強調することを意識する。

というわけである。

　先述の「昆虫」概念の授業も，「昆虫」概念がすっきりわかることのみならず，未知を探究する「科学する」プロセスを強調するなら，「カブトムシはどうなんだろう？」という問いを生じさせるまでのプロセスはむしろ学びへの導入と位置付けることができ，「では，テントウムシなどの他の虫は？」「逆にクモやダンゴムシは何なの？」といった具合にさらに問いを広げて，標本や実物や書物を手がかりに探究活動を行い，グループで手分けして調べたものをまとめて虫の図鑑に仕立てる，といった活動をデザインすることができるだろう。

3　深い学びを実現するために

(1) 教材と深く対話するとはどういうことか

　改めて，学びの深さをもたらす手立てについて述べておこう。資質・能力を育む主体的・対話的で深い学びとは，教科としての本質的な学びの追究であり，取って付けたように，資質・能力や見方・考え方を具現化したような汎用的スキルの指導や，込み入ったグループ学習やICTを使った学習支援ツールなどの手法を組み込んで，目新しい学びを演出することではない。生徒たちが教材と出会いその世界に没入し，彼ら個人や彼らを取り巻く生活を豊かにするような，それゆえに，問いと答えの間が長く，見方・考え方などに示された活動やプロセスが自ずと生起するような学びを，また，教材と深く対話することで，それぞれの教科の本来的な魅力や本質（ホンモノ）を経験するような学びを追

究していくことが肝要なのである。

　教材との深い対話を実現する上で，そもそも生徒たちが教材と向かい合えているかどうかを問うてみる必要がある。子どもたちが活発に話し合っているように見えても，教師が教材研究で解釈した結果を——換言すれば教師の想定する考えや正解を——生徒に探らせことになってはいないだろうか。形の上で生徒たちに委ねているように見えて，教師が手綱をしっかりと握っているわけである。

　しかし，深い学びが成立するとき，生徒たちはつねに教師ではなく対象世界のほうを向いて対話しているはずである。まず個人でアサガオを観察し，観察記録を交流し合うなかで観察の新たな視点を得て，さらにもう一度アサガオを見直したなら違った発見があるといった具合に，学びが深まるとは，わかったつもりでいた物事が違って見えてくるということである。そのためには，生徒たちが，個々人で，あるいは仲間とともに，教材とまっすぐ向かい合えているかをつねに問うこと，教師の想定する結論に収束させるべく議論を急いだりしていないかを問い，考察の根拠となる自然事象や実験・観察結果（事実）に立ち戻ることが重要である。

　教材に正対し，それに没入できているか，そして，見方・考え方に例示されているような，教科として本質的なプロセスを経験できるような教材への向かい方ができているかを吟味した上で，その経験の質や密度を高めるべく，新たな着想を得ることで視野が開けたり，異なる意見を統合して思考や活動がせりあがったりしていくための指導の手立て（枠組みの再構成やゆさぶり）が考えられる必要がある。学びが深まる経験は，グループでの創発的なコミュニケーションのなかで，様々な意見が縦横につながり，小さな発見や視点の転換が多く生まれることでもたらされる場合もある。また，クラス全体でもう一段深めていくような対話を組織することを通じて，なぜなのか，本当にそれでいいのだろうかと，理由を問うたり前提を問い直したりして，ひとつの物事を掘り下げることでもたらされる場合もある。

　グループでの生徒同士の学び合いのあと，各グループからの話し合いの報告会や交流で終わるのではなく，生徒たちが気付いていない複数のグループの意見のつながりを示したり，生徒たちが見落としているポイントや論点を提示し

たりして，生徒たちをゆさぶる投げかけ（「まだまだ甘い」とつっこみ教育的に挑発する）をすることなどは日々意識するとよいだろう。教師が生徒に教え込むだけでもなく，生徒同士で学び合うだけでもない，教材をめぐって教師と生徒がともに真理を追究し，生徒たちが先行研究者としての教師に挑み，教師も一人の学び手として生徒たちと競る関係を構築していくことが重要である。

　さらに，思考の密度（中身の詰まり具合）については，生徒たちがただ想像し推理するのではなく，十分な質と量の知識を伴って，すなわち，確かな思考の材料と根拠をもって推論することを保障するのが重要である。教科書でわかりやすく教える授業を超えて，教科書を資料のひとつとしながら学ぶ構造を構築した上で，複数の資料を机に広げながら，思考の材料を子ども自身が資料やネットなどから引き出しつなげていくこと（知識の吸い上げ）を促すことで，学習者主体で学びの質を追究しつつ，知識の量や広がりも担保できるだろう。例えば，学校のある場所の地層の特徴を，ボーリング試料を手がかりに読み解く際，教科書，資料集，授業プリントや参考文献などももち出して，机の上に広げ，ページをめくり，もてる手がかりを総動員して考えていくといった具合である。

　最後に改めて，学びの深さ以前に，教材自体の深さを吟味する必要性を指摘しておきたい。「深い学び」というとき，浅く貧弱な教材に対して，思考ツールや込み入ったグループ学習の手法を用いることで，無理やりプロセスを複雑にして考えさせる授業になっていないだろうか。教材それ自体の文化的価値が高く，内容に深みがあればこそ，その真価をつかむためにはともに知恵を出し合わざるをえず，協働的な学びや深い学びが要求されるのである。

（2）発問による授業展開の組織化

　生徒たちに学びの深さをもたらす上で，教師による発問は重要な役割を占める。発問とは，広義には，教師から生徒に問いかけること，及びその問い自体のことをいう。発問には，大きく分けて2つの機能がある。

　ひとつは，医師による「問診」のように，生徒の状態を知るために問う場合である。授業の導入段階で，「割合って言葉を聞いたことある？」「地層はどこでできるんだったっけ」などと問い，生徒たちがどの程度の予備知識をもっているかを診断するわけである。「何」「いつ」「どこ」「だれ」のように，知って

いるかどうかで答えられる一問一答的な問いが中心となるだろう。

　もうひとつは，教科内容に即して生徒の思考を促し，教師が教えたいものを発見させたりするために問う場合である。発問という言葉は，狭義には，この機能を果たす問いに対して用いられる。「なぜ（Why）」「どのように（How）」のように，生徒の解釈や意見を問うもので，答えが分かれる問いであり，考えの対立・分化から対話や集団思考につなげていくわけである。

　いずれにしても，発問は，わかっている人（教師）がわかっていない人（生徒）に問う点に特徴がある。これは，日常会話における質問，すなわち，基本的にわからない人からわかっているであろう人に対して投げかけられる問いとは対照的である。このような作為性ゆえに，発問を行う際には，何のために問うのか（**教育的意図**）を明確に自覚しておく必要がある。例えば，その発問によって，どのような思考や認識を促そうとしているのか，あるいは，何を知りたいのかをはっきりさせておかねばならない。そうして，教育的意図をもって考え抜いた問いであることで，発問は生徒たちの思考を触発し，それを深めるものとなりうる。

　また，学習指導案を作成するなどして，発問を行う際の生徒たちの応答をあらかじめ予想しておくことも重要である。発問はひとつの問いで完結するようなものではなく，子どもの応答への切り返しとして，系列的に投げかけられることで，授業の「展開」を生み出すのである。

　ここで，思考を促し深めるような発問と応答を組織化していくポイントをまとめておこう。生徒の思考を促す問いかけ，つまり狭義の発問は，対立する意見や多様な考え方を，生徒たちから引き出すものでなければならない。例えば，「この物語の主人公の名前は何ですか」「三角形の内角の和は何度ですか」など，ひとつのわかりきった答えを問うようなものでは，生徒の思考は触発されない。これに対し，例えば，「ボーリングの球は水に浮くだろうか」といった，日頃考えもしないけれど言われてみたらどうなんだろうと生徒たちに疑問を抱かせるような問いは，クラス内に意見の対立を生じさせ，予想の根拠をめぐっての議論を誘発するだろう。

　しかし，生徒からの多様な意見を引き出すといっても，「アサガオの種はどうやったら芽が出るでしょう」というような，無限定で何を答えればよいかわ

からない問いであってはならない。課題が明確かつ具体的に提示されてこそ思考は触発される。上の発芽条件に関する発問も，「このアサガオの種を机の上にまいたら芽が出るかな」などと問うことで，「机の上」と「土の中」という２つの場面の比較として，具体的に考えられるようになる。

　また，生徒にとっての自明の前提や正答だと思っていることに疑問を投げかける発問，いわゆる「ゆさぶり発問」は，それによって生じる矛盾・葛藤を乗り越えさせることで，生徒の思考を弁証法（合意をいったん否定することでより深い認識に至らしめる思考法）的に深化させる。

　例えば，生徒たちの意見が１つにまとまろうとしているときに，あえて反対意見を主張する。あるいは，教師が，生徒のなかの少数意見の肩をもったり，つまずいている生徒の理屈を擁護したりすること（つまずきを生かす授業）も有効な方法である。

　発問は，教材の醍醐味を味わうための入り口や見どころを指さすことで，あくまで生徒の思考を触発する方法であり，生徒たちの思考の深まりを直接的に指導するものではない。発問を投げかけられた後，教材と向き合いつつ，自己や他者と対話するなかで，生徒の思考は深まっていく。その際も教師は，次のような臨機応変な対応によって生徒たちの学びを支える。

　例えば，授業を進めることに注力しがちなのを中断して，「待ち」の姿勢で，生徒たちの声なき声にも耳を傾け，生徒同士の思考をつないでゆく。生徒の声をまずはそのまま繰り返す（リボイス），ある生徒の意見が他の生徒にとって理解しにくいときには，「どうしてそう思ったの」などと本人に問いかけたり，「○○ということだね」と代弁したり，「○○さんの言いたいことはこういうことじゃないかと説明できる人はいますか」と問いかけて，他のクラスメートにその生徒の発言の意味を説明してもらったりする。一部の生徒たちの発言だけで授業が進んで他の生徒たちが置いてきぼりになっているなと感じたら，重要な問いで立ち止まったり戻ったりしながら，個人やペアやグループに戻して考えさせてみる。あるいは，追究のなかで論点がぼやけてきた場合には，それを明確化して考えるべき問いを限定し再設定する。このように，発問という教師の積極的介入は，生徒同士の意見交流や討論を組織する対応力と結びつくことで，教室に深い学びをもたらすのである。

（3）生徒と対峙する関係から生徒と伴走する関係へ

　先述のように，学習者主体の授業や「学び合い」などの重要性が指摘されるなかで，全体での話し合いが，生徒たちから出てきた多様な意見の交流に留まることも少なくない。生徒の思考を広げたり深めたりする上で，日本の教師たちが追究してきた練り上げ型の授業のエッセンス，特に先述の「ゆさぶり」という発想を継承していくことが重要だろう。

　例えば，それぞれのやり方でひし形の面積を求めて満足している生徒たちに対して，「今日はここでは終わらないよ，共通するところはないかな」と問い，生徒の考えた多様な解き方も，実は全て対角線の長さが入っていることに気付かせ，公式へと一般化していく。未知物質の同定に関する探究的な活動について，前の授業までに各班で作成した計画書にそって実験を行った上で，各班の実験結果をスプレッドシートに共同編集で物質ごとに入力し集約し，結果の妥当性の吟味・検証を行う。生徒たちの考えのあいまいな部分を突っ込んだり，教材を見ていながら見落としている部分への指さしを行い，いい意味での意地悪心をもって，教育的な挑発を行うことも大事である。

　ただし，発問で触発し，ゆさぶることは，その作為性ゆえに教師主導で思考の流れをつくって目標に追い込んでいく授業になる危険性もあるし，生徒自らが問いを生成し問い続けていくことを邪魔してしまうかもしれない。教師が導くのみならず，一人の学び手として生徒と一緒に考えようという伴走者的なスタンスで問いかけ，生徒に寄り添うことも大切である。

　例えば，生徒を叱る場面でも，「なぜ，そうしたの？」と問い詰めるよりも，「そんな状態の時を〇〇君はどんなふうに受け止めているのだろうね？」と問うことで，「これでいいんだろうか？」「自分がすべきことは何だろうか？」といった気付きを促すような問いかけとなるだろう。その際，要はこうすべきというのをまわりくどく伝えるために生徒と対峙して問うのではなく，その生徒が向き合うべきものに教師自身も伴走し，〇〇君の気持ちに心を砕き，理解したいというスタンスで問うことが重要である。

　課題研究においては，そうした教師にとっても未知の問題や事象を科学的に探究することはある。その際，ゆさぶり発問も，教え手としての意図や見通しをもちつつも，他方で，改めて，概念の理解や実験結果の解釈として本当のと

ころどうなのだろう，もっとよい説明の仕方・解き方はないだろうか，データを解釈する上で見落としていることはないだろうかと自問することも多いだろう。しかし，教師自身が学び手の立場で，生徒たちとともに問題や自然事象に向かい合うことで，生徒たちはその学び手としての教師の姿に感化され，事象への向き合い方や問い方をつかみ，そこから教師にとっても未知を含んだ「本物の問い」への追究が生まれるのである。

第10章

教育評価

本章で学ぶこと

　教育活動には必ず評価が伴う。すぐに結果が現れるとは限らない教育の成果を学習後のいつに求めるのか，さらには，その学びによって学習者に変容があったのかは，けっして容易に測定できるものではない。ただ，「指導と評価の一体化」といわれるように，評価は教育のねらいや目標を明らかにすることとは無関係ではない。評価にも様々な方法があるが，本章では学校教育に即して，絶対評価・相対評価の基本的な意味，学習指導要領に則った観点別評価，さらには最近，探究活動等で注目されているルーブリック評価など代表的なものを紹介する。

1　学校教育と教育評価の基本

（1）指導と評価の一体化

　教育活動には目的，ねらいがある。学習指導によりそれが達成できたかどうかが評価に現れる。つまり，指導と評価はつねに整合性をもっていることが求められるのである。これは，教師に限らず学習者にとっても意識される。例えば，読者が中高生のころ，授業中に教師が「ここは重要である」と強調したところは，必ずといってよいほど定期試験に出題され，それが成績に反映された記憶もあるだろう。つまり，単元のねらいに沿って，その理解の状況や身に付いた知識・技能などを評価されたはずである。当然ながら，学習指導要領に示された目標に沿って，指導方法や授業展開を行う必要がある。しかし，適切な評価によって生徒側の学びの問題点なども見付かるが，教師側の指導方法の問題点や改善点に気付くこともある。

　授業が展開されるなかで，生徒にとっては何が重要であって，何が学習の目

的であるのかが伝わっていないことも少なくない。このことは，単元ごとでも，場合によっては個々の授業でも同じである。小学校では，授業の最初に「本日のめあて」などが板書され，前回の復習から始めて本時の導入に入る場合が多い。また，授業の最後は「本日のまとめ」で終わる。しかし，中学校，高等学校へと進むにつれ，授業内容の展開が重視されるためか，小学校のような指導は行われない。そのため，理科が得意でない生徒にすれば授業の流れについていけず，授業に参加している意識すら弱くなる。

　本章で述べたいのは，評価する側の立場だけでなく，学習者自身が学習のねらいを理解し，自分が到達できている段階，できていない段階に気付くことができるような評価についてのあり方である。つまり，学習者は，ややもすると学びを「わかる」「わからない」の一元的な軸で捉えてしまい，「何がわからないのかもわからない」という状況に陥ることがある。後述するが，ルーブリック評価のように，段階的に到達点を区切っていくことも学習者の学びを改善するためのひとつの評価方法である。

（2）学習指導要領のねらいに則った評価
○理科の観点別評価

　学習指導要領の改訂に伴い，理科の目的やそれに則った評価も若干変わってきている。現行の学習指導要領では，理科を含めた各教科等の目標及び内容が，育成を目指す資質・能力の3つの柱，「知識及び技能」「思考力，判断力，表現力等」「学びに向かう力，人間性等」に沿って具体的に整理された。

　この3つは，理科のねらいと直接につながっている。具体的な例として，中学校理科の目標を以下に記す。

> 　自然の事物・現象に関わり，理科の見方・考え方を働かせ，見通しをもって観察，実験を行うことなどを通して，自然の事物・現象を科学的に探究するために必要な資質・能力を次のとおり育成することを目指す。
> 　(1)　自然の事物・現象についての理解を深め，科学的に探究するために必要な観察，実験などに関する基本的な技能を身に付けるようにする。

(2)　観察，実験などを行い，科学的に探究する力を養う。

(3)　自然の事物・現象に進んで関わり，科学的に探究しようとする態度を養う。

(中学校学習指導要領)

　このなかで，目標(1)は，育成を目指す資質・能力のうち，「知識及び技能」を示したものである。同様に目標(2)は，「思考力，判断力，表現力等」を，そして目標(3)は，「学びに向かう力，人間性等」を示している。

　評価の観点は，「知識及び技能」は「知識・技能」として，「思考力・判断力・表現力等」は「思考・判断・表現」として記されている。ただ目標(3)の「学びに向かう力，人間性等」は「主体的に学習に取り組む態度」と置き換えられている。それぞれの具体的な内容を整理して表10-1に示す。

表10-1　中学校理科の観点別評価

知識・技能	思考・判断・表現	主体的に学習に取り組む態度
自然の事物・現象についての基本的な概念や原理・法則などを理解しているとともに，科学的に探究するために必要な観察，実験などに関する基本操作や記録などの基本的な技能を身に付けている。	自然の事物・現象から問題を見いだし，見通しをもって観察，実験などを行い，得られた結果を分析して解釈し，表現するなど，科学的に探究している。	自然の事物・現象に進んで関わり，見通しをもったり，振り返ったりするなど，科学的に探究しようとしている。

　それぞれの評価の観点について，もう少し詳しく説明していきたい。

　まず，「知識・技能」の評価は，理科における学習の過程を通した個別の知識及び技能の習得状況について評価を行うこととされている。同時にそれらを既有の知識及び技能と関連付けたり活用したりするなかで，科学的な概念や自然・事物に関する法則や原理などとして理解したり，実験や観察などの技能を習得したりしているかについて評価する。さらに，基本的な自然の事物・現象に関する性質，働き，名称，記号，単位などについての知識も評価される。

　このような考え方は，なにも現行の学習指導要領で新たに誕生したのではなく，前学習指導要領の「知識・理解」「技能」の観点別評価においても重視されてきたものである。

　それでは，学校や理科の担当教員はこれらの評価に対して，具体的にどのように取り組んでいるのか。まずは，中間試験・期末試験などでの出題に工夫したり，改善したり検討を重ねている。事実を示す知識の習得を問うにしても，単純な問いかけの出題を避け，知識の概念的な理解を問うような出題に努めている。さらに理科では，技能として「実験」「観察」の場面でレポートとして問われることも多い。そこでは，生徒の文章による説明や，観察・実験の方法・留意点，取り組んだ結果を式やグラフで表現するなど，「観察」や「実験」を踏まえて実際に知識や技能を用いる場面を設けている。実験結果や発表の機会を設定し，パフォーマンスに関連した評価も望みたいが，現実的にはそのような方法で評価を取り入れているところは少ない。

　次に「思考・判断・表現」については，上で示した理科の知識及び技能を活用して課題を解決するなどのために必要な思考力，判断力，表現力等を身に付けているかどうかを評価する。近年，高校入試や大学入試で最も重視されてきているのが，「思考・判断・表現」を問う出題といえる。令和2年度（2021年1月17日）に，それまでの大学入試センター試験に代わって実施された「大学入学共通テスト」でも，この観点での改善が大きく取り入れられた。つまり，新たな資質・能力の育成とそれに沿った評価の具現化といえる。ただし「表現」については，従来のマークシートでは限界があるため，結果的に各大学での個別試験に委ねられている。

　実際に出題された問題が先述の「知識・技能」を問う問題か，それとも「思考・判断・表現」を問う問題かを判断するのは容易ではない。多くの理科教員が，定期テストで「思考・判断・表現」を問う問題を作題したつもりでも，他の理科教員から「これは，知識・技能を問う問題ですね」といわれたり，その逆の経験もあったりする。つまり，担当者によって，問題に対する評価が「○○を知っていれば解ける問題」か「この場面で○○を活用することができなければ解けない問題」に分かれることも珍しくない。また，同じ問題であっても，学校や生徒によって捉え方が異なることもある。

　さらに理科では，中間試験や期末試験などのペーパーテストだけではなく，観察記録や実験レポート，個人やグループごとでの研究発表，グループ共同での実験開発など，多様な活動を評価に取り入れることが可能である。状況によ

っては，実験や観察の計画を立てさせる，実験装置そのものを考案させることも評価の対象とすることができる。加えて，それらを集めたポートフォリオ（後述）を活用したりするなど，各領域や科目の特質に応じた評価方法を検討することが考えられる。

　最後に，「**主体的に学習に取り組む態度**」の評価について説明する。前学習指導要領では，「関心・意欲・態度」という評価項目があった。この評価は何を根拠に測定するのかは，担当教員によっても意識の差が見られた。単に授業中，熱心に教師の話を聞いたり挙手したりする，レポートや課題の提出期限を守る，場合によっては板書をノートにきちんと写している，というレベルから，主に実験・観察時の姿勢を評価するという教員まで見られた。実験・観察における評価については，「意欲的に調べようとする」「粘り強く追究しようとする」「事実を尊重し，新たな疑問を見付けようとする」など，具体的に評価項目を設定することができた。これらは，現行の「主体的に学習に取り組む態度」でも評価の視点として引き継ぐことは可能である。

　さて，一般的に「学びに向かう力，人間性等」には，「主体的に学習に取り組む態度」として観点別評価を通じて見取ることができる部分と，観点別評価や評定にはなじまず，個人内評価を通じて見取る部分があることに留意する必要があるとされている。しかし，この区分も容易ではない。例えば，上であげた「粘り強く追究しようとする」などは，どちらで見取ればよいか，担当教員によって異なるであろうし，場合によっては一人の教員でも思い悩むところである。

　しかし，「学びに向かう力，人間性等」の涵養を図ることは，これまで指摘されている通り，生涯にわたり学習する基盤を形成する上できわめて重要であるといえる。そのため，「主体的に学習に取り組む態度」の評価とそれに基づく学習や指導の改善を考える際には，担当教員は，1年間の指導や学校在籍期間だけでなく，学習者自らが生涯にわたり「科学的な見方・考え方」を育成しようとする姿勢をもち続けるという視点も重要である。

　これらのことを意識して，「主体的に学習に取り組む態度」の評価に際しては，単に理科関係の部活動や生徒発表会に備えて，継続的な活動を行ったり，授業中に積極的な発言等を行ったりするなど，生徒自身の性格や行動面の傾向

という見える結果だけで評価しないようにしたい。「知識及び技能」を獲得したり，「思考力，判断力，表現力等」を身に付けたりするために，自らの学習状況を客観的に捉えメタ認知的に把握し，さらには，学習の進め方について試行錯誤するなど，自らの学習を調整しながら学ぼうとしているかどうかという可視化しにくい意思的な側面をも評価することが求められている。

　確かに以前の「関心・意欲・態度」の評価も，学習内容に関心をもつことだけではなく，よりよく学ぼうとする意欲をもって学習に取り組む態度を評価することを本来の趣旨としたものであった。現行の「主体的に学習に取り組む態度」にとっても，この点は改めて再認識する必要があろう。

　以上の3つの資質・能力を育成するために，「主体的・対話的で深い学び」の視点からの授業改善があり，先述の「指導と評価の一体化」も実現されやすくなると期待されている。しかし，学校や教師によっては，「主体的・対話的で深い学び」を実施することが，今回の学習指導要領の目的と勘違いされていることも散見される。目的と方法とを見誤らないことが大切である。

　つまり，理科を含めた教育活動全般の目標である「知識及び技能」「思考力，判断力，表現力等」「学びに向かう力，人間性等」を育成するための方法が「主体的・対話的で深い学び」なのであり，よりきめ細かな指導を行うためにも「個人内評価」は無視することができない。

○理科の観点別学習状況の評価と評定の取扱いについて

　これまで述べてきた観点別学習状況の評価は，生徒には「評定」として示される。文部科学省が示す中学校生徒指導要録（参考例）の理科に関して，その一部を表10-2に記す。

　学習指導要録に示す必修教科の取り扱いは次の通りとなっている。まず，各教科の学習の記録に関して，「観点別学習状況について」から説明する。学習指導要領に示す理科の目標に照らして，その実現状況を観点ごとに評価し記入する（他教科も同様）。その際，

　評価A：「十分満足できる」状況と判断されるもの

　評価B：「おおむね満足できる」状況と判断されるもの

　評価C：「努力を要する」状況と判断されるもの

のように区別してA〜Cの評価を記入する。

表10-2　中学校生徒指導要録

様式2（指導に関する記録）

生 徒 氏 名		学　校　名		区分＼学年	1	2	3
				学　級			
				整理番号			

各 教 科 の 学 習 の 記 録

教科	観　点　　　　　学　年	1	2	3	教科	観　点　　　　　学　年	1	2	3
国語	知識・技能					知識・技能			
	思考・判断・表現					思考・判断・表現			
	主体的に学習に取り組む態度					主体的に学習に取り組む態度			
	評定					評定			

教科	観点	1	2	3
社会	知識・技能			
	思考・判断・表現			
	主体的に学習に取り組む態度			
	評定			
数学	知識・技能			
	思考・判断・表現			
	主体的に学習に取り組む態度			
	評定			
理科	知識・技能			
	思考・判断・表現			
	主体的に学習に取り組む態度			
	評定			

特 別 の 教 科　道 徳

学年	学習状況及び道徳性に係る成長の様子
1	
2	
3	

総 合 的 な 学 習 の 時 間 の 記 録

学年	学 習 活 動	観 点	評 価

　これらの様式は，小学校児童指導要録と同じであるが，高等学校では異なる（https://www.mext.go.jp/b_menu/hakusho/nc/attach/1415204.htm を参照）。

　次に，評定についてであるが，理科の評定は（他教科も同様），学習指導要領に示す各教科の目標に照らして，その実現状況を，

　評定5：「十分満足できるもののうち，特に程度が高い」状況と判断されるもの

　評定4：「十分満足できる」状況と判断されるもの

　評定3：「おおむね満足できる」状況と判断されるもの

　評定2：「努力を要する」状況と判断されるもの

　評定1：「一層努力を要する」状況と判断されるもの

のように区別して1～5の評定を記入する。

　評定は各教科の学習の状況を総括的に評価するものであり，他方「観点別学習状況」において掲げられた観点は，分析的な評価を行うものとして，各教科の評定を行う場合において基本的な要素となるものであることに十分留意する

ものとされている。その際，評定の適切な決定方法などについては，各学校において定めることになっている。

　なお，国としてこのように定めているのは，次のような意図を踏まえているからである。

○「観点別学習状況評価」と「評定」とは指導と評価の一体化の観点からは，それぞれ次のような役割が期待されている。

・各教科等の学習状況を分析的に捉える「観点別学習状況評価」は，児童生徒がそれぞれの教科での学習において，どの観点で望ましい学習状況が認められ，どの観点に課題が認められるかを明らかにすることにより，具体的な指導や学習の改善に生かすことを可能とするものである。

・各教科等の観点別学習状況評価を総括的に捉える「評定」は，児童生徒がどの教科の学習に望ましい学習状況が認められ，どの教科の学習に課題が認められるのかを明らかにすることにより，教育課程全体を見渡した学習状況を把握し指導や学習の改善に生かすことを可能とするものである。

○このような評定と観点別学習状況の評価の役割を生かした指導の改善が図られるよう，指導要録の様式の改善や学習評価の趣旨の周知等を行う。

　　　　　（文部科学省「児童生徒の学習評価の在り方について（報告）の概要」より）

　現行の学習指導要領改訂前の中央教育審議会への諮問では，アクティブラーニングが大きなキーワードとなっていたのは事実である。ただ，アクティブラーニングは，捉え方が人によっても異なり，法的拘束力をもつ学習指導要領にはそぐわないという理由で，「主体的・対話的で深い学び」と記載されることになった。これらの関係を簡単に示すと図10-1のようになる。

　理科のねらいは，近年ではTIMSS（国際算数・理科動向調査）やOECD生徒の学習到達度調査などの国際調査の影響も受けており，どのような資質・能力の育成が求められるのかによって，理科のねらいもまた明確になる。かつてのように学校の先生だけが学習者の学びに関わるのでなく，学習者同士の学び合いや，学校外の人材，例えば大学や研究機関の専門家，博物館・科学館などの施設等の活用も重要な方法となる。

　なお，図のなかで，あえて「教育活動」と「学習活動」とを併記しているのは，同じ活動であっても「教育」は教師から見た場合，「学習」は児童生徒と

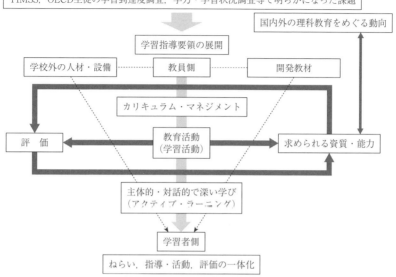

図10-1　「主体的・対話的で深い学び」の視点

　いう学習者から見た場合という違いがあるからである。同様に「環境教育」と
「環境学習」,「情報教育」と「情報学習」など,今日多くの活動に見られる
「○○教育」と「○○学習」という違いも観点の相違といえる。

　また,教育課程を編成・実施し,学習評価を行い,学習評価をもとに教育課
程の改善・充実を図るというPDCAサイクル（Plan – Do – Cheek – Act）を確
立することが重要となってきている。このことも,まさに「指導と評価の一体
化」のための取り組みと考えることができる。

（3）誰のための評価か

　理科系の出身者であれば,レポート・論文（卒論から学会発表まで）の作成は
繰り返し指導されてきたはずである。実は教育評価も論文作成とよく似たとこ
ろがある。つまり,研究では,まず目的（何を明らかにしたいのか）が設定され
る。次にそれを達成するために適切な方法が選ばれる。そして,最後に目的が
達成できたかどうかを検証する。研究は実験や観察の実施だけに意味をもつの

ではない。必ず，得られたデータをもとに考察され，場合によっては再調査や再実験がなされる。

　実は教育活動もこれと同じである。学習目標に沿って授業を進めることができたかどうか，生徒にこちらが目標としていた力が付いたかどうかを測定することによって評価を行う（具体的な教育評価や評定は次節で述べる）。評価とは，考え方によっては（教師自身にとっては），生徒の学習の到達状況理解というよりも，教師自身の授業の評価になるといってもよいだろう。

2　教育評価の実際

（1）　絶対評価と相対評価

　近年では，「集団に準拠した評価」（いわゆる相対評価）から，「目標に準拠した評価」（いわゆる絶対評価）が重視されるようになっている。「目標に準拠した評価」とは，学習指導要領に示す目標がどの程度児童生徒個人として実現したか，その実現状況を見る評価のことを指す。一方，「集団に準拠した評価」とは，学年や学級などの集団において，児童生徒個人がどのような位置にあるかを見る評価のことを指す。各学校においては，目標に準拠した評価を一層重視するとともに，「個人内評価」を工夫することが求められる。

　なお，ここでいう「個人内評価」については，先述の学習指導要領のねらいの「学びに向かう力，人間性等」が，評価としては「主体的に学習に取り組む態度」となることが示されている。例えば，「感性」や「思いやり」など，観点別評価で示すことができない学習者一人ひとりのよい点や，可能性や進歩の状況について評価したものと捉えられている。評価は学習者にとっても，自分の学習成果を客観的に捉え，これまでの学習の課題を理解し，それを踏まえて次の学習に活かすことが期待される。何より，適切な評価は学習者にとって学習に対する意欲に大きく関わってくるといえるだろう。

（2）様々な評価方法
①　評価規準と評価基準

　「評価規準」とは設定した到達目標である。また，どの程度到達できたかを

判断する指標のことを「評価基準」と呼ぶ。「評価基準」は量的な評価として，数値で示される。どちらも読みは「きじゅん」となるが，「基準」を「もとじゅん」，「規準」を「のりじゅん」と呼び分けることもある。

　一般的に「規準」は遵守するべきものであり，変えることはできない。それに比べて「基準」は，「ものごとの基礎となる標準（尺度）」となるので，必ずしも守るべきものとはいえない。つまり，到達度評価を行うにあたって，先に述べた学習指導要領における観点別評価は，「評価規準」であるといえる。残念ながら，どの程度到達できたかを判断する指標「評価基準」と混同して用いる場合も多々見られる。

　②　ポートフォリオ評価

　ポートフォリオとは，従来，書類入れやファイルを意味する言葉である。ポートフォリオ評価とは，学習者個人の学習の過程や成果などの記録や作品を計画的にファイルなどに集積したものを，学習者自身がメタ認知的に振り返り，評価されることである。

　つまり，そのファイルなどを活用して，学習者の学習状況を把握するとともに，児童生徒や保護者らに対しても，その成長の過程や到達点，今後の課題などを示すことができる。先述した個人内評価を実施するにあたってポートフォリオ評価は有効に機能すると考えられる。

　ポートフォリオは，学習者自身が，自分の学びを振り返る点で重要な意味がある。昨今，研究者においても研究データの捏造や改ざんが疑われることがないように，結果だけでなくプロセスも残しておくことが求められている。そのプロセスのなかで自分が何をしようとしていたのか，その方向性が正しいのかを自分で再確認することがある。研究者が行う場合も自分や自分の研究の進め方を客観的に第三者の目で捉え，軌道修正する方法であり，メタ認知的な思考による取り組みとも考えられる。

　③　パフォーマンス評価

　パフォーマンス評価とは，知識やスキルを使いこなす（活用・応用・統合する）ことを求めるような評価方法のことを指す。論説文やレポート，展示物といった完成作品（プロダクト）や，スピーチやプレゼンテーション，共同での問題解決，実験・観察の実施といった実演（狭義のパフォーマンス）などを評価する。

理科では，実験操作などを実際に生徒に行わせ，それを評価する方法もあるが，外国に比べ，日本では多いとはいえない。なお，実験・観察等を計画，準備し，それに則って実施して，結果と考察を報告するなどの一連の活動を行うことを求めるのは，パフォーマンス課題と呼ばれる。

④　ルーブリック評価

近年，ルーブリック評価が注目を集めている。ルーブリック評価とは，特に思考・判断・表現等に関し学習の達成度を測るための評価方法の一種である。これは，学習者にとって自分がどこまで理解でき，どこから理解できていないのかを明確にするためにも重要であり，指導者と学習者の双方にとって有効な評価ともいえる。また，指導者同士でも担当教員によって評価が異ならないための基準でもある。そのため，先ほど説明した「規準」でなく，「基準」が用いられる。

一般的には表10-3のような形で示されることが多い。左端の列に「評価項目」を設定する。この項目は評価する対象によって内容や数を自由に設定することができる。一番上の行に並んでいる4〜1（もしくはA〜D）が「評価

表10-3　ルーブリック評価の例

評価段階

		評価4	評価3	評価2	評価1
評価項目	予想仮説	・仮説まで高めた記述としている	・すでに学習したことをもとに理由を明確にして予想を記述している	・・・	
	方法手順	・薬品の分量や濃度などを記述している ・安全上，器具操作上の注意を記述している ・多角的な検証方法を記述している	・実験の準備や方法，手順を図や表を用いて見やすく記述している ・検証できる実験方法が記述されている	・・・	
	結果	・結果に適した表やグラフを用いて記述している ・実験誤差などを考慮し，複数回の実験結果を記述している	・結果（事実）を言葉や数値で記述している ・表やグラフを用いて記述している	・・・	

（点）」となる。これも評価段階に合わせて数を調整することが可能である。

　そして「評価項目」と「評価（点）」によってつくられた枠のなかに「評価基準」を記載する。この評価基準を設定するのが，ルーブリック評価では重要であり，また，難しいところでもある。実際，「評価（点）」を4段階くらいに作成したとしても，その評価基準に則って生徒を評価した場合，特定の「評価（点）」に人数が集中してしまい，両側の評価が0もしくはそれに近い場合も生じる。その際は，評価基準の見直しも必要となってくる。

　ルーブリック評価が注目を集めるようになっているのは，主に次の2つの理由からである。まず，複数の教師が成績評価を行う場合，教師によって大きな差が生じないように「基準」を決めておくことが望まれている。次に，学習者が評価基準を知ることによって，「自分が，今どの項目をどれくらいできているのか」という自己評価を実施しやすくなる。そのために，何が不十分であるか，何を理解し，取り組むべきかを学習者自身が具体的に考えることができる。それらを踏まえると，学習に対する意欲の向上や学習の主体的な取り組みにもつながることが期待できる。

　また，学習者同士で，ルーブリックを作成したり，お互いにルーブリック評価をし合ったりすることもできる。一般的に，他の人から評価されるより，自己評価のほうが厳しくなる傾向もある。

　SSH（Super Science Highschool）では，探究学習を進めるなかで，国を越えて共通のルーブリックを活用する実践例も見られる。

（3）障害のある生徒など特別な配慮を必要とする生徒に関わる学習評価

　公立学校には，様々な生徒が在籍する。第3章で，教員に必要な「誰一人取り残さない姿勢」について述べた。評価についても多様な生徒に対応する必要がある。このことは重要な視点であるため，以下に評価に関する国（文部科学省）の認識を記しておきたい。

〇児童生徒一人一人の学習状況を適切に把握することは，新学習指導要領が目指す資質・能力を育成する観点からも重要であり，障害のある児童生徒や日本語の習得に困難のある児童生徒，不登校の児童生徒など特別な配慮を必要とする児童生徒に対する指導についても，個々の児童生徒の状況に応じた評価方法の工夫改善を通じて，各教科等の目標や内容に応じた学習状況を適切に把握し，指導や学習の改善に生かしていくことを基本に，それぞれの実態に応じた対応が求められる。

〇障害のある児童生徒に係る学習評価については，一人一人の児童生徒の障害の状態等に応じた指導と配慮及び評価を適切に行うことを前提にしつつ，以下の観点から改善することが必要である。

・知的障害者である児童生徒に対する教育を行う特別支援学校の各教科についても文章記述という考え方を維持しつつ，観点別の学習状況を踏まえた評価を取り入れる。

・個別の指導計画に基づく評価等と指導要録との関係を整理することにより可能な場合には，指導に関する記録の大幅な簡素化を行う。

（文部科学省「児童生徒の学習評価の在り方について（報告）の概要」より）

3　教育評価の期待と課題

（1）日常の学習評価と入試

　中学生や高校生，保護者らにとって，評価は進学にどのように直結するかが最大の関心事といってもよい。ここで，学習評価の高等学校入学者選抜・大学入学者選抜での利用について，一言，触れておく。

　高等学校への入学者選抜については，新学習指導要領の趣旨を踏まえ質的な改善を図るため，入学者選抜の方針や選抜方法の組み合わせ，調査書の利用方法（学力検査の成績との比重や学年ごとの学習評価の重み付けの検討）などについて見直しを図ることが必要とされている。

　一方，大学入学者選抜については，各大学のアドミッション・ポリシーに基づいて，多面的・多角的な評価が行われるよう調査書を適切に活用することが必要とされている。その際，指導要録の簡素化の議論を踏まえ，指導要録を基に作成される調査書についても，大学入学者選抜で必要となる情報を整理した

上での検討が求められる。

（2）新たな教育活動と評価

　現行の学習指導要領では，カリキュラム・マネジメントが重視されている。特に学習指導要領解説総則編では，付録として「現代的な諸課題に関する教科等横断的な教育内容」があげられており，ここでは環境教育，放射線教育や防災を含む安全教育など，理科を核とした様々な教科横断的な教育活動があげられている。従来の教科の枠組みを超えた教育活動の意義は述べるまでもない。開かれた教育課程としてのカリキュラム・マネジメントでは，教科等横断的な視点で資質・能力の育成を目指すこととされており，その評価については以下のように示されている。

　「言語能力，情報活用能力や問題発見・解決能力など教科等横断的な視点で育成を目指すこととされた資質・能力は，各教科等における『知識・技能』，『思考・判断・表現』，『主体的に学習に取り組む態度』の評価に反映することとし，各教科等の学習の文脈の中で，これらの資質・能力が横断的に育成・発揮されることを目指すことが適当である」。

　つまり，ひとつの教育活動の取り組みが各教科共通となる資質・能力の育成に連動されること，さらに各教科の知識・技能が，教科の枠組みを超えた思考・判断・表現につながることが期待できる。例えば，安全教育については，以下のような捉え方が可能である。

学習指導要領の観点別評価に照らし合わせた安全教育の目標

○様々な自然災害や事件・事故等の危険性，安全で安心な社会づくりの意義を理解し，安全な生活を実現するために必要な知識や技能を身に付けていること。（知識・技能）

○自らの安全の状況を適切に評価するとともに，必要な情報を収集し，安全な生活を実現するために何が必要かを考え，適切に意思決定し，行動するために必要な力を身に付けていること。（思考力・判断力・表現力等）

○安全に関する様々な課題に関心をもち，主体的に自他の安全な生活を実現しようとしたり，安全で安心な社会づくりに貢献しようとしたりする態度を身に付けていること。（学びに向かう力・人間性等）

　このように，これからの時代に育成が期待される資質・能力は，教科教育の枠組みだけでなく，今日，能動的な姿勢を培うことが求められる多様な〇〇教育にも応用が可能となるのである。

　確かに評価はけっして容易ではなく，時間を要することになる。理科教師にとっても授業準備や実験の用意だけでなく，実験後のレポートをはじめ，事後処理にも大変な労力を要する。しかし，その評価をもとにして，次の授業の組み立てを考えることにもつながる。いわば，PDCAサイクルは理科の授業にもあてはまり，生徒の向上をスパイラル的に促す役割も期待できる。

　また，評価をされる側が納得し，自らの足りないところ，可能性のあるところへ，積極的に改善を生み出させる必要がある。仮に教師の評価が適切であると確信できても，評価されるものが，それでやる気をなくし，向上心を失ってしまえば，教育評価の意味は薄れる。

（3）評価活動と教育活動計画

　教育活動において，評価は重要な意味をもつことは，これまで述べてきた通りである。しかし，目的の有する教育活動には計画が必要であり，評価をいつ行うかの計画（評価計画）が求められる。

　年間の教育活動計画を立てることは重要であるが，教育現場の慌ただしさのなかで，1年を見据えての教科の学習計画を立てることは容易ではない。1学期の中間試験までにはこの範囲まで，2学期の期末試験までにはこの範囲までという風に，教科書をもとにしてシラバスを年度当初に計画する人は少なくない。計画の作成に伴って実験はいつぐらいに行うかを考え，そのための備品や消耗品の確認や購入計画を行うことも大切である。年度当初もしくは前年に予算計画を立てる必要もあるが，残念ながら十分吟味されていない場合もある。一般的に何かの事業を行うときに実施計画と予算の整合性は不可欠であるが，教育現場に浸透しているかどうかは疑問でもある。充実した授業展開には，時期や予算も含めて練られた計画が欠かせない。

　このなかであえて評価計画も年間指導計画に取り入れることを期待したい。つまり，「この時期に中間・期末試験に加えて，知識・技能を定着させるための小テストを行う」「〇〇の実験をしてレポートを提出させ，思考力・判断

力・表現力を評価する」「夏季休業中に，理科関係の本を読ませたり，新聞記事から概略や感想を書かせたりする課題を与え，『主体的に学習に取り組む態度』の育成を図る」などがあげられる。

（4）学習評価の共通理解と条件整備
○学習評価の妥当性・信頼性を高めるための視点

　評価及びそれに伴う評定は教師の大きな役割である。ただ，陥りやすいのが，ペーパーテストだけの評価に加えて「経験，勘，気分」の3Kで対応してしまうことである。そのようにならないためにも，文部科学省や特に国立教育政策研究所において作成された資料を一読し意識しておくことである。

　また，評価に関して，都道府県等の教育委員会によっては教員研修を開催するところがあったり，参考資料を作成していたりするところがある。近年のように教育課程が改訂されるときは，評価についての研修が実施されることもある。

　各学校においても，校内研修のテーマとするなど，学習評価の改善に向けた組織的かつ計画的な取り組みを充実させているところも見られる。具体的には，外部講師を招いたり，校内で授業実践と連動して評価についての研修を開催したりする取り組みである。ただ，小学校，中学校，高等学校と進むにつれ，各教科の専門性の違いもあり，校内全体での共通認識が十分であると言いきれないところも見られる。

　さらに，校内の教員や教育関係者だけでなく，学習評価の趣旨や目的について，保護者等にも周知を行っていく必要がある。
○評価のための評価，評価倒れとならないために

　評価は教育活動の一環として重要であり，そのために担当教師も甚大なエネルギーを注ぐことになる。しかし，評価することが教育活動の目的ではない。評価に対して割くエネルギーを少しでも緩和することを望みたい。そこで，まず以下，国が示した指導要録の改善について，文部科学省「児童生徒の学習評価の在り方について（報告）の概要」より簡単に触れることにする。

　高等学校における観点別評価をさらに充実する観点から，国が示す指導要録の参考様式に観点別評価の記載欄が設けられており，この記載は重要である。

　ただ，教師の勤務実態を踏まえたためか，指導要録の「指導に関する記録」は大幅に簡素化され，教師による学習評価の結果を受けた指導の改善や児童生徒の学習の改善につなげることに重点が置かれている。また，「総合所見及び指導上参考となる諸事項」など文章記述欄は，要点を箇条書きとするなど必要最小限にとどめられている。

　さらに，各学校の設置者が様式を定める指導要録中の「指導に関する記録」に記載する事項の全てを満たす通知表を，各学校が定める場合には，指導要録と通知表の様式を共通のものとするように指示されている。

　近年，コロナ禍において，各学校はオンデマンド・オンラインなどの教育開発に追われている。また，文部科学省から出されている GIGA スクール構想などによって，環境整備とあわせて学校や教員に戸惑いがあるのは事実である。しかし，今後，時代の流れに沿って，学習評価や成績処理に係る事務作業の負担軽減に向けて，統合型校務支援システムなどの ICT 環境が整備され，校務の情報化が推進されることを期待したい。

第Ⅲ部

授業づくりの場面

第Ⅱ部で紹介した教材論，学習論また教授論は，日々の授業で使えてこそその基礎基本である。これら基盤の上に，第Ⅲ部では本書の核である授業のつくり方の実際を示す。学習指導案は授業づくりのための設計図であり，教材観や生徒観をはじめ教師の力量の全てが注ぎ込まれ，また力量の全てが反映される。学習指導案には何をどう書けばよいのかという指導案づくりの基礎基本から物理，化学，生物，そして地学の各科目について，その特色を遺憾なく発揮できるよう授業づくりための詳細を紹介する。さらに探究活動を行うにあたっての指針にも触れる。学習指導案に自身の理想とする授業の詳細を描けるようになることが第Ⅲ部のゴールである。

第11章

授業の設計図としての学習指導案

―実施可能な指導案目指して―

本章で学ぶこと

　第12章から展開する物理，化学，生物，地学分野の実施可能な学習指導案づくりに先立って，本章では授業の設計図としての学習指導案のつくり方のイロハから，指導案の３大要素である教材観（単元観），生徒観，指導観の書き方，また本時の授業と単元全体の関係を示す単元構成，さらには本時の学習目標や到達目標を反映した「本時の授業」のつくり方を実例をあげながら示す。理科の目的，教材や学習過程の構造化，また生徒の学びの系統性に配慮した学習指導案づくりの基礎基本を学ぶ。第Ⅱ部で扱った授業づくりの基盤をいかにして授業づくりに反映させるかがテーマである。

1　学習指導案は何のために書くのか──学習指導案のイロハ

（1）学習指導案は授業の設計図

　家を建てるとき，何の計画性もなしに，ただやみくもに材料を買ってきて，それこそ，住む人の気持ちや健康，また将来の家族構成をも考えずに建ててしまっては欠陥住宅になりかねない。きちんとした設計図のもとに建てられた家こそ，堅牢であるだけでなく，そこに住む人にとっては快適空間となる。

　学習指導案は，授業を進めていくための設計図だといえる。そこには，「いつ，どこで，誰が，どの学年のどのクラスの生徒」に対して行うのかから始まって，「どの単元の，具体的にはどの内容を，どのような方法」で行い，「生徒は，それまでにどのような授業を受けてきたか」を示し，さらには「授業の結果，生徒にはどのような力がついているか」などが，作業工程（一時間単位での進め方）とともに書かれている。完成予想図（板書計画）も描かれていれば，さらにイメージしやすくなる。

　行き当たりばったりではなく，学習者の変化を期待する授業では，理科の目標や，学年の目標，さらには単元の目標をも考えながら，また授業を受ける生徒の実態にも配慮しながら「授業の設計図」をつくる必要がある。だからこそ，その設計図を見れば，実際に授業をしなくても，その授業の様子が手に取るように見えてくる。

　「教師がいて，生徒がいて，そして伝えるべき内容（教材）がある」，それが授業である。しかし授業を行った後，生徒に変化が見られる。もちろん，それは私たちが期待した変化だが，生徒自身に授業の効果が見られるようになるには，適切な配慮が必要になる。それが授業を成り立たせる「3つの要素」，すなわち教材観，生徒観，そして指導観である。

---

(1)　**教材観**：学習指導要領の理解と解釈

　単元の目標や教材の意義，またその特色は何か。さらに単元や個々の授業を通して，生徒につけさせたい力とは何か。それは，この授業でなければならないのか。

(2)　**生徒観**：生徒の実態把握

　この授業を行うにあたって，生徒がすでにもっている知識や技能，さらに興味・関心は何か。また，新しい知識や技能にであう際，どのような困難が予想されるか。

(3)　**指導観**：単元や本時の指導の特色

　生徒の実態を踏まえた上で，新しい知識や技能を身に付けさせるにはどのような方法が最も適しているか。

　この教材観（何を），生徒観（誰に），そして指導観（どのような手立てで）が明確になってこそ，「目の前の学習者に，この内容をどのように指導すれば，期待した変化が見られるか」という授業の道筋がはっきりと見えてくる。すなわち，教材が見え，生徒の活動が見え，そして教師の願い（理科の目標）との関わりが見える，それが学習指導案である。第5章から第10章で扱った「理科の授業づくりの基盤」のどれもが，すべて実施可能な学習指導案づくりのための基礎基本であり，ぜひ理科の授業づくりに活かしていただきたい。活用できてこその基礎基本である。

（2）しっかりとした授業を行うために

　実際に指導するのは，単元全体でなく「この１時間の授業」であるから，教育実習生（新任教員）にとって，切実で，特に力を注ぐことになるのは１時間単位の学習指導案づくりである。

　１時間，１時間の授業が集まって１つのまとまりのある単元となる。それぞれの授業の目標がお互い関わり合いながら，全体として単元の目標を達成するという仕組みである。したがって，単元の「目標，教材観，指導計画，生徒の実態」と各時間（１時間）の「目標，教材観，生徒の実態」との関係を明確にしておくことが大切となる。この１時間の授業の目標と単元の目標，また学年の目標，さらには理科の目標とがどのような関係になっているかなどは，日ごろから学習指導要領や各教科の解説に目を通し，理解しておきたい。「この授業の目標は何ですか」や「この授業の山場はどこですか」という質問にしっかりと答えられることが自信をもって授業に臨む心構えにつながるからである。以下，単元の目標の理解が，授業づくりの場面にいかに幅と奥行きを与えるかについて，小学校の例を通してだが，具体的に見ていくことにしよう。

●───── FOCUS ②　小学校理科第３学年で学習する単元「物の重さ」

　授業づくりという観点から，小学校理科第３学年の単元である「物の重さ」を例に考えてみよう。この単元の目標は，学習指導要領によれば「次のことを理解するとともに，観察，実験などに関する技能を身に付けること」とあり，その理解すべき内容としては，

　　(ｱ)　物は，形が変わっても重さは変わらないこと。

　　(ｲ)　物は，体積が同じでも重さは違うことがあること。

であり，この「形と重さ」，及び「体積と重さ」について指導計画を立てることになる。では，この学習によってどのような科学的な概念（今後の学びに有効に働く力）の定着を図っているのだろうか。

　理科の目標では，第３学年で培いたい資質・能力として「自然事象の差異点や共通点に気付き，問題を見出す力（問題解決の能力）」「物の性質やその働きを捉える視点（理科の見方）」「比較しながら調べる力（理科の考え方）」をあげると同時に，学校理科の学習内容を表11-1に見る４つの科学概念に位置付ける

表11-1　小学校理科の学習内容と4つの科学概念

学年	エネルギー	粒子	生命	地球
3年	・風とゴムの力の働き ・光と音の性質 ・磁石の性質 ・電気の通り道	・物と重さ	・身の回りの生物	・太陽と地面の様子

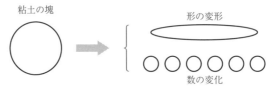

粘土の塊　　　　　　　　　　　　　形の変形
　　　　　　　　　　　　　　　　　数の変化

図11-1　質量保存

ことをうたっている。物の重さは「粒子概念（粒子の保存性）」に属し，しかも導入としての役割を担っていることになる。

　このことを踏まえると，形と重さについては，例えば粘土という児童にとって身近な素材を使いながら（図11-1），「物は，どんなに形を変えても，その基本となる分量が同じなら重さは変わらない」ことを体感させる授業構成が考えられる。

　さらに，「形（配置）を変えるだけで，新たに持ち込んだり，取り去ったりしなければ重さは変わらない」という理解にまでもっていければ，本単元の学習が第5学年の「物の溶け方」や中学校理科へと続く粒子モデル導入の素地として機能することは十分に期待できる。

　「そのためにはどのような素材が適しているか」，また「質量保存に対して，子どもの前提知識はどのようなものか」「導入の段階では，どのような問いかけがよいか」など，様々なシミュレーションが可能になり，この具体的なイメージの1時間分が「本時の授業」へとつながっていくことになる。

　「何をどのよう教えるか」という授業展開に関わる基本課題については，本単元の粒子概念としての位置付けとともに，8歳児の認識に配慮したつながりのある学び，すなわち学習内容の構造化と系統的配置という視点で迫ることになる。

2　学習指導案には何が書かれているか──3つのポイント

（1）学習指導案の構成要素

　学習指導案とは，年間指導計画に沿って，生徒の実態を踏まえながらデザインされた授業計画をさしている。年間の指導計画に基づいて各単元の学習計画があり，その下に1時間単位の学習指導案がある。このように，学習指導案は大きな柱（大きな目標）と小さな柱（小さな目標）からなっていることに注意しておきたい。

　さて，学習指導案には全国統一形式というものはない。都道府県単位で，また学校単位や教科で違っているが，共通する部分も多く，基本的な考え方は変わらない。

　学習指導案に書くべき項目としては下記の6つがあげられるが，これらは内容としてはすでに述べた3つの要素から成り立っている。すなわち，教材観，生徒観と指導観である。

【項目1】前提：日時，場所，学級，指導者，授業者

【項目2】単元について：単元名，単元目標，**教材観**（単元観）

【項目3】生徒について：**生徒観**（この単元における生徒の実態）

【項目4】指導について：**指導観**（どのような指導方法をとるか）

【項目5】指導計画：単元の指導計画（本時の位置付け）

【項目6】本時について：本時の展開（目標，指導過程，評価等）

　3つの要素を1時間単位の授業について述べたものが「本時の教材観」「本時の生徒観」「本時の指導観」であり，単元全体では，それが「単元の教材観」「単元の生徒観」「単元の指導観」となる。特に，本時の指導観について，時間の流れに沿ってできるだけ具体化したものが，上記【項目6】の「本時の展開」である。

　具体的には，学習指導要領や理科の解説の記述をふまえながら，教科書などの各単元の教材研究や教材解釈からはじめて，学習目標の設定，学習目標を達成するための指導内容の確定，核となる発問づくりを行い，想定される生徒の

学習活動やつまずきとその対応，さらには活用できる学習環境（理科実験室を含む）の設定や板書計画，各種資料（実験材料）の準備へと進むことになる。

　学習指導案の作成とは，これらを以下に示すフォーマットにまとめ上げていく作業をさしている。

（2）学習指導案では何を書けばよいか

　学習指導案の各項目の基本的なフォーマットと，何を書けばよいかについて以下にまとめておくことにしよう（その具体例は142ページ〜に示す）。

理科学習指導案（フォーマット）

【項目1】前提（日時，場所，学級，指導者，授業者）

　　日時　○○年○○月○○日（○）

　　場所　○○室

　　学級　第○学年○組　男子○人，女子○人　計○人

　　指導者　○○○○　印　　授業者　○○○○　印

【項目2】単元について

1．単元名　○○○○

2．単元目標

　この単元で教えたい内容と，つけさせたい力，また学習により生徒に期待する変化などを書く。後者については観点別学習状況評価の項目，すなわち「自然現象への知識や理解・観察実験における技能」，「科学的な思考・判断力・表現力」，そして「学びに向かう力，人間性等」の3つの観点を軸に，それぞれ箇条書きで示すとよい。

3．教材観（学習指導要領の理解・解釈）

　単元のねらいは何か（学習指導要領で確認し重要な箇所は抜粋して示す）。中心となる教材は何か。また，その教材を選んだ根拠は何か。さらに3つの観点について，教材の学習を通してそれぞれどのような変化を期待しているかなど，単元をどのように捉えて指導するかについて書く（指導上の細かな点については指導観に示す）。

【項目3】生徒について

4．生徒観（生徒の学習上の実態：素朴概念やつまずきの原因等の明示）

　単に理科が好き・嫌いという学級紹介ではなく，単元内容についての生徒の分析を通して生徒の実態を書く。学習過程で起こるであろう生徒のつまずきを予想する。

【項目4】指導について

5．指導観（単元・本時の指導の実態）

　4．で指摘した生徒の実態があり，また3．で述べた本単元によってどのような力を育成したいのかに基づき，本単元として，具体的にどのような指導方法をとるのかを示す。特に本時の指導に関わっては，7．で示す本時の指導のねらいをも示す。

【項目5】指導計画

6．単元の指導計画

　単元全体の時間配分を書く。本時がどの位置にあるかを明示する。特に，前時と本時，そして次時との関係については具体的に示すとよい。

【項目6】本時について（目標，指導過程，板書計画，評価）

7．本時の展開

　(1)　本時の目標

　本時で付けさせたい力，また学習により生徒に到達させたい目標を書く。学習目標と到達目標を示すことになる。この学習目標，到達目標を達成するために次の指導過程で具体的に「教師の働きかけ」や「生徒の学習活動」を明示する。

　(2)　指導過程

　本時の流れを，導入（動機づけ，前時の学習の復習，本時の目標の確認，学習方法の確認など）から展開（学習課題の解決の段階で，本時の核心となるところ），まとめ（学習活動のまとめ，評価），さらには発展（次時の予告と見通し）を時系列にしたがって書く。基本的には，生徒の学習活動と教師の働きかけ（発問など）で構成される。

※注意点（指導言について）

　授業とは，生徒の学習活動を促し，活性化させるものであるから，

教師の働きかけ（……させる）　→　生徒の学習活動（……する）
　　　　発問　　　　　　　　　　　　　予想される解答（応答）

という対応関係で進んでいく。したがって，使用する言葉も指導を明示した「……させる」と表現する。よく「……してもらう」という表記を目にするが，学習指導案であることを意識した言葉（特に語尾）の用い方に配慮する必要がある。

　本時の指導の「指導過程」には，校種や科目によってそれぞれ特色ある展開の仕方があるので，第12章〜第15章の校種・科目ごとの「学習指導案の実際（実例）」を参考にしていただきたい。なお，学習指導案には，上に示したように単元を俯瞰した教材観，生徒観，指導観や本時の位置付けを示した単元の指導計画（【項目2】〜【項目5】），さらには本時の展開（【項目6】）の全てを記したもの（**細案**，または**詳案**という）と本時の展開のみを示したもの（**略案**という）がある。本時の授業内容や展開をなぜそのように考えたのかの理由や根拠が単元全体に関わる教材観や生徒観，また指導観に反映されるわけであるから，略案のみ記して，それで事足りるものではない。本時のあり方については，単元全体との関わりを通して考えられるようにしておきたい。

　授業を構想して学習指導案をつくるわけだが，授業実施の前に，授業のシミュレーション（模擬授業）を行い，その結果（省察，分析，評価）を学習指導案に生かすことで，「生徒の学習活動を促し，活性化させる」ためのより的確な指導案に仕立て上げることができる。この，

　　　$\boxed{授業構想}$ → 学習指導案作成 → 模擬授業 → 省察と分析・評価 → $\boxed{授業構想}$
　　　→ 学習指導案作成……→ （実施可能な指導案へ）

というステップを繰り返すことで，落ち着きと安心感，また学習指導への展望と意欲，さらには自信をも獲得することができる。以下，どの校種や科目にも対応できるよう，なじみ深い小学校理科の指導案を例としてあげておこう。指導案作成にあたって注意すべき箇所については下線や枠などを用いて明示した。また，板書計画やワークシート，実験プリントの類については割愛した。

▎学習指導案の例（小学校理科を事例として）

理科 学習指導案	○月○日（○）○校時　理科教室		実習生氏名	検印
	4年○組	男子15名・女子15名 計　　30名	○○○○	

1．**単元名**　ものの温度と体積

２．単元目標【学習指導要領から抜粋する】

次のことを理解するとともに、観察、実験などに関する技能を身に付けること。

㋐　金属、水及び空気は、温めたり冷やしたりすると、それらの体積が変わるが、その程度には違いがあること。

㋑　金属は熱せられた部分から順に温まるが、水や空気は熱せられた部分が移動して全体が温まること。

㋒　水は、温度によって水蒸気や氷に変わること。また、水が氷になると体積が増えること。

３．教材観【学習指導要領からポイントを抜粋する】　→FOCUS ③参照

本教材は、学習指導要領理科第４学年より、まず「㋐　金属、水及び空気は、温めたり冷やしたりすると、それらの体積が変わるが、その程度には違いがあること」の理解をねらいとしている。温度の変化と空気・水・金属の体積の変化とを関係付ける能力を育てて、空気・水・金属は温度によって体積が変化し、また空気・水・金属の体積の変化の大きさは違うということを理解させる。

変化するもの、変化させるものという視点で考えると、変化するものは空気・水・金属であり、変化させるものは温度である。温度を変化させることでそれぞれの体積の変化の様子を調べる。粒子の概念を持ち込むと、気体は粒子が動き回ることができる状態で、固体になっていくほどにびっしり整列している状態であると考えられる。本教材で取り上げる空気・水・金属はそれぞれが気体・液体・固体の代表として取り上げられている。温度による体積変化の大きいものから扱うことで、現象が捉えやすく、そこでの捉え方を基に、水、金属の体積変化を調べて比較していくことで、変化の違いが捉えやすくなる。このように物質に力を加えたり、熱を加えたり、熱の伝わり方を調べる活動を通して、物質を変化させる要素との関係的な見方を養うことができると考える。

４．児童観【中学校・高等学校では、児童は生徒とする】

これまでの学習で、児童は閉じ込められた空気や水に力を加えると押し縮められて、もとに戻ろうとする力が働くことを理解しており、変化するもの、変化させるものという関係性を考える力が育ちつつある。また生活経験から自然事象に関して、自分なりの予想をたてることができる。ここではこれらの既習経験から実験結果を予想させ、温度変化による空気の体積変化を追究させたい。

５．指導観【生徒観を踏まえての指導上の特色を示す】

本単元では実験を多く取り入れるが、児童が実験に対して自分なりの予想を持って取り組んでいけるようにしたい。丸底フラスコの実験の結果や既習経験から次の実験では「〜だから〜になると思う」といった予想をし、試験管の実験でもこれまでの結果を踏まえて「〜だからきっと〜になるはずだ」とさらに予想の内容を深める。そして試験管に石けん膜をはる実験をすることで「やっぱり〜になった」というように段階を踏んでいく展開で、理解を深めていきたい。そのため、児童に実験の予想を発言させる際には「これまでの実験でこのようになったので、きっとこうなるはずだ」のように今までの実験と結びつくよう、児童の発言をつなげていき、関係的な見方を育てていきたい。また、変化するもの（空気が）と、変化させるもの（あたためられて）とをふくめて予想や結果を言ったり、書いたりすることで、変化するもの、変化させるものという関係性を考える力も付けさせたい。

7．本時の展開

本時の目標　→本時の学習目標	6．単元の指導計画(全7時)　→本時の位置づけ
・温度変化による空気の体積変化を理解する。 (空気はあたためると体積が大きくなり，冷やすと体積が小さくなることを理解する)	〈本時〉第1次第2時 第1次：空気の温度と体積（3時間） 第2次：水の温度と体積（2時間） 第3次：金属の温度と体積（2時間） 前時／本時／次時

時間	児童の学習活動	教師の働きかけ・留意点
導入 5分	●前時の実験の結果と空気をあたためるとどうなるかの予想を確認する。 【予想される児童の反応】 ・丸底フラスコにゴム栓をし，あたためると…… →ゴム栓がとぶ。 (理由) あたためると空気は体積が大きくなるので耐えきれなくなってゴム栓がとぶ。 ・試験管にゴム栓をしてあたためると…… →少しとぶ。 (理由) あたためると空気は体積が大きくなるが，丸底フラスコより試験管は細くて入っている空気の量が少ないから。 →とばない。 (理由) ゴム栓がゆるかったから。あたためた試験管にゴム栓をしたから。	●前時の実験の結果をもとに空気をあたためるとどうなるかの予想を誘導し確認させる。 ・【問いかけ】丸底フラスコにゴム栓をし，あたためると…… ・【問いかけ】試験管にゴム栓をしてあたためると…… ○ゴム栓がとばなかった理由にこだわる班があれば，個別に対応し，前時の実験は失敗だと考えていた児童たちに，温度変化による空気の体積変化をより理解できるようにする。
	試験管に石けん水の膜をはってあたためるとどうなるだろう。　発問	
展開Ⅰ 10分	(実験)　生徒実験 試験管に石けん水の膜をつけて，湯につけ，石けん水の膜の動きを調べる。 ●予想を確認する。←　対応関係　→ 【予想される児童の反応】 ・石けん水の膜がふくらむ。	○これまでの実験の予想では出てこなかった理由も取り上げる。 ○実験の注意，ルールを確認する。

	・とんでいく。	（注意点）
	・ふくらんで割れる。	・湯を使うためやけどに気を付ける。
	・変化なし。	・湯から取り出した試験管も熱くなっているので
	（理由）これまでの実験と同じで，あ	気を付ける。
	たためると空気は体積が大きくなるか	・容器の口を人に向けたり，顔を近付けないよう
	ら。	にする。
	あたたかい空気は上に行くから。	・湯につける前にゴム栓をし，きつく締めすぎな
	蒸気は上に行くから。	いようにする。
	空気の量が少ない，石けん水の膜が邪	（ルール）
	魔をするから変化しない。	・机の上は片付ける。
		・実験は立って行う。
		・終わりの時間になったら途中でも手を止める。
	●グループごとに実験の準備をする。	○シャーレに石けん水を入れ児童に配る。
	●実験を班ごとに行い，実験の結果を	
	ワークシートに記録する。	
	空気をあたためたときの体積変化を理由を入れてまとめよう。 発問	
展開Ⅱ	●３つの実験から空気をあたためると	○予想をしたが，どれが正しいのかわからないこ
10分	どうなるかの予想を確認する。	とを確認する。
	【予想される児童の反応】	○空気は上に上がる説を否定できない児童の予想
	・あたためると空気は体積が大きくな	が出ていた場合も認める。全員が空気は上に上が
	る。	らないのだとなれば，体積が大きくなる説を有力
	・あたためると空気は上に上がる。	視する。
	●空気をビニール袋に入れ，湯をかけ	
	るとどうなるかイメージする。	
	→空気はあたためると体積が大きくな	
	るなら，全体にふくらむ。	
	→空気はあたためると上に上がるな	
	ら，上の方だけふくらむ。	
	●教卓の前に集まって，演示実験を見	○児童を教卓の前に集め，演示実験をする。
	る。	（実験） 演示実験
	●ビニール袋のふくらみ方を確認す	ビニール袋に湯をかける。
	る。	
	●空気はあたためると全体にふくらむ	○この実験で視覚的に空気はあたためると全体に
	ことがわかる。	ふくらむ（体積が増える）ことに着目させる。

	●実験の結果をワークシートに記録する。	
	●空気をあたためた時の体積変化を図でかき表す。	○前回の実験（丸底フラスコ，試験管）も含めて図で確認し，空気の体積変化を視覚的に理解させる。
	空気は冷やすとどうなるのだろう。　発問	
展開Ⅲ 15分	【予想される児童の反応】・体積が小さくなる。	
	（実験）　生徒実験 試験管に石けん水の膜をつけて，湯であたためたり，氷水につけたりし，石けん膜の動きを調べる。	○予想をさせてから実験に取り組ませる。
	●班ごとに実験の準備をする。	
	●実験を班ごとに行い，実験の結果をワークシートに記録する。	
	●温度変化による空気の体積変化をワークシートにまとめる。	○児童の言葉をつないで，空気はあたためると体積が大きくなり，冷やすと体積が小さくなる，とまとめをする。
まとめ 5分	●片付けをする。	○器具は丁寧に扱い，ぬれた机を拭くよう指示する。

　以上，第1節と第2節では授業の設計図というべき学習指導案についての概要を述べた。授業を成り立たせる3つの要素である教材観，生徒観，指導観と第二部で扱った教材論，学習論，教授論とはどのような関係にあるのかにも触れながら，本時の展開の具体的なつくり方について，以下の節で扱うことにしよう。なお，教材観のつくり方の骨子についてはFOCUS③を参照のこと。

━━━━━━━━ FOCUS③　授業づくりのために教材観を分析する

【教材の意義や単元のねらい】本教材は，学習指導要領理科第4学年より，「金属，水及び空気は，温めたり冷やしたりすると，それらの体積が変わるが，その程度には違いがあること」の理解をねらいとしている。温度の変化と空気・水・金属の体積の変化とを関係付ける能力を育てて，空気・水・金属は温度によって体積が変化し，また空気・水・金属の体積の変化の大きさは違うということを理解させる。

146

【教材の特徴】①変化するもの，変化させるものという視点で考えると，変化するものは空気・水・金属であり，変化させるものは温度である。温度を変化させることでそれぞれの体積の変化の様子を調べる。②粒子の概念を持ち込むと，気体は粒子が動き回ることができる状態で，固体になっていくほどにびっしり整列している状態であると考えられる。本教材で取り上げる空気・水・金属はそれぞれが気体・液体・固体の代表として取り上げられている。温度による体積変化の大きいものから扱うことで，現象が捉えやすく，そこでの捉え方を基に，水，金属の体積変化を調べて比較していくことで，変化の違いが捉えやすくなる。③このように物質に力を加えたり，熱を加えたり，熱の伝わり方を調べる活動を通して，物質を変化させる要素との関係的な見方を養うことができると考える。

　教材観は大きく2つの部分からなる。ひとつは，「教材の意義や単元のねらい」である。学習指導要領や理科の解説には，各科目について，それぞれ単元ごとの目標が明記されている。したがって，単元の目標は学習指導要領から抜粋することになるのだが，その前提として，内容や展開について示した教科書を十分に読み込み，展開の具体的なイメージをもっておくことが大切である。

　いまひとつは，単元の目標を達成するための「教材の特徴」である。具体的には「理科の見方・考え方」との関係を念頭に置いて，その特徴を示すことになる。本例では，第4学年の単元であるので，理科の見方としての「粒子概念（質的・実体的な視点）」，そして理科の考え方としての「関係的な見方」の両面について触れることになる。なぜ「気体（空気）から取り扱うのか」，なぜ「変化するもの／されるものという視点」に立って現象を捉えるのかの根拠や，またこれらについて言及した理由がここにある。

3　実施可能な指導案づくりのために──指導案を読み解く

（1）授業を成り立たせる3つの要素──生徒・教師・教材

　授業を成り立たせる3つの要素である学習者（生徒），指導者（教師），教材（検定教科書）のそれぞれが学習指導案での生徒観，指導観，教材観に対応していた（図7-1参照）。コンテンツベースで作成された教材（教材の代表的なものが

検定教科書である）を，コンピテンシーベースでの活動が期待される世界に生きる生徒の，よりよく未来を生きるための基盤としていかに「学び」の俎上に乗せるかが教師としての期待される力量（授業力）である。

　この教材に託された親学問の論理と，そして学習者の論理という２つのものの捉え方をつなぐには，学習者の学びを想定しながら科学知を教育内容（いわゆる学校知）として組み換え，生徒の学習活動を教育的意図をもって組織化し，さらに円滑に教えるための方法に関する知，すなわち教授学的知見をも獲得しておかねばならない。この２つの気付きがあってこそ，科学知と学校知，そして日常知とが交差し，葛藤を誘う場としての理科の授業を構想できることになる（図11-2）。

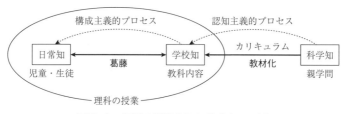

図11-2　理科の授業を取り巻く3つの知

　「理論を学ぶだけで上手に実践できるわけではないが，だからといって理論を学ばないというのは誤りである。教師たちが自らの実践を支えている論理を自覚し，より広い視野から実践の意味を理解し，それを語る言葉をもつ。それは教師の感覚的な判断を根拠や確信をもったものとし，実践の変革可能性や柔軟性も準備するだろう」（石井，2016）という指摘を肝に銘じたい。

　第1節で示した学習指導案の柱となる3つの観点，すなわち，学習目標・到達目標，理科の見方・考え方，教材と教育内容をキーワードとし，学習指導要領の理解とその解釈の深さを示す「教材観」，学習者の系統的学び，素朴概念や阻害概念など生徒の学びの実態に目を向けた「生徒観」，さらには生徒の実態を踏まえ，指導内容や指導形態，指導方法など授業の具体的展開（技法）を明らかにした「指導観」，これら3つはいずれも，教材と生徒をつなぐ意図的な活動の場としての授業づくりに導くためのサーチライトである。

　では，これら３つの観点の具体的現れである１時間の授業づくりについて示そう。

（2）本時の授業づくりで最も大切なこと──それは，学習・到達目標

　第１節で，「実際に指導するのは，単元全体でなく『この１時間の授業』であるから，教育実習生（新任教員）にとって，切実で，特に力を注ぐことになるのは１時間単位の学習指導案づくりである」と指摘した。以下の５点が，本時の授業づくりの肝ともいうべき着眼点とその手順である。

【手順１】本時の学習目標の設定（前時と次時との関連への配慮）

　目標のないところに展開はない。本時の学習目標の具体的な現れが，教師の働きかけのイメージ（発問のイメージ）や「本時の展開（やま場）」になる。学習目標の数は，多くても３つ。授業のやま場が４つも５つもあっては，それはやま場がないに等しい。

【手順２】到達目標の設定（生徒の具体的な変化のイメージ）

　学習目標（教師の目線）を到達目標（生徒の行動の変化）に落とし込む。到達目標は，生徒の学習活動のイメージや発問への応答のイメージに結び付く。

【手順３】本時の学習目標の具体的展開への落とし込み

　本時の目標の具体化・重点化作業である。本時の学習目標と本時の具体的展開とは一対一の対応関係をなす。

　本時の具体的な展開を通して，学習目標が到達目標になる。いわば学習目標は教師の期待が込められた目標（スタート）であり，到達目標は授業の結果，生徒のあるべき変容を示した目標（ゴール）だと考えればわかりやすい。

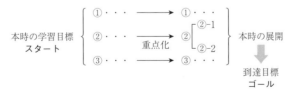

図11-3　学習目標と到達目標をつなぐ本時の展開

【手順4】教師の働きかけと生徒の学習活動の連鎖（対応関係の明確化）

　発問による生徒への働きかけ→生徒の発問への応答→生徒の応答の読み取り
→……という形で授業は進行する。発問は，教師の生徒への具体的な働きかけ
であり，生徒の学習活動の質は発問の質で決まる。主発問はその後の展開を左
右する，本時の学習内容の核をなす。

【手順5】生徒の学習活動の可視化（絵コンテによる授業の可視化）

　授業の流れ（導入→展開→まとめ）のイメージを数枚の絵コンテで表す（図11-
4）。この数枚の絵コンテが授業者の描く授業の流れになる。

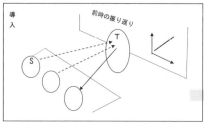

① 前時の振り返り（本時の学習目標に直結する前時の目標を絞り出す）

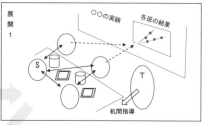

② グループ活動による実験（実験結果はタブレット入力）

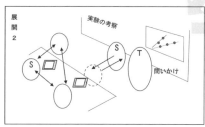

③ 実験の考察（葛藤を生じさせる問いかけ，結果と本質）

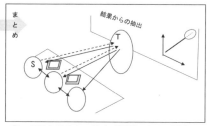

④ 実験結果からの抽出（帰納），および演繹による予測

図11-4　絵コンテの例

　以上，学習指導案作成のための着眼点とその手順を示したが，学習指導案を
自ら作成するとなると慣れないうちは手ごわい。練習試合なしに本番に臨むよ
うなものである。そこで，どのような授業のイメージを頭に描いているのかを
いったん紙面に表してみる作業が必要になる。それが企画書の作成である。

　図11-5は企画書として指導案作成の前に筆者が学生に提出を求めているも

のである。ここには，③本時で扱う学習項目・内容，④本時で扱う核となる実験・観察（必要な器具）から，指導案作成の上でポイントとなる（班でコンセンサスを得ておくべき）内容に至るまで，授業づくりの観点から押さえておくべき事項が含まれている。

ちなみに④については，教科書に載っている実験を取り上げさえすればそれでよいと考えがちだが，器具などは自分たちで揃えることを原則とし，揃わなければ何を代用品とするかまで配慮することで，「核となる実験の内容は何か」「扱おうとする実験は，学習内容に沿っているか」など具体的な指導のイメージと抑えるべき内容との両面からの教材研究がはじまる。

○○年度　学習指導案作成企画書

企画書の提出日は○月○日（○）とします。企画書から指導案への落とし込み作業を経て、指導案（案）は○月○日（○）に提出してください。確認でき次第、コメント付き指導案を返送します。各班はそれを参考にブラッシュアップしてください。

班 班	班長氏名 ＿＿＿＿＿＿＿＿ 連絡先（メールアドレス） ＿＿＿＿＿＿＿＿ 班人数（　　　）
＿＿学部＿＿回生　○○○○○○ 1 2	3 4 5 6

① 中1、2、3の理科
② 単元名（記号：例　A－1）
③ 本時で扱う学習項目・内容
④ 本時で扱う実験・観察事項（必要な器具）
⑤ なぜ、この単元、項目、内容を選んだのか。
⑥ ポイント（下記の点について、班で話し合いまとめておくこと）
「授業の柱は何か」「探究的な活動をどこに取り入れるか」「小中高の系統性」「生徒のつまずきをどう想定するか」「授業の進め方（どの主義に基づいたものか）」「発問（主発問とサブとなる発問）による教材の構造化をはかる」「ＩＣＴの効果と導入する場面」等
⑦ 現時点での導入→展開→まとめとしての構想。時間配分も明記せよ。

①	②

③〜⑦について（案）

コメント　（○本計画でよし、　○再度検討を要す）

印

図11-5　学習指導案作成のための企画書例

　以下,【手順1】～【手順5】による本時の授業づくりの実例を示す。この学習指導案は,中学校第3学年で学習する単元「運動とエネルギー」内の運動の規則性,特に力と運動の第2時限「グラフの作成とその分析」について作成したものである。ここでは取り上げないが,なぜグラフの作成・読みに特化した授業を行うのかは,教材観で示すことになる。

▌ 実例　本時の授業づくり

本時の学習目標（到達目標）	単元の指導計画
①実験結果をもとにグラフを正しく作成できる。 ②グラフの縦軸・横軸の変数を確認し,描かれたグラフの特徴,各軸の変数間の関係性に気付くことができる。 ③グラフには,描かれた図以上に,色々な要素が含まれていることに気付く（グラフから諸量が読み取れる）。	【単元名】運動とエネルギー 　㋑　運動の規則性 　㋺　力と運動 第1時　斜面を下る運動（実験） **第2時　本時　グラフの作成・分析** 第3時　落下運動,斜面を登る運動

時間	生徒の学習活動	教師の指導・指導上の留意点
導入 5分	○前時に行った実験記録を記載したワークシート（記録テープを貼りつけたグラフ）を確認する。	●グラフの見方を説明する。 【留意点】 ・テープの打点数から時間が読み取れ,またテープの長さから台車の走行距離が読み取れることに触れる。 ・展開に使用するグラフ用紙を配付する。
展開Ⅰ 10分	【グラフ作成作業】 ○時間と速さの関係を読み取り,グラフ上に作図する。 ○各自のグラフの結果をグループで比較し,教師の示したグラフとの違いがあればその原因を考える。	●実験結果をもとに,グラフ用紙に時間と速さの関係のグラフを作図させる。 　→学習目標①と対応 【留意点】 ・0.1秒間の平均の速さをプロットするため,貼りつけた記録テープの中間点を取るように指示する。 ・実験結果全体の傾向に気付かせ,時間と速さの関係が直線で表せることに気付かせる。 ・代表班の結果（正しく作図されたもの）をスクリーンに写し,各自の結果と比較させる。

展開Ⅱ 10分	○時間と速さの関係を読み取り，グラフ上に作図する。	●実験結果をもとに，グラフ用紙に時間と移動距離の関係のグラフを作図させる。 →学習目標①と対応 【留意点】 ・0.1秒後の移動距離をプロットするため，貼りつけた記録テープの0.1秒後の位置に点を取るよう指導する。
	○各自のグラフの結果をグループで比較する。結果をワークシートに記入する。	・実験結果全体の傾向に気付かせ，時間と移動距離の関係が放物線になることに気付かせる。
	時間と速さのグラフから、移動距離を求めよう	
展開Ⅲ 20分	【グラフの読み取り作業】 ○グラフ作成作業で求めた，2つのグラフをもとに，時間と速さのグラフのどこに移動距離が表されているかを話し合う。 ○結果をそれぞれ発表する。	●時間と速さのグラフから移動距離を求める方法を考えさせる。 →学習目標②と対応 【留意点】 ・作成した2つのグラフ（①，②）を比較させ，その対応関係に触れる。 ・等速度運動の場合，移動距離と速さ・時間との間にどのような関係があったかについて触れる。 ・実験結果（記録テープの解析結果）をもとに，時間と速さのグラフの面積が移動距離に相当することに気付かせる。
まとめ 5分	○時間と移動距離，時間と速さ，時間と加速度などのグラフの相互関係について振り返る。	●グラフには直接現れる変数以外に，色々な要素が含まれていることを確認させる。 →学習目標③と対応 ・面積や傾きなどがどのような物理量を表すかについて触れる。

　先に述べた【手順1】～【手順5】を駆使して，本時の授業を組み立てていくことになるが，ここでは，特に【手順3】の「本時の授業展開の構成」が本時の目標（学習目標や到達目標）とどのような関係にあるのかに着目したい。この両者の関係が授業づくりの本丸となるからである。スタート（学習目標）とゴール（到達目標）が明示されてこそ，途中の走り方（授業展開）も特定されるというものである。

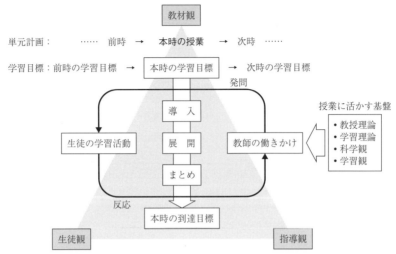

単元計画：　……　前時　→　**本時の授業**　→　次時　……

学習目標：前時の学習目標　→　本時の学習目標　→　次時の学習目標

*単元は複数の時間から構成される。本時の学習目標は，前時，そして次時の学習目標と連なり，単元の学習目標を達成するための構成要素をなす。

*中央部の三角形は本時の授業を表す。本時の学習目標がより具体的な学習活動として導入，展開，そしてまとめとして生徒に提示される。この教師の働きかけを受けて生徒は学習活動を始める。活動の成果が本時の到達目標である。

*教師の具体的な働きかけを左右するものとして，教授理論，学習理論，そして教師の抱く科学のイメージ（科学論）などがある。学習指導案には，これら基盤知識が反映される。

図11- 6　本時の授業の組み立て方

　なお，図11- 6は授業の組み立て方を1枚の図として表したものである。

　実例から，3つの本時の学習目標（①〜③）のそれぞれが，本時の授業構成（授業内容）に対応していることがわかる。すなわち，「実験結果をもとにグラフを正しく作成できる」という学習目標①を達成させるための教師の具体的な働きかけが本時の展開の「●実験結果をもとに，グラフ用紙に時間と速さの関係のグラフを作図させる」や「●実験結果をもとに，グラフ用紙に時間と移動距離の関係のグラフを作図させる」であり，それぞれの働きかけの下には，より細かな指導内容が【留意点】として示されている。学習目標の②や③についても同様である。生徒は，この教師の指示の下，学習活動を行うという構図である。以下，それぞれの学習目標と本時の展開での教師の働きかけとの関係を示しておこう（表11- 2）。

表11-2　学習目標と本時の展開の対応関係

本時の学習目標	本時の展開
①実験結果をもとにグラフを正しく作成できる	●時間と速さの関係のグラフを作図させる ●時間と移動距離の関係のグラフを作図させる
②グラフの縦軸・横軸の変数を確認し，描かれたグラフの特徴，各軸の変数間の関係性に気付くことができる	●時間と速さのグラフから移動距離を求める方法を考えさせる
③グラフには，描かれた図以上に，いろいろな要素が含まれていることに気付く	●グラフには直接現れる変数以外に，いろいろな要素が含まれていることに気付く

　このように，本時の学習目標を達成させるための具体化，および重点化作業を行うことが本時の授業づくりの主な内容である。本時の学習目標と本時の具体的展開とは一対一の対応関係をなしており，したがって学習目標として掲げておきながら，本時の展開にそれに該当する箇所がないなどということは起こらない。

（3）実施可能な学習指導案に向けて

　作成した学習指導案がまさに設計図としての体裁を備えているかどうかと，その指導案通りに授業が行えるかどうかは別物である。また，指導案通りに行う授業が生徒の学習活動を活性化させるものであるとも言い切れない。両者を混同することなく，まずは実施に耐える学習指導案を作成することが大切であり，数度の模擬授業を行いつつ，その結果を学習指導案に活かすことで，「生徒の学習活動を促し，活性化させる」ためのより的確な学習指導案に近づけることができる。その意味で，学習指導案は授業の設計図であるが，設計図通りの家に仕立て上げるだけの技量が教師には求められる。

第12章
物理の系統的学びのねらいと授業構成
―事例研究と指導案への活かし方―

本章で学ぶこと

　小学校から中・高等学校の理科の内容がエネルギー，粒子，生命，そして地球という４つの柱の下に集約された。本章では，エネルギー領域である物理分野，特に電磁気や光の分野を事例として，学習内容の系統的配置の実際，また各校種での学習内容の特色（共通性と差異点）を明らかにするとともに，これらを活かす中学校，高等学校での授業づくりの実際を示す。授業者の願いを託す学習指導案のつくり方や生徒の深い学びを誘う発問のつくり方を通して，第Ⅱ部で学んだ授業づくりの基盤（教育学的視点）の活用にも触れる。使えてこその基礎基本である。

1　物理で何を学ばせるか──教材としての物理，特色と構成

　第Ⅱ部の教材論や学習論を通して，「なぜ，理科を学ばなければならないか」について考えた。理科教育の目的は，物理教育の目指すところと同じであることはいうまでもないが，本章では理科のひとつの分野である物理の特色，すなわち，物理は自然科学のなかでどのような位置を占め，またどのような意義を持つのかについて考えよう。

（1）自然科学の基礎としての物理学

　理科には，物理をはじめ化学，生物，そして地学など様々な分野がある。これは，私たちを取り巻く自然の様子，すなわち小は素粒子から大は宇宙に至るまで，「自然の階層構造」に基づいている。

　では，階層とはいったい何をさしているのだろう。私たちを取り巻く様々な物質は，その大きさによって，またそれらを支配する力の性質によって次のよ

うに分けることができる。

　（大）宇宙－銀河集団－銀河団－銀河－恒星系－地球（惑星）－マクロ物質
　　　　【人間】－分子・原子－素粒子－クォーク－……（小）

　この小から大への一連の流れを見ると，クォークが集まって素粒子となり，
また素粒子が集まって原子をつくる，分子は原子からでき，マクロな物質は分
子，原子からできている……「大は小の集まりだ」という印象を受ける。では，
宇宙はクォークの単純な寄せ集めかというとそうではなく，それぞれのレベル
（階層）にはそのレベルに応じた固有の性質と法則が存在する。

　このように，小は素粒子から大は宇宙に至るまで，それぞれ質的に異なった
階層が互いに関連し，また依存し合って，私たちを取り巻くこの調和のとれた
自然界を形づくっている。

　階層に応じて扱う対象も異なるから，当然その探究の仕方も違ってくる。た
とえ原子の性質が全てわかったからといって，それだけで生命現象は説明でき
ないし，また素粒子の法則で原子・分子の振る舞いを全て解明できるかという
とそうではない。一般に，下の階層から上の階層にいくにつれて複雑さは増し，
下の階層にはない性質や法則が表れる。自然科学に，物理学や化学，生物学，
地学といった様々な分野があるのはこのためである。また，物理学自身もその
対象に応じて様々な分野に分かれる。

　しかし，自然現象の様々な性質は，究極的には，それらを形づくっている物
質の運動，例えばマクロな物質という私たちにとって身近な世界で考えると，
物質の示す性質を原子や分子などの運動に帰着させ，そこから自然現象の本質
を捉えようとする。これは近代自然科学を通して，私たちが獲得した考え方の
ひとつだが，この考え方に立てば，やはり物理学は自然科学に果たす役割は大
きく，だからこそ物理学を学ぶ意義がある。

（2）教材としての物理に仕立てるために──物理のレリバンス

　物理とは「物の 理 （事物や現象が生起する理由）」をさす。物はいったい何から
できているのか，また物の振る舞いはどのような法則性に基づいているのか
などを解き明かす学問が物理学である。学校で学習する理科（物理分野）とは，

身のまわりの事物や自然現象について主体的・探究的に関わりながら，この事物や現象が生起する理由をより深く学ぶ分野だといえる。

　自然現象は，いろいろな物質が複雑にからみ合い，様々な運動を繰り広げており，実に多種多様である。このような状況で，物は「何からできているか」，また「どのような振る舞いをするか」を理解するにはどうすればよいのだろう。それには，物質の個々の性質を捨て，その結果どの物質にも共通に備わった本質的な性質（これを一次性質という）を探り出す必要がある。

　例えば気体について考えてみよう。気体にはそれぞれ色や香りなど固有の性質があり，また様々な反応を示す。これら気体の個性ともいえる多様な性質のなかで，これらの性質をすべて剝ぎ取ってしまった後に残る，いわば全ての気体が等しく共通にもつ存在（一次性質）を物理では問題にする。いわゆる理想気体を扱うことになる。この理想気体の分子のしたがう運動法則の解明を通して，気体の様々な振る舞いを追究するのが物理学の目的，特に熱力学といわれる分野の目的である。

　ニュートン力学と電磁気学が近代物理学の2大柱であり，小学校や中・高等学校で学習する物理もまた，この2つが大きなウェイトを占める。なぜか。「すべての物質は原子からできている。原子はさらに原子核と電子からなり，それぞれ固有の質量と電荷をもっている」，これが私たちの得た物質観である。したがって，この前提に立てば，質量と電荷がすべての物質に共通した性質（一次性質）だということができる。この2つの性質のうち，「質量」についての法則がニュートン力学であり，また「電荷」についての法則が電磁気学である。

　このように，私たちのまわりの身近な物質について，これらが共通にもっている2つの「もの（質量と電荷)」についての「ふるまい」を表す法則（体系）がニュートン力学であり，また電磁気学なのである。より深い学びに生徒を誘い入れるための教材構成にとって，この素材を教材にまで高めるための合点（なぜ教えなければならないのかに対する合点）がなくてはならない。

　さて，ここまで自然の階層構造とか，また物理学の特徴などを考えてきたが，自然に対するこのようなアプローチの仕方は，私たちの意志とは無関係にすでに決まってしまっているものなのだろうか。そうではない。このようなアプ

ローチの背景には，自然現象をそのように見てもよいのだという了解，すなわち自然観や科学観がその前提になっている。例えば，自然にはそれぞれ固有の階層があるという見方は階層的自然観といわれており，これはまた科学の発達によってもたらされた私たちの新しい自然観でもある。このように，科学の発達は，私たちのものの見方，考え方にまで深く影響を与えている。

2　物理分野における小中高の系統性——内容の系統性と指導での差異点

　学習指導要領には小・中・高等学校理科で学習する全ての内容が，理科の見方（自然の捉え方）としてエネルギー，粒子，生命，そして地球という4つの柱の下，まとまりをもって配列され（構造化），さらに校種間での順序だったつながり（系統性）が示されている（⇨巻末付録）。中学校での学習内容が小学校理科のどことつながり，また高等学校のどこにつながるのかという関係が明記されたことになる。

○物理分野における学習内容の系統性

　物理分野は4つの柱のうちエネルギー領域に含まれる。しかし，巻末の表だけからは，学習内容の具体的なつながり（学年間，また校種間のつながり），すなわち，「どこで何を学習し，それは次の段階のどこにどう具体的に位置づくのか」は見えてこない。そこで，電磁気分野について，この具体的な関係性が見えるようにしたものが表12-1である。

　例えば，この表の小学校第5学年で学ぶ「電流がつくる磁力」に関わっては，電流の磁気作用として，電流が流れているコイルが磁界から受ける磁力とともにモーターの原理として中・高等学校へとつながっていることがわかる。発電に関しては，小学校第6学年「電気の利用」で扱われており，その基礎である電磁誘導を電流の磁気作用の反作用として位置付けることで，小中高の系統性はさらに明確になる。

　このように，電流の磁気作用や発電の原理である電磁誘導は，いずれも小学校に端を発しており，教材として何が基礎・基本かという教材の構造化においても中・高等学校を貫く重要なテーマである（表12-2）。

表12-1　電気・磁気分野学習項目一覧表（小中高の流れ）

小学校	中学校（第一分野）	高等学校（物理基礎）

系統性 →

小学校	中学校（第一分野）	高等学校（物理基礎）
3年［電気の通り道］	［電流（電子の流れ）］	［静電気］
• 電流を通すつなぎ方 • 電気を通す物	• 静電気と電流（電子，放射線を含む）	• 電流の正体（自由電子） • 帯電，電界
• 磁石につく物・異極と同極	• 電子（粒子概念でも扱う）	• 電流の大きさ 　[A]＝[C]/[s]
4年［電流の働き］	［回路（電流・電圧・抵抗）］	［電流］
• 乾電池の数とつなぎ方 • 電流の大きさや向き	• 直列，並列回路の電流と電圧 • 電流，電圧と抵抗（規則性「オームの法則」の発見） • 回路全体の抵抗（直列，並列）	• 電流と電気抵抗 • オームの法則の運用 • 抵抗率（導体，半導体など） • 直流回路（直列，並列）
ものづくり • 乾電池を利用したものづくり		
	• 電圧（オームの法則） • 抵抗の直列，並列接続	• 抵抗率の立式
5年［電流がつくる磁力］	［電流と磁界］	［電流と磁界］
• 鉄心の磁化，極の変化 • 電磁石の強さ	• 電流がつくる磁界 • 磁界中の電流が受ける力 • 電磁誘導と発電（交流を含む）	• 電流による磁界 • 電流が磁界から受ける力（モーターの仕組み） • 電磁誘導（発電機） • 交流と電磁波
ものづくり • モーターやクレーンなど	• 交流	• 変圧器　• 電力輸送 • 直流と交流の関係(実効値)
6年［電気の利用］	［電流と磁界］	［電力と電流の発熱作用］
• 発電，蓄電（コンデンサ） • 電気の変換（光，音，熱，運動） • 手回し発電機，光電池 • 電気の利用	• 電気とそのエネルギー（電力量，熱量を含む） • 電流による発熱，光	• 電気とエネルギー（電力量，電力） • ジュールの法則
ものづくり • 発光ダイオード		

構造化 ↓

　電流が流れている導線のまわりには磁界が生まれ，磁針等に磁力を及ぼす状態にある。この導線の形状としては小学校ではコイルしか扱わないが，中・高等学校では直線電流や円形電流，そしてソレノイドに流れる電流が及ぼす磁力について学ぶ。鉄心入りコイルを用いた実験は，電磁石の性質や特徴を印象付けるものとして小学校では特に大切に扱われる。小学校では磁力の効果の最も大きなコイルから学ぶわけであるが，これら3つの導線については，図12-1

表12-2　学習内容と教具との関わり

小学校 5年［電流がつくる磁力］	中学校 ［電流と磁界］	高等学校 ［電流と磁界］
• 鉄心の磁化，極の変化 • 電磁石の強さ	• 電流がつくる磁界 • 磁界中の電流が受ける力 • 電磁誘導と発電（交流を含む）	• 電流による磁界 • 電流が磁界から受ける力（モーターの仕組み） • 電磁誘導（発電機） • 交流と電磁波
←――――――――――――――― モーター ―――――――――――――――→		
ものづくり • モーターやクレーンなど	• 交流	• 変圧器　• 電力輸送 • 直流と交流の関係（実効値）

教具　コイル，モーター，乾電池，磁石，リード線，検流計，電流計

直線型→①（丸めると）→円形→②（束ねると）→ソレノイド（コイル）

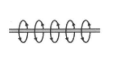

図12-1　教具の系統性

のような関係にある。直線型からソレノイドという順を追うことで，

①　丸めるという操作でコイル内部の磁力線の密度が増すこと

②　束ねるという操作でソレノイドに多くの電流が流れること

という操作と効果の関係がよりイメージしやすくなる。

　小学校ではものづくり（活動）として，モーターが登場する（図12-2）。小学校第5学年の単元「電流がつくる磁力」から中・高等学校の単元である「電流と磁界」へと連なる小・中・高等学校におけるスパイラル展開におけるキーツールとして，この教具としてのモーター（手回し発電機）を位置付けることができる（表12-2参照）。

図12-2　ものづくり例

3　授業の実際──中学校を事例として

（1）中学校理科の目標と学習内容

　中学校理科では，エネルギー（物理分野）や粒子（化学分野）に関わる領域を第一分野としているが，以下，物理分野についての目標を要約してみよう。

○目　標

　エネルギーに関する事物・現象に関わっては「①自然の事物・現象についての理解を深め，科学的に探究するために必要な観察，実験などに関する基本的な技能を付ける【知識及び技能】」，また「②それらの中に問題を見いだし見通しをもって観察，実験などを行い，その結果を分析して解釈し表現するなど，科学的に探究する活動を通して，規則性を見いだしたり課題を解決したりする力を養う【思考力，判断力，表現力等】」，その上で「③自然の事物・現象に進んで関わり，科学的に探究しようとする態度を養うとともに，自然を総合的に見ることができる【学びに向かう力，人間性等】」とある。

　特に，エネルギー領域では，「科学技術の発展が人間生活を豊かで便利にしていることや，エネルギー問題や環境問題などの様々な問題を解決するために科学技術が重要であることに気付かせ，科学技術の発展と人間生活とが密接に関わりをもっていることの認識」を深めさせること。また，「規則性や原理などが日常生活や社会で活用されており，私たちの生活において極めて重要な役割を果たしていること」（文部科学省，2018）に気付かせることが重要である。

○学習内容

　中学校理科で扱う物理分野は，第1学年では「光と音」「力の働き」，第2学年では「電流」「電流と磁界」，第3学年では「力のつり合いと合成・分解」「運動の規則性」「力学的エネルギー」である。ここでは，事例として身近な物理現象のひとつ「光と音」を取り上げることにしよう。

　内容の系統性の観点から，小学校では第3学年において「光と音の性質」を扱う。具体的には，光の反射や集光，光の当て方と明るさや暖かさ，音の伝わり方と音の大小である。

　学習指導要領解説によれば中学校では，「理科の見方・考え方を働かせ，光

や音，力についての観察，実験などを行い，身近な物理現象を日常生活や社会と関連付けながら理解させるとともに，それらの観察，実験などに関する技能を身に付けさせ，思考力，判断力，表現力等を育成すること」をねらいとして，さらに，思考力，判断力，表現力等を育成するに当たっては「身近な物理現象について，問題を見いだし見通しをもって観察，実験などを行い，その結果を分析して解釈し，光の反射や屈折，凸レンズの働き，音の性質，力の働きについての規則性や関係性を見いだして表現させること」とし，レポートの作成や発表を適宜行わせることの重要性を指摘する（文部科学省，2018）。

中学校理科での「光と音」の具体的内容については以下の通りである。

> ア　光の反射・屈折：光の反射や屈折の実験を行い，光が水やガラスなどの物質の境界面で反射，屈折するときの規則性を見いだして理解すること。
>
> イ　凸レンズの働き：凸レンズの働きについての実験を行い，物体の位置と像のでき方との関係を見いだして理解すること。
>
> ウ　音の性質：音についての実験を行い，音はものが振動することによって生じ空気中などを伝わること。及び音の高さや大きさは発音体の振動の仕方に関係することを見いだして理解すること。
>
> （中学校学習指導要領，下線は筆者）

続く高等学校では，物理基礎で「波の性質（波長・振動数・波の速さの関係，波の重ね合わせ・波の独立性）」「音と振動（気柱の共鳴，弦の振動，音波の性質），さらに物理で「波の伝わり方とその表し方（正弦波）」「波の干渉と回折（音のドップラー効果）」，また「光の伝わり方」「光の回折と干渉（ヤングの実験，回折格子，薄膜の干渉）」など，より数理的な扱いへと発展する。

（2）指導の実際──「光」の指導を事例として

ここまで，目標と学習内容として「光と音」について具体的内容を示したが，以下「光」を事例として指導上の留意点などを扱う。授業をデザインする上で欠かせない単元の設計（授業者の願いとそれを反映する単元構成）と，その具体的な表れである指導案（略案）を以下に示す。

○単元の設計（授業者の願いとそれを反映する単元構成）

　私たちは「ものが見える」ことからはじめて世界を知り，認識することができる。「反射の法則」や「屈折の法則」も，この「ものが見える」こととの関連で指導する。

【学習目標（到達目標）】
　①　光が物体にあたると光はあらゆる方向に反射される。この反射された光の一部が目に入ってものが見える。（見え方が説明できる）
　②　光は直進する。（事例を挙げて説明できる）
　③　光の反射では反射の法則が成り立つ。（図示等を駆使して説明できる）
　④　光は水やガラスなど異なる物質の境界面で反射され，残りの光は境界面で屈折させられる。（図示等を駆使して説明できる）
　⑤　光源からはあらゆる方向に光が出ているが，凸レンズを通った光は屈折させられこの光によって像ができる。（代表的な光線を用いて図示できる）

【指導計画】
　①　ものが見えること，光の直進性（1時間：本時）
　②　光の反射（1時間）
　③　光の屈折（1時間）
　④　凸レンズの働き（2時間）

○指導の実際（ものが見えること，光の直進性）

　光の授業では，「反射の法則」や「屈折の法則」，また「凸レンズ通過後の光の進路の作図」などの項目に重点が置かれがちだが，「ものが見えることの意味」を捉えさせた後で，「直進する光が反射や屈折によって進路を変えられること」に触れたい。日常生活ではまずは「見える」ことが先である。

【本時の学習目標（到達目標）】
　①　光が物体にあたると光はあらゆる方向に反射され，この反射された光が目に入り，ものが見える。（このことが説明できる。）
　②　光は一様な物質中ではまっすぐに進む。（このことが説明できる。）

【本時の展開の骨子】
　私たちの身のまわりには，太陽や電灯など光を出す物体（光源）がたくさんある。太陽や電灯など

が見えるのは，光源から出た光が私たちの目に入るからである。光源以外の物体，たとえば，光源下でリンゴが見えるのは光源から出た光がリンゴの表面に当たり，いろいろな方向にはね返り（反射），このはね返った光が目に入るからである。したがって，光が全くないところでは物体は見えない。私たちは光によって「見える」のである。

　では光はどのように進むか。窓のブラインドやカーテンのすき間から部屋のなかに差し込んでくる光はまっすぐに進んでいるように見える。また，暗い部屋で懐中電灯を壁に当てると，光は壁に向かってまっすぐ進むように見える。このように光は直進する。そのため，光の進路を直線で表すことができ，この直線のことを光線という。光線を用いれば光の反射や屈折などを可視化することができる。

【本時の指導案】

時間	生徒の学習活動	指導上の留意点
導入 10分	光るものにはどのようなものがあるだろうか	
	●予想される生徒の反応 「太陽，月，懐中電灯，蛍光灯，LED，スマホ，CD，宝石，イルミネーション，蛍」など	○生徒の回答を板書する ・月は太陽の光を反射して目に届くので光って見える。月と太陽の違いに気付かせる。 ・「宝石」などよく光るものでも，光源でないものは，光源がないところでは光らないことに気付かせる。
	自ら光を出すものを光源という。君たちの回答から光源を選べ	
	●予想される生徒の反応 「太陽，月，懐中電灯，蛍光灯，LED，スマホ，蛍」など	
展開Ⅰ 10分	いまは蛍光灯の明かりで白い紙が見える。では暗幕を使い教室を真っ暗にしたらこの白い紙は見えるだろうか？　目標①	
	●予想される生徒の反応 「はじめは何も見えないが目が慣れてきたら見える」 「黒っぽく見える」 「見えない」 「わからない」 「なぜ白く見えるのだろう」	○白い紙を黒板に貼る ○できるだけ完全に近い暗室を作る。立ち歩くと危険なので座席から立ち歩かせない。 ○光源は自ら光を出すので見えるが，光源以外の物体は光がないと見えないことを確認させる。 乱反射については（注）参照
展開Ⅱ 20分	さあ，この影絵の正体は何か　目標②	
	●予想される生徒の反応 「犬」，「アヒル」など	○光源の手前で，物体を置き，光をさえぎって影絵をつくる。
	どうして影絵ができるのだろうか	

実験	●予想される生徒の反応 「手が光の邪魔をしたから」 「光を手でさえぎって影ができるから」 「光がまっすぐ進んできて手でさえぎられた」 「さえぎられていない光はそのまま真っすぐに進むから」	○光をさえぎったからという生徒の反応を確認したのち，光源と物体の位置関係を確認させる。　ICT
	物体と光源の距離を大きくしたら影はどうなるか	
	●生徒の予想 「影の大きさは変わらなかった」 「影の大きさは大きくなった」 「影の大きさは小さくなった」	○光の直進性を用いて，生徒に影の大きさを書かせる。　ICT ○光源を用いて，物体の位置の変化と影の大きさを確認させる。
まとめ 10分	●【生徒実験】水槽の水に数滴牛乳を入れ，横からレーザーポインターをあてレーザーポインターの直進する光線を確認する。 ●線香の煙で空中を直進するレーザーポインターの直進する光線を確認する。	○【生徒実験】光の直進性を印象付けるために，レーザーポインターを用いて空気中，水中を直進することを確かめさせる。 ○レーザーポインターの取扱いに注意させる。　ICT ○なぜ光の道すじ（光線）が光って見えるのかについて説明する。

（注）乱反射：一般に物体の表面には凹凸があるので外からの光の反射によってどの方向からも物体が見える。白い紙の表面もザラザラして乱反射を起こす。乱反射一つひとつについて「反射の法則」は成り立っている（図12-3）。

また，風呂場の鏡が湯気でくもってしまい，自分の顔を見ることができなくなることがある。これは曇った鏡の表面にたくさんの小さな水滴がついて鏡の表面に凹凸ができ，光が乱反射してしまうからである。このようなとき，鏡に湯をかけるとまた見えるようになる。湯をかけると鏡の表面が平らになり，また像が見えるのである。

指導案中に　ICT　と記した箇所は，シミュレーションをはじめとしたタブレットの使用により，より効果的な扱いが可能となる箇所を指している。

（3）指導案に託された授業者の願い

　「光の学習」では，反射の法則や屈折の法則，レンズによる像のでき方の作図などが連想されるが，まずは「ものが見える」ことの意味を「光の反射」や

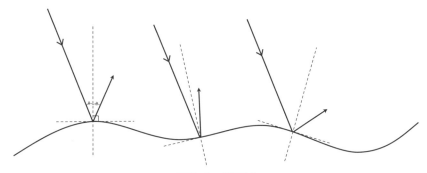

図12-3 乱反射

平行な入射光線がザラザラ（凸凹）した面にあたると，それぞれ反射の法則にしたがって反射する。

「光の直進性」との関連で深く理解させたい。そして，光が私たちの目に入るまでの途中で，「反射」や「屈折」によって光の進路が曲げられる。しかし，私たちには光がまっすぐにやってきたように感じられる。そのために，鏡の向こうに物体があるかのように見えること，水を入れたコップの底のコインが浮かび上がって見えること，凸レンズで物体が拡大されて見えること，など様々な光に関する身近な現象を既習概念・法則で説明できることを体感させたい。

　光と音の範囲では豊かな教材で楽しい，よくわかる理科の授業を展開したい。

4　授業の実際——高等学校を事例として

（1）物理基礎の目標と学習内容

　高等学校で学ぶ物理基礎や物理で，小学校，および中・高等学校の関連性が最も大きい分野は電磁気分野である。事実，高等学校物理基礎で学ぶ項目の多くが，小学校や中学校での学習と密接につながっている（表12-1参照）。

　例えば，電界や磁界に代表される「場の概念（近接作用）」は中学校理科から始まるが，磁界については磁力線（鉄粉が描く磁力の模様）という比較的イメージしやすい概念を用いれば小学校でも十分に扱うことは可能である。他方，電界については視覚に訴えにくく，抽象度も高い概念であることから高等学校（物理）ではじめて登場する。

　このように，電界に関するもの，また発展事項に関するもの，具体的には

オームの法則の実用版としてのキルヒホッフの法則や先端技術としての半導体の仕組み，また電磁誘導の発展的事項としての交流回路，振動回路などを除けば，電磁気分野における学習内容の基礎基本は，そのほとんどを小・中学校で扱うことになる。

　一方，力学分野に関しては，小学校では「ふりこの運動」や「てこの規則性」のように，「ふりこ」や「てこ」というもの固有の性質，また規則性という扱いであり，中・高等学校のように，ものの性質から抽象された概念としての物理量ではない点に注意したい。

　振り子やてこなど児童の日常的な活動という文脈に強く依存した小学校理科から，構造化された科学概念を系統的に配置した高等学校物理，その中間に位置する中学校理科は，生徒の探究的な活動による科学概念の系統的な学びという展開になっている。高等学校物理の指導では，学習内容の継続性とこの各校種段階での学び方の特色を十分に配慮することが特に重要になってくる。

　この配慮があってこそ，高等学校物理基礎の上位に位置する物理の目標，すなわち「物理的な事物・現象を科学的に探究するために必要な資質・能力」の育成として，「(1)物理学の基本的な概念や原理・法則の理解を深め，科学的に探究するために必要な観察，実験などに関する技能を身に付けるようにする」（高等学校学習指導要領，下線は筆者）を掲げ，なぜことさら「学」としての物理学の基本的な概念や原理・法則の理解，およびその探究活動のための技能の習得に言及しているのかが理解できる。

（2）指導の実際──「電流による磁界」の指導を事例として

　前項で，小学校，および中・高等学校の関連性が最も大きい分野は電磁気分野であり，高等学校物理基礎で学ぶ項目の多くが小学校や中学校での学習と密接につながっていると指摘したが，以下「電流による磁界（電流の磁気作用）」を事例とし単元の設計と，その具体的な表れである指導案（略案）を示す。

○単元の設計（授業者の願いとそれを反映する単元構成）

　学びの系統性という観点から，学習内容のスパイラルな展開をつなぐ教具としてのモーターの仕組みを取り上げる。なお，以下の問題はモーターの仕組みとして小学生を対象とした中学校の入試問題として出題されたものである。

　右の図のように太いエナメル線を巻い
たコイルを使ってモーターを作りました。
エナメル線の表面をA側はすべてはが
し，B側は上半分だけはがしてあります。
スイッチを入れると，コイルはなめらか
にくるくる回りはじめました。

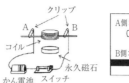

　問1　このコイルをもっと早く回すための工夫として適当でないものを一つ選びな
　　　　さい（選択肢は省略）
　問2　図のエナメル線のA側とB側の両方の表面を全部はがしてからスイッチを
　　　　いれたとき，コイルはどのように動きますか。最も適当なものを一つ選びなさ
　　　　い（選択肢は省略）

　ここで求められている知識は，
　①　電流が流れているコイルは磁石（電磁石）になる【電流の磁気作用】
　②　磁石になったコイルと永久磁石の間に力が働く【磁力の性質】
の2つであり，さらにコイルをよく回転させようという児童の活動を通して，
磁力の大きさと電流の大きさやコイルの巻数との定量的関係，また磁力の向き
と電流の向きとの関係の定着が想定されている（と読みとってよい）。
　物理基礎における単元「電気と磁気」の内容構成は次の2点である。
　(1)　物質と電気（電気の性質，電流と電気抵抗，電気とエネルギー）
　(2)　磁界と交流（電流と磁界，交流と電磁波）
　上記下線部の学習目標（到達度目標）としては，学びの系統性を考慮して次
の4点とする。
　①　磁石の性質を磁力線を用いて説明できる。
　②　直線電流，円形電流，ソレノイドに流れる電流がつくる磁界について説
　　　明できる。
　③　直流モーターの回転のしくみを電流が流れているコイルに生じる磁界と
　　　コイルを取り巻く磁石との相互作用から説明できる。
　④　電磁誘導をコイルを貫く磁力線の変化から説明できる。
　さらに，単元の指導計画として，配当時間を10時間として，

第一次　物質と電気（5時間）

第二次　**磁界と交流**（5時間）┬ 磁石がつくる磁界　　　　　（前時）

　　　　電流と磁界　（3時間）┤ **電流がつくる磁界**
　　　　　　　　　　　　　　　　│ **電流が磁界から受ける力**　（本時）

　　　　交流と電磁波（2時間）└ 電磁誘導　　　　　　　　　（次時）

とする。なお，本時は第二次の2時間目である。

○指導の実際（How から Why へ）

　小学校ではモーターをよく回転させるための電流の大きさ，またコイルの巻数に着目させ，中学校ではモーター内でのコイルの回転に着目しつつも，磁力線によってコイルのまわりの磁界を可視化し，磁力線間の相互作用としてイメージ化した。物理基礎では，電流が磁界から受ける力を右ねじの法則として一般化する。モーター内でのコイルの回転はその一事例である。さらに物理においては電流による磁界の定式化や，磁界中の荷電粒子の運動に着目するなど現象の微視的理解に迫ることになる。

　ここには，どのようにして（How）回転させるかという視点から，なぜ回転するのか（Why）を問う流れがある。この点に着目し，本時の授業を組み立てることにする。

【本時の到達目標】
　① 磁力線の濃淡模様から，磁力の働き方について説明できる。
　② 右ねじの法則を用い，電流と磁力の関係について説明できる。
　③ モーターのコイルの回転の仕組みを磁界の相互作用から説明できる。

【本時の指導案】

時間	生徒の学習活動	指導上の留意点
導入 10分	モーター内のコイルの回転に注目しよう ●予想される生徒の反応 ・コイルの巻数を増やす ・磁石を強くする ・電流を多く流す ・コイルの質量を減らす　ICT	○演示実験（または映像）：コイルの回転に着目させ，回転数を増す要因について考えさせる。　ICT ○生徒の反応をコイルの形状，流す電流等に種分けし板書する。

コイルを逆回転するにはどのような方法があるか	
●予想される生徒の反応 ・電流の向きを変える ・磁石の向きを逆にする ・電流と磁石の向きを変える	○演示実験（映像）：コイルの回転の向き に着目させ，向きを変える要因について考 えさせる。 ○モーターの回転数，また回転方向を変え る方法で，実現可能なものを考えさせる。 <div align="right">ICT</div>

展開I
15分

導線に生じた磁力と流した電流との関係を探ろう　目標①	
【実験1】 導線のまわりにできる磁界の様子を磁力線，小磁針を用いて調べる。 ●直線電流のまわりにできる磁界の向きについての結果を確認する（予想される図） 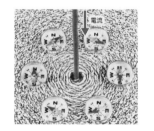 （予想される説明） ・電流を下向きに流すと磁界の向きは右回りになる ・電流と磁界の向きについては，右ねじの法則にしたがう ●グループごとに，円形電流，ソレノイドについても右ねじの法則が有効であることを確認する。	【実験1】 （全班）直線電流 （1〜3班）円形電流 （4〜6班）ソレノイド ○結果を図と言葉で発表させる。 その際，磁針のN極の指す向きを磁界の向きと指示をする。 ○電流の進む向き，磁界の回転の向きに注意させる。 ○生徒の予想に応じて右ねじとの対応関係（下図）を示す 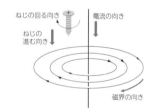 ICT ○右ねじの法則を用いて，円形電流，ソレノイドの磁界の向きと電流の向きの関係を確認させる。 ○期待する生徒の発見 ねじの進む速さ→電流の大きさ ねじの回転の速さ→磁界の大きさ

展開Ⅱ 15分	磁石中の直線電流の動きを磁力から説明しよう　目標②	
	【実験2】電流が磁界から受ける力 ●磁石中での直線電流の動きを確認し，磁石のつくる磁界と直線電流のつくる磁界の相互作用で説明する。 （期待する反応） ・P側は2つの磁界が弱めあい，Q側は強めあう。その結果，磁界に密度の差ができ，密な方から疎な方に力を受ける。　ICT	【実験2】 ○磁石のつくる磁界中での直線電流の動きを，両者の磁界の相互作用で予想させる。 ○磁力線同士の相互作用の様子（右図）を示す。ICT
まとめ 10分	モーター内のコイルの動きを磁界の相互作用で探ろう　目標③	
	●実験2の結果を用い，半回転ごとのコイルに働く磁力を磁界の相互作用から考察する（ワークシートへの記入）。ICT ●整流子について，コイルに働く磁力から考察する。 	○着目の視点を与える。 ・コイルの腕の部分のエナメルを両腕とも全て削り取るとコイルの回転はどのようになるか。 ・半回転ごとに電流が流れないようにしているのはなぜか。 ・整流子を用いるメリットは何か。 ○コイルに働く磁力に着目し，モーターの改良について探究させる。

（3）指導案に託された授業者の願い

本時の授業展開で，特に配慮した点は次の3つである。

① 本時の目標を，具体的な活動としてどのように位置付けるか。

② 右ねじの法則について，「新たな気付き」を引き出せるか。

③ 磁力線の濃淡として可視化した「磁界の相互作用」による磁力の把握。

まず，①については，指導案中に「目標①」のように該当箇所を明示した。②についてだが，右ねじの法則は，名称はともかく中学校でも扱っている。こ

こではさらに，

　　　右ねじの進む速さ→電流の大きさ　右ねじの回転の速さ→磁界の大きさ

との対応関係に気付かせることで，電流と磁界の向きに関してのみの規則と思
われがちな右ねじの法則を，いま一歩進め定量的な扱いにまで発展させること
をねらいとした。そのための手立てが実験2である。Sケーブル（注1）を用
いることで，少なからずの生徒にその気付きがみられた。この気付きは，物理
での磁界の定量的な扱い，例えばソレノイドのまわりにできる磁界 H が「H
$=nI$」と表されることへの直感的理解を助けることにもつながると思われる。

　次に③については，電流が磁界から受ける磁力を電流による磁界と外部磁界
との相互作用，すなわち磁力線同士の強めあい・弱めあいで可視化（磁力線の
濃淡）して扱うことをねらいとしており，本授業展開の柱となるものである。
フレミングの左手の法則として言語化させる前に，両者の磁界同士の干渉とし
て導入することで，磁界中の電流になぜそのような磁力が働くのかを動的に把
握できる「Why」を意識した展開としたい。なお，指導案中に ICT と記した
箇所は，シミュレーションをはじめとしたタブレットの使用により，より効果
的な扱いが可能となる箇所を指している。ICT による教育効果については第
16章で示したい。

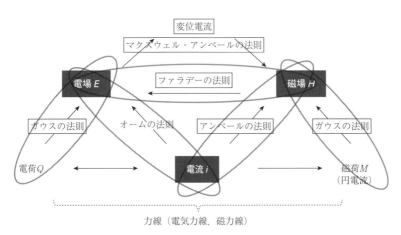

図12- 4　電磁気学の体系

　電界（電場）や磁界（磁場）で表される場の中での荷電粒子の運動がマクスウェル（J. C. Maxwell）によって集大成された電磁気学の表す世界である。電流磁界と磁石のつくる磁界とがどのような関係にあるかを考えようとする姿勢は，この電磁気学の体系（図12- 4）に沿ったものであり，磁力線や，また電気力線で可視化しようとする意図も，まさにここにある。

　転移力の大きい概念としての磁界（や電界），またこれらを可視化でき，発見的に探究できる術としての力線，さらにはこれらの概念そのものを可視化しようとするICTの活用は，小中高の系統性までも視野に入れた学習内容の構造化という視点からも重視したい。

●─────── FOCUS ④　マクスウェル方程式で決まる電磁気学の構造化

　電気力線や磁力線が空間いっぱいに広がった世界，それが電界（電場）や磁界（磁場）の世界である。この世界で，電流の流れなど様々な電磁気現象が起こっている。この空間を埋め尽くした電気，磁気の舞台を支配する規則，それがマクスウェルの電界や磁界についての方程式である。

　このマクスウェルの方程式で決まる電界や磁界のなかを荷電粒子が運動することになる。イメージとしては，重力が働く地球上でのボールの運動に似ている。このボールには鉛直下向きに重力が働き落下運動や放物運動を行うことになる。

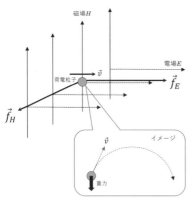

　では，この荷電粒子は電界や磁界からどのような力を受けるのだろう。そして，その結果，どのような運動を繰り広げるのだろう。荷電粒子，例えば電子だと，この運動が電流となり，導線のなかを流れることによりオームの法則が導かれる。ちなみに荷電粒子が電界や磁界から受ける力は次のようになる。磁界から受ける力の向きは右ねじの法則で求められた。

図12- 5　磁場中の荷電粒子の運動

荷電粒子が電界 E から受ける力　$\vec{f_E}=q\times\vec{E}$

荷電粒子が磁界 H から受ける力　$\vec{f_H}=\mu_0\vec{H}\times q\times\vec{v}$

　荷電粒子が受ける電界や磁界からの力をローレンツ力と呼んでいるが，荷電粒子の運動の舞台を確定する4つのマクスウェル方程式と，そして荷電粒子に働くローレンツ力の合計5つの式によって電磁気現象は全て解けることになる。電界や磁界を重視する理由がここにある。

注

1　Sケーブル：パスカル電線ともいい，杉原和男が開発した大電流（40A）を安定して流せる電線をいう。

第13章

化学の系統的学びのねらいと授業構成
―事例研究と指導案への活かし方―

本章で学ぶこと

　本章では，理科の4つの領域のうち，「粒子」を柱とする領域（以下，「粒子領域」）に焦点を当て，深い学びを誘う化学の授業づくりについて概説する。具体的には，「粒子領域」の実験を事例として，学習内容の系統的配置の実際，また各校種での学習内容の特色（共通性と差異点）を明らかにするとともに，これらを活かす中学校，高等学校での授業づくりの実際を示す。授業者の願いを託す学習指導案のつくり方や生徒の深い学びを誘う発問のつくり方を通して，第Ⅱ部で学んだ授業づくりの基盤（教育学的視点）の活用にも触れる。

1　化学で何を学ばせるか──教材としての化学，特色と構成

　第Ⅱ部の教材論や学習論を通して「なぜ，理科を学ばなければならないのか」について考えた。理科教育の目的は，化学教育の目指すところと同じであることはいうまでもないが，ここでは，理科のひとつの分野である化学の特色，すなわち，化学は自然科学のなかでどのような位置を占め，またどのような意義をもつのかについて考えよう。

(1) 化学は物質を対象とする学問と言われているが……

　化学は，高等学校化学基礎の全ての教科書にも記されているように，「物質」を対象とする学問である。具体的には，「物質」の構造，性質，変化を追究する学問であるが，「物質」という用語自体，中・高校生がどの程度理解しているのか疑わしい。

　物体とは数量・形・大きさ（体積）をもち，1つ，2つと数えられ，描画で

きるもの,「物質」は数量・形・大きさ（体積）をもたないが, 1種類, 2種類と数えられ, 描画できないものと捉えることができる。さらに, 物質という言葉は日常生活で使用している生活用語でもあり, 科学用語としての「物質」とは趣を異にしている。したがって, 生徒が正確に科学概念を理解するには, 生活用語から科学用語への変容を促さなければならない。生活用語としての物質と科学用語としての「物質」との質的な違いに気付かないところに生徒のつまずきの原因の一端があることを忘れてはならない。

「物質」と物体の違いはまた自然界での階層性による存在の仕方の違いと密接に結びついている。例えば, チョークを取り上げてみよう。人の目には物体としてのチョークだと映る一方, チョークの上にいるアリの目から見ると, 炭酸カルシウムを主成分とする白色物質だと映るといった具合である。

このものを見る目の視野の違いによって, ものの姿の見え方が異なるという自然のしくみのことを自然の階層性という。階層が異なると見えるものの姿も異なるのである。したがって「何を見たか」について話し合う際には, どの階層についてかを明確にしておかなくてはならない。図13-1に自然の階層性による見え方の違いを示したが, 化学では, 原子の目からアリの目までの階層を扱うことになる。自然の階層性の各階層は独立に存在しているのではなく, それらの間には,「上の階層のものの性質は下の階

観る目	階　層
宇宙人の目	地　球
鳥の目	社　会
人の目	物　体
アリの目	物　質
分子の目	分　子
原子の目	原　子
素粒子の目	陽子・中性子・電子

図13-1　自然の階層性
出所：城, 1992をもとに筆者が作成。

層のもののもつ性質で決まる」という関係がある。分子・原子の挙動で物質の様々な変化を捉えようとする「粒子領域」の学習にとっては, この自然の階層性の理解は不可欠である。

（2）身の回りの事物・現象を微視的（ミクロ）な目で観る

化学の学習で身に付けさせたい重要な概念のひとつが, 上述したように自然の階層性に基づいた物質観である。物質観とは「物質は何からどのようなしくみでつくられているか」, また「物質はどのような構造をもっているか」とい

うそれぞれの問いに対して私たちのたどり着いた今日での答えである。前者の答えが「元素」であり，後者の答えが「原子」である。

　ここで，「私たちのたどり着いた」その道程を見ておきたい。元素や原子の起源は古く，古代ギリシャの物質観にさかのぼる。すなわち，万物の根源は空気，水，土，火の元素からなるとした四元素説が，その後の約2000年，17世紀に至るまでの物質観の主流であった。18世紀に入り，ラボアジェによる質量保存の法則，プルーストの定比例の法則，ドルトンの倍数比例の法則と原子説，ゲーリュサックの気体反応の法則，続いてアボガドロの分子説にいたる過程で，原子・分子の存在が確立した。その後，メンデレーエフが元素の性質と，その周期性に着目し，原子の構造と物質の性質との関係が結びつく。

　四元素説が支配的であった時代には金などの金属は元素とは考えられていなかったこともあり，錬金術が人々の心を捉えた。原子の組み換えを意味する錬金術はことごとく失敗するが，しかしそこから得られた物質に関する知識や実験方法は，今日の化学の根幹のひとつになっていることは否定できない。

　今日，すべての物質をつくる基本粒子は原子であることが公認され，教科書でも原子の構造，原子間の結合を扱う。しかし，この物質の諸現象を物質の構成粒子である原子の振る舞いとして説明しようとする原子説は，例えば，次の生徒の反応を見るにつけ，定着しがたい課題を孕んでいるように感じられてならない。

　「骨はカルシウムでできている。だから，カルシウムの単体は白色なんだ。」ここには，物質を元素の考え方で見る考え方（元素論的物質観）と原子の考え方で見る考え方（原子論的物質観）の混同（区別のなさ）が見て取れる。

　生徒の陥りがちな元素論的物質観と原子論的物質観の混同を，自然の階層性という見方をもとに峻別させることもまた「粒子領域」としての化学に課せられた重要な役割のひとつである。

2　化学分野における小中高の系統性──内容の系統性と指導での差異点

（1）化学分野における学習内容の系統性

　化学分野は粒子領域に含まれる。特に「粒子の保存性」の項目について，「どこで何を学習し，それはどこにどう位置付くのか」の関係を見えるようにしたものが表13-1である。

表13-1　粒子の保存性に関する学習項目一覧表（小中高の流れ）

小学校	中学校（第一分野）	高等学校（化学基礎）
3年［物と重さ］ ・形と重さ ・体積と重さ	**［状態変化］** ・状態変化と熱（体積変化） ・物質の融点と沸点（純物質・混合物の分離）	**［化学と物質の探究］** ・単体・化合物　混合物 ・熱運動と物質の三態（物質の状態変化）
	［化学変化と物質の質量］ ・化学変化と質量の保存 ・質量変化の規則性（化学変化，定量実験）	**［物質量と化学反応式］** ・物質量(アボガドロ定数，粒子数，モル質量，モル体積) ・化学反応式（物質の量的関係）
5年［物の溶け方］ ・物が水に溶ける量の限界 ・物が水に溶ける量の変化 ・重さの保存	**［水溶液］** ・水溶液(質量パーセント濃度) ・物質の溶解 ・溶解度と再結晶(温度，分離)	**［化学と物質の探究］** ・物質の分離精製（ろ過，蒸留，抽出，再結晶及びクロマトグラフィー）
		［物質量と化学反応式］ ・物質量（アボガドロ定数，モル質量、モル体積、水溶液のモル濃度） ・化学反応式(物質の量的関係)
6年［水溶液の性質］ ・酸性，アルカリ性，中性（水溶液） ・気体が溶けている水溶液 ・金属を変化させる水溶液	**［水溶液とイオン］** ・酸　アルカリ（中性，pH） ・中和と塩（中和反応）	**［化学反応］** ・酸，塩基と中和(酸と塩基の性質，中和反応の量的関係) ・酸化と還元(酸化還元反応)
	［化学変化］ ・化学変化（化学反応式） ・化合変化における・酸化と還元 ・化学変化と熱	

構造化

表13-2　粒子領域の構成別系統性と指導での差異点

校種別	粒子の存在 定性的な学び	粒子の保存性 定量的な学び
小学校	燃焼の仕組み	物と重さ 物の溶け方
中学校	物質のすがた	水溶液 化学変化と物質の質量
高等学校	化学と物質の探究	物質量と化学反応式 化学反応

　小学校では，第3学年の「物と重さ」で物の形や体積などに着目して重さを比較することで，差異点や共通点を見いだす。第4学年では変数を関係付けすることで，根拠のある予想や仮説を発想し表現する。また，第5学年の「物の溶け方」では溶質や溶媒の量と温度などの条件の制御により，物の溶け方の規則性を調べる実験を計画し表現する。第6学年では「水溶液の性質」で水溶液の性質や働きの違いを多面的に調べながらより妥当な考えを作り表現するといった具合である。この理科の考え方（自然へのアプローチの仕方）を培う学びの上に，中・高等学校での探究活動が展開されることになる。

　定性的な学びと定量的な学びの双方の観点で各校種での学習内容を捉えると，表13-2から「粒子の存在」は主に定性的な学習内容として，「粒子の保存性」は定量的な学習内容として分類される。例えば，小学校の化学変化では「燃焼の仕組み」を定性的に扱う一方，「物と重さ」や「物の溶け方」は物質の質量の総和を定量的に扱う。また，中学校の「物質のすがた」では定性的な扱いをするが，「水溶液」での物質の溶解や「化学変化と物質の質量」の化学変化と質量の保存や質量変化の規則性では定量的に扱う。高等学校では「化学と物質の探究」を定性的に扱うのに対して，「物質量と化学反応式」や「化学反応」では物質量と粒子数，質量，そして気体の体積と溶液のモル濃度を定量的に扱う。さらにまた，理科の見方としての質的・実体的な視点についても，各校種で異なっており，例えば，小学校では「物と重さ」を『物体レベル～物質レベル』で捉えるが，中学校からは「状態変化」や「化学変化と物質の質量」を『物質レベル～原子・分子レベル』で実体的に事象を捉える。高等学校では「化学と物質の探究」や「物質量と化学反応式」を『原子・分子レベル』で包括的・高次的に事象を捉えるといった違いが見られる。

（2）学習者の学びと教材の構造化

　学習指導案では，生徒の実態を踏まえた上で，「何ができるようになるか（目標）」を明確にして「何を学ぶか（内容）」，「どのように学ぶか（方法）」という学びの過程を組み立てていくこと，すなわち学びの文脈をつけることが重要である。表13-3は学習指導案における本時の目標と教授学習過程を学びの文脈に沿って理解するために表したものである。

　学習過程の欄の「授業開始前」，いわゆる導入時では，生徒たちの知識・技能の欠落や誤概念を教師が把握する。特に，誤概念の是正が必要な場合は認知的葛藤を引き起こすような教材・教具の開発などを意識した授業計画となる。続く「主題」では，教師は生徒一人ひとりが主体的に課題に取り組めるように，これから学ぶ単元が何をどのようにして構成されているかを具体的に説明し，これまでに学んだ内容と比較検討させ，知識・技能で欠落している部分はどこなのかを把握する作業などを行わせる。また，そのための具体的準備としては，概念を意識づける用語の説明をしたり，また実験を行う場合には，実験技術などの具体的作業の準備から始める方法などがある。

表13-3　学習指導案における本時の目標と教授学習過程の構造的理解

本時の目標 【何ができるようになるか】	○○を通して，△△することができる。		
学習過程 【どのように学ぶか】	生徒の学び （学びの文脈）	教師の手立て	活動の流れ
授業開始前	現在の知識	発問や小テストと評価	誤概念等の確認
主　題 【何を学ぶか】	新しい事象の知識 （新旧の知識）	小中高の学習内容の系統性に基づく学習	具体的準備
課　題 （目標を達成するための活動）	思考と個人の予想	発問（思考促進）	新旧2種類の知識の比較・検討
実験・観察 （理科の考え方） 要因を比較・関係付け・条件制御・多面的に捉える	観察・実験データの記録 現在の知識の正当性の揺らぎ	教材・教具の開発 （理科の考え方や既知の見方・考え方では説明できない事象の提示）	科学的な探究 認知的葛藤
実験・観察の結果	定性結果の数表化や定量結果のグラフ化 知識の取捨選択	課題に対する班・全体討論の推進	社会的構成
考　察	予想や討論の振り返り 誤概念の転換	発問（評価・思考促進）	メタ認知
まとめ・結論	知識・技能の更新・活用	評価（目標に呼応）	ブリジング

　「課題」では，班やグループでの話し合いを通して，予想と結果の違いの気付きから課題を解決しようとする態度などを育むことが重要になる。そのための手立てとして教師の発する発問の主な役割は，どの程度のことを理解しているのかを確認する「評価」と理由を問うたり，見通しを吟味し直す別の視点を提供したりして，授業のなかで深い思考を促し学力を定着させていく「思考の促進」である。

　「実験・観察」では，観察，実験などの方法を計画し，要因の比較・関係付け・条件制御・多面的に捉えて科学的に探究する力を養う。何のために行うか，どのような結果になるかを考えさせるなど，予想したり仮説を立てたりしてその検証の結果，何が獲得され，何がわかるようになったかを認識させるなど，探究活動のための一連の学習法略を修得させることが重要である。例えば，中学校での化学反応は定性的な学習が主流で，定量的な扱いは質量保存の法則やその規則性までであった。しかし，高等学校では物質量の概念が加わり定量測定による再現性の確認作業が可能になる。一例として，表13-4に，高校化学の化学反応実験などで化学反応式の表す量的関係を用いて，生成物の収率を高める探究学習での事例を教材の構造化で示す。

表13-4　理科の見方・考え方を働かせ，見通しをもって行う実験教材の構造化

	変わるものは何か（要因を比較）	どのように変わるか（変化を比較）	いくら変わるか（変化を数値化）	要因と結果の因果関係を指摘（推論）	条件制御（分析と考察）
反応条件	因子	定性化	定量化	仮説（実証性）	検証実験（再現性）
反応温度	温度	高・低	反応温度を操作する	反応温度が収率に影響する	反応温度と収率の関係を求める
反応時間	時間	長・短	反応時間を操作する	反応時間が収率に影響する	反応時間と収率の関係を求める
反応圧力	圧力	高・低	反応圧力を操作する	反応圧力が収率に影響する	反応圧力と収率の関係を求める
試薬の量	反応試薬のモル比	試薬の量濃・薄	試薬濃度を操作する	試薬濃度が収率に影響する	試薬濃度と収率の関係を求める
触媒	触媒の種類	触媒の有・無	反応物に対する触媒の量(モル数比)	触媒の種類が収率に影響する	触媒の種類と収率の関係を求める

　ここで，学びの文脈において，特に配慮したい教師の働きかけとして以下の点をあげておきたい。

---

①　授業開始前の評価で誤概念の是正が必要な場合，誤概念に基づく既知の見方・考え方では説明できない事象の提示により，生徒たちに認知的葛藤を起こさせる教材・教具を用いる。

②　実験結果では，班やクラス全体で討論の過程を体験することで対話や協働などによる豊かな「学び合い」を展開する。

③　考察では，討論で他者の意見を聴き，自他の意見を比較検討した後に自分の意見をまとめて，自分の思考を客観視する場を設ける。また，学習内容の確認にとどまらない丁寧な予測と討論の「振り返り」を行うことで自身の成長に気付かせることが重要である。さらに，生徒の深い学びを誘う発問として学習活動の終末に「この結果から何がいえるのか」についての一定の長さの文章を書かせることで熟考を促す。

④　まとめでは，教師は学んだ知識が現実生活に結び付く具体例をあげて説明し，生徒に理科を学ぶことの意義を示す。

3　授業の実際──中学校を事例として

（1）中学校理科の目標と学習内容

○目　　標

　中学校理科「粒子領域」で目指す**資質・能力**は，以下①〜③の３点である。

①　生きて働く知識及び技能の習得

　　自然の事物・現象についての理解を深め，科学的に探究するために必要な観察，実験などに関する基本的な技能を身に付けるようにする。

②　未知の状況にも対応できる思考力，判断力，表現力等の育成

　　観察，実験などを行い，科学的に探究する力を養う。

③　学びを人生や社会に生かそうとする学びに向かう力，人間性等の涵養

　　自然の事物・現象に進んで関わり，科学的に探究しようとする態度を養う。

　また，新たに加わった「理科の見方・考え方」については，特に中学校理科の「粒子領域」では自然の事物・現象を主として質的・実体的な視点で捉え，

比較したり，関係付けたりするなどの科学的に探究する方法を用いて考えることと整理される。

「粒子領域」では，物質に関する事物・現象についての観察，実験などを行うことを通して，それらの事物・現象に対する基本的な知識を身に付けさせるとともに，科学的に探究するために必要な観察，実験などに関する基本的な技能を身に付けさせることがねらいである。中学校理科では，小学校での学習につなげて，身のまわりの物質，化学変化などの事物・現象に関して内容の系統性を重視し，目に見える物質の性質や反応を目に見えない原子，分子，イオンの概念を用いて統一的に考察させ，科学的に探究する活動を通して，身のまわりの自然を微視的な視点で見る態度を養うことが重要である。

○学習内容

中学校理科で扱う「粒子領域」の概要を次に示す。

① 身のまわりの物質（第1学年）

身のまわりの物質についての観察，実験などを行い，物質の性質や溶解，状態変化について理解させるとともに，それらの観察，実験などに関する技能を身に付けさせ，思考力，判断力，表現力等を育成することを主なねらいとしている。この単元の学習では，物質の水への溶解や状態変化について，粒子モデルを用いて，巨視的な現象を微視的な視点で捉えさせることが重要である。

② 化学変化と原子・分子（第2学年）

化学変化についての観察，実験などを行い，化学変化における物質の変化やその量的な関係について，原子や分子のモデルと関連付けて微視的な視点で捉えさせて理解させるとともに，それらの観察，実験などに関する技能を身に付けさせ，思考力，判断力，表現力等を育成することが主なねらいである。この単元の実験は，定量的に扱うものがある。原因と結果の見方・考え方を働かせることで，仮説を設定して見通しをもって実験に取り組ませることが重要である。

③ 化学変化とイオン（第3学年）

理科の見方・考え方を働かせて，水溶液の電気的な性質，酸とアルカリ，イオンへのなりやすさについての観察，実験などを行い，水溶液の電気伝導性，中和反応，電池の仕組みについて，イオンモデルと関連付けて微視的な視点で

捉えさせて理解させ，それらの観察，実験などに関する技能を身に付けさせるとともに，思考力，判断力，表現力等を育成することが主なねらいである。電池の基本的な仕組みについてはダニエル電池を取り上げることになっている。この単元の主役であるイオンについては，中学生にとっては，原子，分子という電気的に中性の粒子と電子という電荷をもった粒子に対するイメージは比較的容易に描くことができる反面，電荷という抽象的な概念と微視的な粒子とを結びつけたイオンについては，その具体的なイメージを描くことはかなり難しいことを指摘しておきたい。

④　科学技術と人間（第3学年）

物質に関する観察，実験などを行い，その結果を分析して解釈し，日常生活や社会と関連付けながら，物質についての理解を深め，物質を有効に利用することが重要であることを認識させること，科学技術の発展の過程や科学技術が人間生活に貢献していることについての認識を深めさせ，思考力，判断力，表現力等を育成することが主なねらいである。この単元での重要なコンセプトは「持続可能な社会の構築」である。それを理科の立場から捉えさせることが重要である。そのためには，STEM教育の展開，理科を通してのSDGsの実現，高大接続の視点，学校外の科学教育（科学館・天文台，博物館・ジオパークなど）などの活用が求められる大きな課題である（⇨第17章）。

（2）指導の実際——「水の電気分解」の指導を事例として

以下，「水の電気分解」を事例として指導上の留意点などを扱う。授業をデザインする上で欠かせない単元の設計と，その具体的な表れである指導案（略案）を以下に示す。なお，本単元「水の電気分解」は昭和22年5月の学習指導要領理科編以来継続して扱われており，中学校理科で一般的に行われる実験である。

○単元の設計（授業者の願いとそれを反映する単元構成）

学習指導要領において，水の電気分解の実験は，「(6)化学変化とイオン　(ア)水溶液とイオン⑦原子の成り立ちとイオンについて」で扱われており，イオンの存在を知る，イオンの概念を形成させる単元として設定されている。

水の電気分解の実験は物質の分解のひとつの例であり，「(4)化学変化と原

子・分子㋐物質の成り立ち㋐物質の分解について」で扱われても不思議ではない。実際，学習指導要領では物質の分解については「熱を加えたり，電流を流したりすることによって物質を分解する実験を行い，……電流を流すことによって物質を分解する実験では，水を扱うことなどが考えられる」と記されており，前学習指導要領においても同様の記述がある。

　水の電気分解の実験には，次の①～③のように，物質の分解の理解をさまたげる要因が少なくとも３つある（田中，1956参照）。

---

① **電気分解という方法**：日頃見なれている熱分解と違って，電流の化学作用という，注目すべき特殊な現象が組み合わされている。生徒の注意はここへ向けられる。

② **水酸化ナトリウムを加えること**：これが何のためなのかという疑問が解かれないままで，分解を理解しなければならない。

③ **２種類の生成物が気体であること**：新しい物質が生成したという実感に乏しい。

　1980年代までは水の電気分解は酸化還元反応のひとつであった。しかし，現在，水の電気分解はこの逆反応が水素・酸素燃料電池の反応であり，水素エネルギー社会（④科学技術と人間，前頁）と関連する非常に重要な反応であることがわかる。このように，水の電気分解のもつ様々な教材観に基づき，特色ある単元構成を考えるようにしたいものである。以下に，科学史を導入とした授業例を示す。

【指導計画】 ３時間構成とし，本時は第２時限目である。

（第１時限）

　①ボイルが「元素とは，実験によってこれ以上簡単な成分に分解されないものである」と提唱したこと，現代では「これ以上他の物質に分解できない，物質をつくり上げている基本的な成分を元素という」ことを説明する。（←科学読み物の提示）

　②身の回りの物質である水は元素だろうか。（←元素の周期表での確認）

　③水は加熱するとどのように変化するか。（←第１学年での既習事項である状態の変化の確認）

　④水に電気を通じるとどうなるだろうか。（←水は電気を通すか。電解質，非電解質に触れ，電解質として水酸化ナトリウムを用いることに言及する）

（第２時限（本時））

　⑤水酸化ナトリウムを電解質とした水溶液を用い，電気分解を行う。（←電極での変化の観察）

⑥発生する気体は何か。（←生徒に予想を立てさせ，発生する気体を確認させる。）

⑦電極で起きている化学反応を考えさせる。（←原子の構造，イオンの導入）

⑧水の電気分解後に，電源のかわりにソーラーモーターを接続するとどうなるだろうか。（←教師によるデモンストレーション実験）

（第3時限）

⑨水素エネルギー社会。（← ESD についての読み物の提示）

【本時の到達目標】

①水が分解すると何が生じるかについて考えようとする。

②分解して生成した物を調べる実験結果から元の物質の成分を推定できる。

③水素酸素燃料電池の形成を通じて，水素エネルギー社会にも目を向ける。

【本時の指導案】

時間	生徒の学習活動	指導上の留意点
導入 10分	水は元素か。	
	●予想される生徒の反応 ・科学読み物から読み取る。	○数名の生徒に指名し答えさせる。答えられない場合は科学読み物を配布する。
	水を分解するには，どのような実験が考えられるか。　目標①	
	●ワークシート等を活用して実験計画を話し合う。 ・ワークシートの内容	○ワークシートをもとに，実験の手順などを確認させ，何をどう調べればよいかをグループ内で話し合わせる。
展開Ⅰ 20分	①既得の知識，経験を基に予想を立てて，実験計画をつくる。 ②常識に捉われないで，実験計画を立てる。	○複数のグループで，実験の手順等について発表させる。答えられない場合は説明する。
実験 計画	水酸化ナトリウムを溶かした水溶液に電気を通じてみよう。　目標①	
	●【実験の実施】 ・陰極，陽極から気泡が発生することが観察される。 ・電極で発生する気体について，陰極と陽極での発生量の違いに着目する。	○【実験の指示】 ・電極での反応に着目させる。 ・電圧は 4 V〜6 V で行う。 ・配線を確認させる。 ・気体が電極付近まで，溜まったら電源を切る。
	〔注意〕水酸化ナトリウムは生物をとかす物質である。取り扱いの上では，<u>安全ゴーグルを必ず着用すること</u>，素手で触らない，もし，水溶液が手に付いたら，素早く水道水でよく洗うことを周知徹底する。	

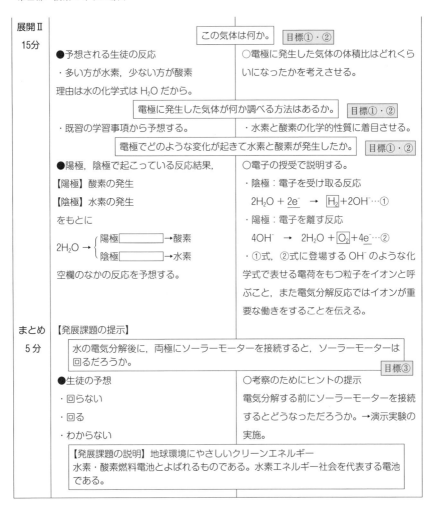

展開Ⅱ 15分		この気体は何か。　目標①・②
	●予想される生徒の反応 ・多い方が水素，少ない方が酸素 理由は水の化学式は H_2O だから。	○電極に発生した気体の体積比はどれくらいになったかを考えさせる。
		電極に発生した気体が何か調べる方法はあるか。　目標①・②
	・既習の学習事項から予想する。	・水素と酸素の化学的性質に着目させる。
		電極でどのような変化が起きて水素と酸素が発生したか。　目標①・②
	●陽極，陰極で起こっている反応結果， 【陽極】酸素の発生 【陰極】水素の発生 をもとに $2H_2O$ { 陽極 ［　　　］→酸素 / 陰極 ［　　　］→水素 } 空欄のなかの反応を予想する。	○電子の授受で説明する。 ・陰極：電子を受け取る反応 $2H_2O + \underline{2e^-} \rightarrow \boxed{H_2} + 2OH^- \cdots ①$ ・陽極：電子を離す反応 $4OH^- \rightarrow 2H_2O + \boxed{O_2} + 4e^- \cdots ②$ ・①式，②式に登場する OH^- のような化学式で表せる電荷をもつ粒子をイオンと呼ぶこと，また電気分解反応ではイオンが重要な働きをすることを伝える。
まとめ 5分	【発展課題の提示】	
	水の電気分解後に，両極にソーラーモーターを接続すると，ソーラーモーターは回るだろうか。 　　　　　　　　　　　　　　　　　　　　　　　　　　　　目標③	
	●生徒の予想 ・回らない ・回る ・わからない	○考察のためにヒントの提示 電気分解する前にソーラーモーターを接続するとどうなっただろうか。→演示実験の実施。
	【発展課題の説明】地球環境にやさしいクリーンエネルギー 水素・酸素燃料電池とよばれるものである。水素エネルギー社会を代表する電池である。	

（3）指導案に託された授業者の願い

　授業のねらいは，水の電気分解の実験で，陰極，陽極に水素と酸素が2：1（体積比）で発生すること，イオンの導入，原子の構造，さらには水の電気分解の逆反応によって水素・酸素燃料電池が形成されることから，持続可能な社会へと発展させる可能性を拓くことにある。

導入での「水は元素だろうか」という問いかけは，水は単体ではなく化合物であることの確認であり，元素と原子の確認の意味をもたせている。

中学校教科書に掲載されているH字管を用いた実験装置の取り扱いは中学生にとって難しいので，まず，水を使って電気を通じる実験を行い，9Vの電圧をかけても電気分解が起こらないことを確認させることを，実験装置の取り扱い方法の習得，なぜ水酸化ナトリウムを溶かすのかを考えさせる点で推奨したい。いきなり水酸化ナトリウム水溶液を電気分解すると，なぜ，水酸化ナトリウム水溶液の電気分解とは呼ばず，水の電気分解と呼ぶのかという疑問をもつ生徒はいると考える。

水の電気分解はよく取り扱われる実験ではあるが，以下の点に留意したい。

①　電極に炭素棒を用いると，発生する水素と酸素の体積比は2:1にならない。水の電気分解の実験で，発生する水素と酸素の体積比が2:1になるには，電極の種類，電解質水溶液の種類と濃度の条件設定が必要である（鈴木・居林，1993参照）。

②　電源の電圧は1.5V以下では水の電気分解は起こらない。4〜6Vの電圧で行うのが好ましい。また，電解質水溶液の濃度は0.01mol/L以上で行うようにする。さらに，水の電気分解で水素と酸素が2:1の体積比で発生するのは水の化学式がH_2Oであるためという科学的に誤った記述が市販の実験書でも見られるので注意したい。

学習指導案にある各電極の反応を記した電子e-を含むイオン反応式は高校化学の範囲のものであり，使うことを強いるものではない。しかし，一人でも知りたがる生徒がいるときは教えるようにすべきであると考える。今はわからなくても記憶として残っていれば，いつかわかったと思えるときが来ることが期待できるからである。教えすぎはよくないという風潮も一部にはあるが，教えなさすぎることで，生徒の興味関心をなくすことがあってはならない。

4　授業の実際──高等学校を事例として

(1) 化学基礎の目標と学習内容

　化学基礎の目標を要約してみよう。まず，知識及び技能の習得については，「(1)日常生活や社会との関連を図りながら，物質とその変化について理解するとともに，科学的に探究するために必要な観察，実験などに関する基本的な技能を身に付けるようにする」のように，探究活動を十全に行えるよう専門用語の定義の説明や実験技術など具体的準備の工夫が必要である。次に，思考力，判断力，表現力等の習得については，「(2)観察，実験などを行い，科学的に探究する力を養う」とあり，「理科の見方・考え方」を働かせた探究の過程を通して育成するとある。また，学びに向かう力の習得については，「(3)人間性等　物質とその変化に主体的に関わり，科学的に探究しようとする態度を養う」とあり，教師は授業の終盤において，日常生活で経験するいくつかの事象が同一の概念によって説明できることや応用できる実例を積極的に示すことが必要である。

　「化学基礎」の学習内容は「化学と人間生活」「物質の構成」「物質の変化とその利用」の三項目で構成されている。

　「化学と人間生活」では**化学と物質**において，㋐化学の特徴は身近な物質の性質を調べる。㋑物質の分離・精製は蒸留，再結晶及びクロマトグラフィーなどの実験における基本操作方法を身に付ける。㋒単体と化合物は炎色反応や沈殿反応の実験などを行い，単体，化合物について学習する。㋓熱運動と物質の三態は粒子の熱運動と物質の三態変化との関係などを学習する。

　「物質の構成」では**物質の構成粒子**において，㋐原子の構造は構成粒子の性質を理解し，原子番号，質量数や放射性同位体を学ぶ。㋑電子配置と周期表は元素の周期律及び代表的な典型元素の原子の電子配置とその性質との関係について学習する。**物質と化学結合**において，㋐イオンとイオン結合，㋑分子と共有結合，㋒金属と金属結合は各物質の性質を結合と関連付けて学ぶ。

　高等学校の「化学基礎」の内容で小学校や中学校との関連性が最も大きい分野は「粒子の保存性」である。この分野で学ぶ項目の多くは，中学校や小学校

での学習と密接につながっている（表13-1参照）。例えば，粒子の保存性に代表される質量保存の法則やその規則性については，反応式（分子模型の利用）という比較的イメージしやすい概念を用いれば中学校でも十分に扱うことは可能である。しかし，「物質量の概念（化学反応の量的関係）」については視覚に訴えづらく抽象度も高い概念なので高等学校（化学基礎）ではじめて登場する。

　「物質の変化とその利用」では，**物質量と化学反応式**において，㋐物質量は物質量と粒子数，質量，気体の体積との関係やモル質量や溶液のモル濃度を学ぶ。㋑化学反応式は化学反応式の係数の比が化学反応における物質量の比を表すことを学ぶ。**化学反応**において，㋐酸・塩基と中和は酸と塩基の性質及び中和反応に関与する酸や塩基の価数と物質の量的関係を理解し，中和滴定操作における基本的な技能を身に付ける。㋑酸化と還元は酸化，還元の定義が電子の授受によることを学ぶ。また，金属のイオン化傾向やダニエル電池の反応にも触れる。**化学が拓く世界**において，化学基礎で学んだ事柄が，日常生活や社会を支えている科学技術と結び付いていることを学習する。

（2）指導の実際──「化学反応式と量的関係」の指導を事例として

　ここまで，目標と学習内容として「物質量と化学反応式」について具体的内容を示したが，以下「化学反応式と量的関係」を事例に単元の設計と，その具体的な表れである指導案（略案）を示す。

○単元の設計（授業者の願いとそれを反映する単元構成）

　化学基礎における単元「物質量と化学反応式」の内容構成は次の2点である。

　　1．物質量（物質量と粒子数・質量・気体の体積，モル質量，モル濃度）

　　2．化学反応式（化学反応式，化学反応式と量的関係）

下線部の学習目標としては，学びの系統性を考慮して次の4点とする。

【学習目標】

　①　化学反応式の係数の比が化学反応における物質量の比を表し，気体の体積の比（同温・同圧　　時）を表していることを理解できる。

　②　反応に関与する物質の質量や体積の間に成り立つ関係を物質量と関連付け化学反応式の係数の　　比から物質量がわかれば，質量や体積が計算できる。

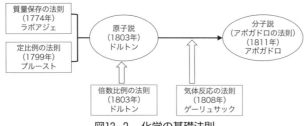

図13-2　化学の基礎法則

③　化学反応式における物質の変化とその量的関係について，観察・実験などを通して化学の基礎
　法則（図13-2）を理解できる。
④　理論値に近い測定値を得るため，実験操作を丁寧に行い，実験技能を身に付ける。

　さらに，単元の指導計画として，配当時間を13時間として，

第一次　物質量（7時間）
第二次　化学反応式（6時間）┬炭酸カルシウムと希塩酸の実験　（前前時）
　化学反応式（2時間）　　　├化学反応式の表す量的関係　（前時）
　化学反応式と量的関係───**銅の燃焼実験／定比例の法則　（本時）**
　　　　　（4時間）　　　　└化学の基本法則　（次時）

とする。なお，本時は第二次の5時間目である。
○指導の実際（定性実験での具体的理解から定量実験で抽象的理解へ）
　高等学校の「化学基礎」の内容で小学校や中学校との関連性が最も大きい項
目は「粒子の保存性」である。粒子の保存性については，表13-5のように，
小学校では「物と重さ」で形や体積と重さの関係について学習し，中学校では
「化学変化と物質の質量」で，簡単な化学式や化学反応式の書き方や，化学反
応の前後で物質の質量の総和が等しいこと，反応に関与する物質の質量比が一
定であることについて学習する。さらに高等学校では，「物質量と化学反応式」
で実験などを通して，定比例の法則などの化学の基本法則や化学反応式が化学
反応物質とその量的関係を表すことを学習する。

表13-5　化学の基本法則に関する系統的学びの学習指導要領での位置づけ

小学校	中学校（第一分野）	高等学校（化学基礎）
3年［物と重さ］	［化学変化と物質の質量］	［物質量と化学反応式］
• 形と重さ • 体積と重さ	• 化学変化と質量の保存 • 質量変化の規則性（化学変化，定量実験）	• 物質量（アボガドロ定数，粒子数，モル質量，モル体積） • 化学反応式（物質の量的関係）

（表の上部に「系統性」と記載）

　このように，化学の基本法則や化学反応式の表す量的関係は，いずれも小学校に端を発しており，教材として何が基礎・基本かという教材の構造化においても中・高等学校を貫く重要なテーマである。

　学びの系統性という観点から，学習内容のスパイラルな展開をつなぐ教材としての導入にスチールウールの燃焼と銅の燃焼を取り上げる。

　指導のポイントとして，定比例の法則・化学反応式の表す量的関係の学びの流れとしては，導入として無機物の金属の燃焼に関して生徒のもつ素朴概念を確認し，スチールウールの燃焼等の定性実験は角形乾電池（9V）による着火と簡易天秤やLED光を使った簡易通電テスターなどの使用で視覚化させた化学変化を観察して具体的に理解することで本時の学習内容への興味・関心を引き起こす。次に，定量実験へと移行することにより抽象的な理解を要する定比例の法則・化学反応式の係数の比と反応に関与する物質の量的関係についての法則を学習し，物質の変化量を化学反応式から求められることを確認する。

　以下に本時の生徒の学習活動と，それを促す教師の働きかけを示した。授業の導入では，小学校で学習済みの「スチールウールの燃焼」と燃焼後の質量の増加や定性的な変化の様子，また電気伝導性がなくなった理由を各班で討論して考えをまとめさせる。展開Ⅰでは，銅紛の加熱による質量変化について討論し，予測とその理由とを書いた後に演示実験を行う。酸化しにくいステンレス皿上で銅紛の加熱による酸化銅（Ⅱ）生成の経過観察や銅粉の加熱実験の手順の習得などの具体的準備としての学習を行う。展開Ⅱで行う実験は，まず，班別に異なる質量の赤褐色の銅粉（金属の薬さじで擦れば金属光沢）をガスバーナーで加熱し，空気中の酸素と反応して黒色の酸化銅（Ⅱ）に変化する様子を

観察する。銅の酸化を促進する工夫として，加熱を止めた直後に実験用酸素ス
プレー缶で酸素を静かに吹きかけたり，冷却時（約2分）酸化物の塊を薬さじ
で押しつぶして粉末化し表面積を増やしたりする。加熱工程を2回繰り返して
酸化銅（Ⅱ）の質量を測定する。各班の実験測定値を付き合わせてひとつの表
にまとめてグラフ化することを通して，分析して解釈し規則性を見いだして，
表現させるようにする。ここで「全員のデータでつくり上げた図表から読み取
れることは何か？」について討論し，結果をまとめて班別に発表する。例えば，
生徒は測定値を直線で結ぶことができることや反応物の銅紛の質量と生成物の
酸化銅（Ⅱ）の質量との間に比例関係があることなどを見いだす。さらに，「銅
粉の加熱実験結果から何がいえるのか」についてクラスで討論してまとめる。
例えば，銅と結合する酸素の割合がつねに一定であり，質量比は銅：酸化銅
（Ⅱ）＝4：5で，銅：酸素＝4：1であることなどを見いだし，化合物を構成
する元素の質量比が一定の割合である「定比例の法則」について理解する。

　まとめでは，「化学反応式の係数の比と化学反応における物質量の比はどの
ような関係になっているのか」と発問し，測定結果から反応物と生成物の物質
量の比を求めさせ，化学反応式の係数の比と比較させることを通して，物質量
の比が化学反応式の係数の比を表すことを気付かせ，化学反応の量的関係を物
質量で表すことの有用性を理解させる。

【本時の到達目標】
① 鉄の燃焼反応後，金属の特性が消えることについて説明できる。
② 銅の燃焼反応を例として定比例の法則について説明できる。
③ 実験・観察結果を正確に記録することの大切さを学び実践できる。
④ 化学反応式の係数の比は物質量の比を表していることを説明できる。

【本時の指導案】

時間	生徒の学習活動	指導上の留意点
導入 10分	スチールウールの燃焼後の変化の理由を説明しよう　　目標①	
	●予想される生徒の反応	○演示実験：スチールウールを簡易天秤に
	・簡易天秤の釣合に注目する。	吊るす。

・燃焼前後の変化を記録する。

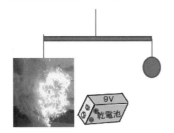

・燃焼反応により鉄（金属結合）が酸素と
化合して酸化鉄（イオン結合）が生成した。

乾電池（9V）の端子を接触させて着火
（左図）し，生徒の興味・関心を高める。
スチールウールの燃焼経過と定性実験を観
察させ，燃焼前後の変化を板書で表記する
（下表）。

	質量	色	電流	希塩酸
鉄の燃焼前	ー	金属光沢	流れる	水素発生
鉄の燃焼後	増加	黒くなる	流れない	変化なし

○電気伝導性がなくなった理由を各班で討
論後にまとめさせる。

展開Ⅰ
10分

燃焼前後の銅の質量の関係を定量的に探ろう　　目標②③

●予想される生徒の反応

・安全ゴーグルを着用する。

・燃焼前後の変化を記録する。

	質量	色	電流	希塩酸
銅の燃焼前	ー	赤褐色	流れる	変化なし
銅の燃焼後	増加	黒くなる	流れない	溶ける

・生徒が実験・観察結果をありのまま正確
に記録することの大切さを学び，実践を心
がける。

○演示実験；ステンレス皿に0.40gの銅粉
を取り，攪拌しながら加熱し燃焼実験と定
性実験を行う。

○銅粉の燃焼実験の手順と注意点を説明す
る。

○実験・観察の結果を正確に記録すること
の大切さや理科実験の意義を説明する。

展開Ⅱ
20分

【実験1】

各班に指示された質量の銅粉をバーナーで
加熱後，実験用酸素スプレー缶の酸素を静
かに吹きかけ銅粉の酸化を促進する。冷却
時（約2分）薬さじで酸化物の塊を押しつ
ぶして粉末化する。この工程を再度繰り返
して質量を測量し記録する。

【実験1】

ステンレス皿に0.20g～0.70gの銅粉（350
メッシュ）を0.10g刻
みにはかり
取る。銅粉
を薬さじで
攪拌しなが
らガスバー
ナーで3分
加熱する（右図）。

薬さじ
銅粉
三角架

●各班の測量結果の表からグラフを作成する。 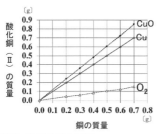 ●予想される生徒の説明 ・一定量の銅を加熱すると，一定量の酸素と反応して黒色の酸化銅（Ⅱ）に変化する。	○赤褐色の銅粉が酸化した黒色の酸化銅（Ⅱ）の測量結果を集約する。

班	加熱前 Cu 質量	加熱後 CuO 質量
1 班	0.198 g	0.242 g
2 班	0.301 g	0.361 g
3 班	0.400 g	0.483 g
4 班	0.501 g	0.607 g
5 班	0.600 g	0.723 g
6 班	0.701 g	0.856 g

○「グラフから読み取れる事は何か」と発問し，グラフ化した実験結果を基に規則性を考察して，分析結果と解釈を理由と共に記述させ，定比例の法則に気付かせる。

まとめ 10分	化学反応式の係数の比は物質量の比を表すことを確認する　　目標④	
	●銅が燃焼する化学反応式の係数の比は，反応物と生成物の質量比ではなく，物質量の比を表すことに気付く。 ・化学反応式の量的関係を物質量で表すことの有用性を考え，人間生活と化学反応式との関わりを討論する。 ・本時の内容を振り返り，感想を実験プリントにまとめる。	○着目の視点を与える。 測定値から物質量の関係比を求め，化学反応式の係数との関係を各班で討論し言葉で発表させる。 ○化学反応式の量的関係（下図）は物質量の比が化学反応式の係数の比を表すことを確認させる。

名称	銅	酸素	酸化銅 （Ⅱ）
化学反応式	2Cu	＋　O₂ →	2CuO
物質量の関係	2 mol	1 mol	2 mol
質量比	4.0	1.0	5.0

（3）指導案に託された授業者の願い

本時の授業展開で，特に配慮した点は次の2つである。

① 銅の燃焼反応ではどのように工夫して実験値を理論値に近付けるか。

② 実験・観察結果を正確に記録することの意味をどのように伝えるか。

高校化学では科学的な内容を学ぶことになる。科学「的」の具体例は，教科書には，「物質を構成する最小単位の原子は電子や陽子と中性子からなる」と

記載され，その他の素粒子については記載がない。また，ＡとＢの反応物からＣとＤの生成物が生じる化学反応式は，Ａ＋Ｂ→Ｃ＋Ｄと記述されている。しかし，実際の化学反応実験では副生成物や未反応物が反応系に混在することに触れていない。

今回の実験では，銅を空気中で加熱する酸化反応は「$2Cu + O_2 \rightarrow 2CuO$」と教科書に記載されている。しかし，酸化銅（II）以外に酸化銅（I）の生成や粉末の表面側の酸化によって内側の Cu が酸化されにくくなることには触れていない。よって，実験ごとに理論値に近付けるための工夫が授業者には必要となる。

工夫の具体例として，図13-3 は筆者による銅粉（0.20g〜1.20 g）の加熱による酸化実験値をグラフ化したものである。その結果，銅の質量が0.70g以上になると酸化銅（II）の質量は理論値から大きく外れていくことがわかった。そこで，実験の難易度や使用した銅粉粒子の

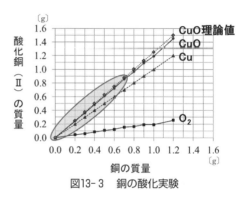

図13-3　銅の酸化実験

細かさなどを考慮した実験計画を立てた。特に，加熱時に十分に銅粉の撹拌が行えるように，教科書の実験よりも少量の銅粉（0.20g〜0.70 g）を0.10 g 刻みに量って実験を行った。また，加熱直後の高温の銅粉には実験用酸素スプレーで酸素を適量吹きかけて酸化を促進した。

この実験が理論通りの結果にならない最大の原因は，実験に使用する前に銅粉がすでに酸化されていることである。よって，開封直後の新品の銅粉（350メッシュ）を使用することが望ましい。

一方，理論値に影響されずに，生徒が実験値を正確に記録することの意義を理解した上で実験を行えるように育成したい。銅の燃焼実験では，「生徒が実験・観察結果を正確に記録することの大切さを学び実践できる」ことを重要な到達目標としている。生徒が実験値や観察事象をありのまま正確に記録できるように指導することは自然との対話方法を伝達することでもある。

　本気で答えを求めたとき，自然は誰にでも分け隔てなく全てを教えてくれる最上の教師である。本授業では，自然に謙虚な心と真摯な態度で向き合うとき，森羅万象が我が師となることを生徒には伝えたい。

第14章

生物の系統的学びのねらいと授業構成
―事例研究と指導案への活かし方―

本章で学ぶこと

　小学校から中・高等学校の理科の内容がエネルギー，粒子，生命，そして地球という４つの柱の下に集約された。本章では，生命領域である生物分野，特に生物の体内環境の維持，生態系を事例として，学習内容の系統的配置の実際，また各校種での学習内容の特色（共通性と差異点）を明らかにするととともに，これらを活かす中学校，高等学校での授業づくりの実際を示す。授業者の願いを託す学習指導案のつくり方や生徒の深い学びを誘う発問のつくり方を通して，第Ⅱ部で学んだ授業づくりの基盤（教育学的視点）の活用にも触れる。

1　生物で何を学ばせるか──教材としての生物，特色と構成

　第Ⅱ部の教材論や学習論を通して「なぜ，理科を学ばなければならないのか」について考えた。理科教育の目的は，生物教育の目指すところと同じであることはいうまでもないが，ここでは，理科のひとつの分野である生物の特色，すなわち，生物は自然科学のなかでどのような位置を占め，またどのような意義をもつのかについて考えよう。

（1）日常生活に密接に関わる生物学
　理科には，物理，化学，生物学，地学など様々な分野がある。そのなかで生物学は地学とともに最もマクロで，かつ多様性に富んだ分野である。生物学の対象である生物には，その構造や行動に共通で見られる普遍的な法則（共通性）がある。それと同時に，生物には種によって違う様々な形と生活の仕方があり，実に豊かな多様性をもつ。

199

　それでは，共通性と多様性とは具体的にいったい何をさすのだろう。まず生物の共通性について見てみよう。生物にはいろいろな形のものがある。また，いろいろな生活の仕方がある。アフリカのサバンナに生きるライオン，深海に生きるエビ，砂漠のサボテン，そしてパンに生えるカビ，これらの構造や生活の仕方は全く異なるが，しかし生物であることには変わりない。

　では，全ての生物に共通な特徴とは何か。以下，①〜⑤にまとめておく。

①　第一に，全ての生物は細胞からできているということである。生物の先祖である原点の生物は細胞でできていた。逆の言い方をするならば，細胞でできていたからこそ，最初の生物と認定されたのである。

②　第二に，生物が自分と同じ形質をもった子孫を残すということである。別の言い方をするならば種族維持（仲間を増やすこと）である。このとき細胞内にある遺伝物質のDNAが設計図のように働き，その形質（姿や形，性質）が親から子，さらに孫へと伝えられていく。全ての生物はこの設計図であるDNAをもっているのである。

③　第三に，全ての生物の先祖，すなわち出発点が同じであるということである。変異を繰り返しながら，単純な形のものから徐々に複雑化し多様な生物が生まれてきた。このことから，全ての生物のルーツは同じだといえる。共通の簡単な単細胞生物から多細胞生物へと枝分かれし，多様化したと考えるならば，生物の先祖，出発点は同じなのである。

④　第四に，生物がエネルギーを利用しているということである。すなわち，生きるためにエネルギーを取り入れ，個体を維持しようという傾向（個体維持）をもつことである。小学校段階の学びに例えるならば，動物ならば生きるために食べようとすること，植物ならば生きるために光をとろうとすることである。

⑤　第五に，生物が個体を維持するために体内の環境を一定に保とうとすることである。このためには，健康な状態でいられるように働く体内のしくみや感染症から身を守るしくみが必要になる。これも個体を維持しようという傾向（個体維持）をもつことの現れである。

　では，次に生物の多様性とは何かだが，地球上には175万種以上もの生物の種が存在する。個体ではなく種である。一つひとつの種に何万，何千万という

個体がいることを考えると，膨大な多様性があることになる。これらの生物はいろいろな環境に適応して生活している。例えば，身近な公園を考えてみると，植えられている木々，草花，それにつく昆虫，クモ類，ダニ類，コケ類，カビ類……。根のまわりにはミミズ，ダンゴムシ，細菌……。調べれば調べるほど，発見する生物は膨大な種類になるだろう。しかもそれぞれの生物は独自の進化をとげ，それぞれの住みやすい場所で適応しながらも，食べる／食べられる関係（食物連鎖）のもと，互いを必要として生活している。

　生物界における最もマクロな段階での多様性は，生態系の多様性である。森林，里山，河川，草原，湿原，干潟，磯，砂浜，サンゴ礁などである。それゆえ海岸線にある干潟や磯，砂浜，サンゴ礁の違いをなくし，一律に単純なコンクリートの岸壁に変えることは生物界の多様性を失うことを意味する。

　次の段階の多様性とは種の多様性である。動物，植物，キノコ・カビの仲間，原生生物，細菌など様々な生物がいる。

　ミクロな段階でも多様性は重要である。絶滅が危惧される動物，例えば，アムールヒョウを考えよう。現存するアムールヒョウはすでに500頭もいないのではないかといわれている。遺伝子の多様性が失われつつあると危惧されているのである。同じ種であっても異なる遺伝子を種全体でもっていなければ，環境変化に適応したり，健康な個体を維持したりすることが困難になる。

　このように，各段階の生物多様性が互いに複雑にからみあって，地球上の全ての生物の命と生活が支えられている。

（2）生物学の教材として重要な有用感と判断力

　20世紀は物理学が技術革新の原動力となって社会を動かしてきたが，今や生物学が生み出す技術が社会を変えていくという意味で，21世紀は生物学の時代と唱える人がいる。身近な社会生活を見まわすと，以下の事例が示すようになるほどと納得することも多い。

　1つ目の事例は，医療の世界である。不妊治療，移植技術，iPS治療（再生治療）などを筆頭に生物学の新しい知見が技術として次々に応用されている。喫緊の問題では，新型コロナウイルスなどの感染対策も生物学の知見が応用される。防御方法やワクチン対策などがそれにあたる。

　2つ目の事例は，化学合成の世界である。クロレラがヒトの特定部位の細胞増殖を促し，ある合成酵素の遺伝子発現を高めるなどの例から発展して，生物の力を活用して，化学物質を合成する「生物工場」の研究も進められている。

　3つ目の事例は，農業の世界である。遺伝子組換えによってつくられた食品が次々に開発されている。遺伝子組換え作物の作付面積は，最近20年間で約100倍に拡大しているという。

　このように生物学とその応用技術は，社会に様々な貢献をしている。しかし，他方で生物学を学んでいるはずの人間が，森林を次々に伐採しては，地球温暖化に見られるような環境破壊を行っている。これ以上，環境破壊が進めば，早晩コントロール不能になるのではないかという懸念が高まっている。

　さらに恐ろしい例は，生物兵器の問題である。新しいバクテリアをつくったり，人間体内のホルモンに酷似した化学物質や毒物を合成したりして，大勢の人を殺傷する兵器を生み出す。

　これらのことからも生物学の知見とその応用である技術は諸刃の剣といえる。使い方によって，社会の役に立ったり，殺戮兵器になったりするのである。したがって，生物学を教える際は，身近な生活に関わる教材，生活に役立つ教材をできる限り活用しながらも，思考力や判断力に加えて社会に役立つという有用感も知識・理解や技能の習得とともに目標として位置付けることが重要である。

（3）生物学の学び方（教え方）──量から質への転化

　生物を学ぶときの重要な見方は，複雑なもののありようを学んでいるのだという点にある。自然科学は階層的である。物理学をよりミクロ的・根源的なものと捉えると，化学，生物学とすすむにつれてマクロ的・派生的になる。

　複雑なもの，マクロ的なものを学ぶ際の重要な見方に，「量から質への転化」がある。単細胞生物が多細胞生物に変わると，そのありようは質的にどう変わるのか。植物において，オーキシンの量（濃度）によって成長促進，成長抑制と質的にどう変わるのか。血糖値の量（血糖濃度）によってインスリンが働いたり，グルカゴンが働いたりと体内ホルモンの分泌が質的に変化する。1つの細胞が量的に増えると組織になり，さらに増えると器官になり，さらに増える

と生物個体になる。生物個体が増えることで森林などの生態系となる。遺伝子も同様である。全ての生物に存在する DNA は，わずか4種類，アデニン，グアニン，シトシン，チミンからなっている。しかし，その量とつながり方の違いから何千億という途方もない形や性質，種が生まれる。要約するならば，「生物の多様性は量から質への転化で生じている」，これが生物学を学ぶ（教える）際の重要な見方なのである。

2　生物分野における小中高の系統性──内容の系統性と指導での差異点

　2008年度の学習指導要領の改訂から小・中・高等学校の理科で学習する内容を，理科の見方としてエネルギー，粒子，生命，そして地球の4つの柱のもと，まとまりをもって配置し，学習内容の校種間での順序だったつながり（系統性）を示した（⇨巻末付録）。中学校での学習内容が小学校のどことつながり，また高等学校のどこにつながるのかという関係が明記されたことになる。

(1) 生物分野における学習内容の系統性

　生物分野は4つの柱のうち生命領域に含まれる。学習内容の具体的なつながり（学年間，また校種間のつながり），すなわち，「どこで何を学習し，それは次の段階のどこにどう具体的に位置付くのか」を表しているのが巻末の表である。そこでは，小中高で学ぶ動物分野と生命の連続性，さらには植物分野，環境について，より具体的な関係性が見えるようになっている。

　以下，高等学校の「生物基礎」を生物分野における学習内容の到達段階（いわゆるゴール）と見て説明したい。「生物基礎」では小・中学校までに学習した内容を基礎として，「日常生活や社会との関連を図りながら生物や生物現象に関わり，理科の見方・考え方を働かせ，見通しをもって観察，実験を行うことなどを通して，科学的に探究するために必要な資質・能力を育成する科目」として捉えることができる。まさに生物基礎の根幹部分は小・中学校の学習内容でもある。

　この小・中学校での学びを踏まえ，生物や生物現象に関わる基礎的な内容を

扱い，日常生活や社会との関連を図りながら，生物や生物現象について理解させるとともに，科学的に探究する力と態度を育成することが生物の学習内容の特徴といえる。

　生物は，このような特徴をもった科目であるので，まず生徒に身のまわりの事物・現象に関心をもたせ，主体的に関わらせるなかで，科学的に探究するために必要な資質・能力を育成することが大切である。そのため，季節や地域の実態などに応じて素材としての生物を選び，生物や生物現象に対する興味・関心を高めさせるように配慮することが必要になる。

　高等学校の「生物基礎」の内容は，小・中学校との関連を考慮するとともに，2009年の改訂で近年の生命科学の急速な進歩を反映した内容を取り入れ，「生物」とあわせて学習内容の再構築を行っており，2018年の改訂においても，学習内容については基本的に踏襲しつつ改善を図っている。

　具体的には，「生物の特徴」「ヒトの体の調節」及び「生物の多様性と生態系」の三つの大項目からなり，特に生物としての共通の特徴，ヒトという動物の生理，生物の多様性に着目した生態系など，ミクロレベルからマクロレベルまでの領域を学ぶように構成された。また，人間の活動と環境との関連や健康に対する認識を深めるよう配慮されている。

　この生物の小・中学校の理科及び高等学校の生物基礎の学習によって，生物や生物現象に関する基本的な概念や原理・法則を理解させ，科学的に探究する力を育成するとともに，生物や生物現象と日常生活や社会との関わりを考えることができるようにすることが生物の学びの一貫した姿勢である。

（2）実感を伴った理解に導く学びの7つの要素

　生物の諸単元を指導する際に，実感を伴った理解に導くには，どのような要素が必要になり，またどのような授業を仕組めば，生徒は納得してスムーズに科学概念を受け入れてくれるのだろうか。教師が一方的に科学概念を説明するだけでは当然，実感を伴った理解に結びつきにくい。

　以下に示す7つの要素を単元の展開に取り入れることで，生徒は実感を伴った理解が可能になるだろう。いずれもホワイト（R. T. White）によってその重要性が明らかにされたものであり，命題，ストリング，知的技能，運動技能，

イメージ，エピソード，メタ認知である（ホワイト，1990）。生徒はこれらの要素を納得して学ぶことで，自分なりの考えを再構成できるばかりか，その科学概念を長く記憶にとどめ，その後の人生で生きて働く概念として活用可能となる。以下，DNAという科学概念（言葉）を例に，これらの要素について説明しよう。

①　命題

言葉の定義のことで，「DNAとはリン酸と糖と塩基でできたヌクレオチドが多数鎖状につながった物質である。ヌクレオチドの塩基配列をいろいろ変えることで，DNAが遺伝情報の担い手になっている」となる。

②　ストリング

DNAは二重らせん構造でアデニンAにはチミンT，グアニンGにはシトシンCが結合する（2本鎖の相補性）ので，「Aの割合＝Tの割合，Gの割合＝Cの割合，Aの割合＋Tの割合＋Gの割合＋Cの割合＝100％」を満たす。この関係式を見ると，相補性の意味が理解しやすい。このような概念を表す単純な形，公式をストリングという。

③　知的技能

計算問題が解けるというような技能のことで，Aの割合が31％のとき，G，C，Tの割合（％）はそれぞれいくらかというような計算技能を指す。

④　運動技能

実験を遂行する技能のことで，ブロッコリーからDNAを抽出する実験が行えるとかユスリカの幼虫の唾腺染色体の顕微鏡観察ができるとかDNA模型が作成できるとかの実験技能のことである。一般的には顕微鏡が使えたり，メスシリンダーのメモリが正しく読めたりする技能である。

⑤　エピソード

様々な経験や目撃した事実などの記憶のことであり，学校では実験・観察の体験のことを指す。以下，DNAに関わっての様々なエピソードを紹介しよう。

【エピソード1】歯ブラシやたばこに付いている唾液からDNAを抽出して，測定器にかけ，犯人が誰か特定することができた。

【エピソード2】型紙やのり，はさみを使ってDNAの模型をつくり調べてみると，わずか12の塩基でも非常に多くのパターンの塩基配列が生じること

がわかった。

【エピソード3】ブロッコリーから食塩水，中性洗剤，エタノール，乳鉢，ガーゼ，ガラス棒，スポイト，ビーカーなどを使ってDNAを取り出す実験をして，見事にDNAを取り出すことができた。

【エピソード4】京都大学iPS細胞研究所の学習コーナーを訪問し，案内の方から発生の話を聞き，研究施設の見学をした。

⑥　イメージ

DNAは遺伝子情報をどう伝えているのか，DNAはどのように自己複製しているのかについて，文章だけを読んで理解するのは非常に難しい。例えば，「DNAの基本単位はリン酸とデオキシリボースと塩基でできている。それが鎖のようにつながって自己複製していく」というプロセスを言葉だけで説明しても，生徒に理解させるのは至難の業である。このような場合には，例えば図

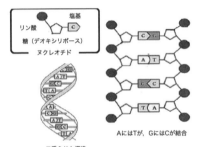

二重らせん構造
＊イメージ（顕微鏡でこう見えるわけではない）
図14-1　DNAのモデル図

14-1のようなモデル図を提示し，イメージを共有しながら説明すると理解されやすくなる。

この図はDNAのイメージをモデル図で示したものであるが，電子顕微鏡で観察される本当の姿ではない。しかし，このようなモデル図でイメージすれば，DNAの構造や働きについて格段に理解しやすくなるのである。

⑦　メタ認知

これまで6つの要素を示してきたが，しかし，生徒はその要素をただ受け身で学んでいるだけでは科学概念を再構成できない。生徒自身が「理解できたこと，身に付いたことが何かを正当に自己評価でき，まだ，理解できないこと，身に付いていないことが何かを謙虚に反省でき，自分の課題を明らかにしようとする」といった自らの認知を高い次元で自覚し，課題意識や解決策を見いだすことが重要である。この「認知をこえた認知」のことをメタ認知という。

以上，7つの要素を単元計画のなかに適宜位置付けることで，生徒は実感を伴った理解を手に入れやすくなる。

3　授業の実際——中学校を事例として

（1）中学校理科第２分野の目標と学習内容

　現行の学習指導要領によると第２分野の目標は，第１分野の目標と同様に，教科理科の目標を前提としつつも，第２分野の特質に即して，ねらいをより具体的に述べている。以下，学習指導要領の記述を示す。

　第２分野の目標（1）は，教科目標「自然の事物・現象についての理解を深め，科学的に探究するために必要な観察，実験などに関する基本的な技能を身に付けるようにする」を受け，生命や地球に関する観察，実験などを行い，それらの事物・現象について理解するとともに，科学的に探究するために必要な観察，実験などに関する基本的な技能を身に付けることをねらいとしている。

　目標（2）は，教科の目標の「観察，実験などを行い，科学的に探究する力を養う」を受け，小学校で身に付けた問題を見いだす力や根拠のある予想や仮説を発想する力などを発展させ，生命や地球に関する事物・現象について多様性に気付くとともに規則性を見いだしたり，課題を解決したりする方法を身に付け，思考力，判断力，表現力等を養うというねらいである。

　さらに目標（3）では，教科の目標の「自然の事物・現象に進んで関わり，科学的に探究しようとする態度を養う」を受けて，生命や地球に関する自然の事物・現象に進んで関わり，自然を科学的に探究する活動を行い，科学的に探究しようとする態度を養うとともに，生命を尊重し，自然環境の保全に寄与する態度を育て，自然を総合的に見ることができるようにするというねらいである。

（2）指導の実際

　2020年度，兵庫県加東市の理科部会において「主体的・対話的で深い学びの実現を目指した授業実践～思考ツールの活用とワークシートの工夫を通して～」という主題のもと展開された西山陽介教諭（加東市立中学校）の指導を紹介する。マインドマップとキャンディ・チャートを活用した授業実践である。

【単元名】「生命の連続性　科学技術と人間」（中学校第3学年実施）

【本時の目標】

① 生命に関する最先端の科学技術には，生殖や遺伝子など，今自分たちが学んでいる知識が生かされていることを理解する。

② 自分たちの生活をより豊かにするために，自由に発想を広げることができる。

③ 持続可能な開発目標の視点も取り入れることで，社会の一員としての自覚を高める。

【指導計画】

　授業においては，生命の連続性について，観察・実験などを行い，その結果や資料を分析して解釈し，生物の成長と殖え方，遺伝現象，生物の種類の多様性と進化についての特徴や規則性を見いだして表現させる。また，探究の過程を振り返る活動を通して，理科を学ぶ意義を感じさせる。加えて，ワークシートを工夫し，班討議と個人思考を必要に応じて取り入れていく。それによって，自分の視野を広げるとともに，深い学びにつなげるようにする。中学生らしい自由な発想を引き出すことで，理科に苦手意識を持っている生徒がやってみようというきっかけになればよい。

　全体で12時間の計画，1次は生物の成長とふえ方（6時間），2次は遺伝の規則性と遺伝子（4時間），3次は科学技術と人間（2時間）で進める。

【マインドマップを使用するねらい】

① マインドマップとは何か

　　頭のなかのイメージを広げるために用いる。全体を見ながら，関係づけたり，構造化したりすることができる。視覚的に捉えやすくなる。

② マインドマップで育成したい資質・能力

　・多様な概念観の関連を視覚化することで，複雑な主題でも理解できる。

　・班員と協力することで，コミュニケーションの機会となり，互いに認め合う力を養う。

　・視覚化しまとめることで，新しいアイデアが浮かびやすい。

【本時の授業展開】

時間	生徒の学習活動	指導上の留意点	評価規準
5分 （全体）	●生命に関する最先端の科学技術について知り，本時の見通しをもつ。	○ iPS細胞，遺伝子組み換え，突然変異といった内容について紹介し，これまでの学習がつながっていることを実感させる。 ○持続可能な開発目標についても紹介し，社会の一員として考えていかなければならないことを自覚させる。 持続可能な世界を実現するために何ができるか	

5分 (個人)	●自分が興味・関心をもつ課題を選ぶ。	○持続可能な開発目標の「すべての人に健康と福祉を」というテーマについて，「元気な新生児」「感染症対策」「若者の体と心の健康維持」「きれいな空気と水の確保」「ワクチン開発」「平等な医療」という6つの課題から1つを選ばせる。 ○国際的な取り組みであることを理解させる。	
10分 (班)	●選んだ課題についての考えを広げる。	活用：マインドマップ ○同じ課題を選んだメンバーで班を構成し，マインドマップを活用しながら，課題についてのイメージを広げさせる。 ○コミュニケーションのツールにもなるように，班員の発言を否定せずに話し合いをさせる。 ○イメージが大きく広がるように，各班の話し合いの様子をみて助言していく。	・積極的に話し合いに参加しているか。【主体的に学習に取り組む態度】
15分 (個人)	●課題を解決する方法を考えて，仮説を立てる。	活用：キャンディチャート ○「もし～なら」「なぜなら」というキャンディチャート（下図）の枠にあてはめて考えさせる。 ○マインドマップのなかに関係付けられる項目がないか注目をさせる。 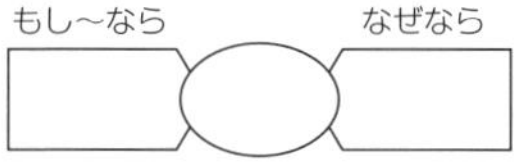 もし～なら　　　なぜなら 結果	・科学的に考えて自分なりの仮説を立てることができているか。【思考・判断・表現】
15分 (全体) (個人)	●全体で共有し，本時の振り返りを行う。	○マインドマップを活用したときの話し合いの内容と，それを生かしてキャンディチャートを活用して立てた仮説を発表させて，全体で共有する。 ○次回は，自分の立てた仮説を実現するためにはどうすればよいかを考えていくことを伝える。	

（3）指導案に託された授業者の願い

　ここでは，加東市中学校理科部会での取り組みである思考ツールの活用とワークシートの工夫について触れたい。

　対話的な学びについては，ここ数年その重要性が認められ，協同型の話し合い授業などが学校でも研究され，班学習などで個人の意見を出しやすくするための場面設定も工夫されてきた。

　しかし，「班で話し合おう」といっても，子ども同士が真剣に話し合い，学び合うという授業の実現は難しい。ひと通り個人の意見を出すだけで意見の深まりがなかったり，また発言力のある生徒やその教科の得意な生徒の意見がそのまま班のまとめとなることも多い。

　そこで中学校理科部会では，「主体的・対話的で深い学びの実現を目指す授業実践」のための方策のひとつとして「思考ツールの活用とワークシートの工夫」を提案・研究した。ワークシートに自分の意見を書き込む場合，以前であれば，文章表現の苦手な生徒は，設けられた欄を見ただけで活動が止まることも多かったが，思考ツールを利用することで，自分の意見を表現するのを嫌がる生徒が減ってきた。また，思考ツールを用いた話し合い活動では，多くの生徒がより活発に意見を出せていた。中学校理科部会では，図14-2のように広く社会で普及している思考ツールから独自のワークシートを作成し，授業実践と検討会を続けてきた。ワークシート上の思考ツールに簡単な単語や文を記入するだけで自身の思考が可視化でき，その結果，一人ひとりが自信をもって自分の考えを主張できたのではないかと考えられる。

　授業者や参観者の意見を集約すると，思考ツールの活用によって以下４点の効果があることがわかってきた。

① 思考の進め方（深める・まとめる・広げるなど）の流れがツールのなかに示されており，各自の考えに基づいた行動が把握しやすい。
② 整理しやすく，見やすく，活用しやすい。
③ 同じ形式でイメージを書き出すので，アイデアの共有や比較がしやすい。
④ 見た目にわかりやすいため，学習意欲の喚起につながる。

　いろいろな思考ツールに慣れさせる意味でも，継続的な研究が必要である。具体的には，(1)より多くの種類の思考ツールの活用，(2)新たな活用場面の検討，

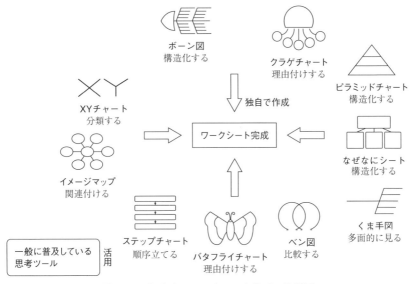

図14-2　加東市のワークシート作成の俯瞰図

出所：加東市中学校理科部会。

(3)場面に応じた思考ツールの改良，(4)思考ツールと付箋の効果的な併用などである。

4　授業の実際──高等学校を事例として

(1) 高等学校「生物基礎」及び「生物」の目標と学習内容

　学習指導要領における生物基礎の目標は以下のように記されている。

　生物や生物現象に関わり，理科の見方・考え方を働かせ，見通しをもって観察，実験を行うことなどを通して，生物や生物現象を科学的に探究するために必要な資質・能力を次のとおり育成することを目指す。
　(1)　日常生活や社会との関連を図りながら，生物や生物現象について理解するとともに（「生物」では，生物学の基本的な概念や原理・法則の理解を深め），科学的に探究するために必要な観察，実験などに関する基本的な技能を身に付けるようにする。

> (2) 観察，実験などを行い，科学的に探究する力を養う。
>
> (3) 生物や生物現象に主体的に関わり，科学的に探究しようとする態度と，生命を尊重し，自然環境の保全に寄与する態度を養う。
>
> （文部科学省，2019，114頁及び129頁より。下線は筆者）

　全ての高校生が履修することが望まれる生物基礎では，実生活・実社会との関連を図ることが，選択科目の生物では，純粋科学としての生物学の原理・法則の理解が求められている。そして，これらの知識・理解とともに，生物や生物現象についての科学的探究が目標として繰り返し強調されている。

　また，1行目に記された「理科の見方・考え方」という表現には，自然の事物・現象を，質的・量的な関係や時間的・空間的な関係等の科学的な視点で捉え（→理科の見方），その事物現象を比較したり，関係付けたりするなどの科学的に探究する方法を用いて迫る（→理科の考え方）ことが意図されており，これまで以上に全領域での科学的探究（活動）がいかに重視されているかを窺い知ることができる。日本の学校現場でこれまで行われてきたような教師主導型のいわば教科書通りの実験では，生徒に理科の見方・考え方を身に付けさせることは困難であることに留意したい。

　また，上述の目標達成とともに，理科の見方・考え方については，表14-1のように，小・中学校から一つひとつ積み上げてきており，この基礎の上に高校生物では規則性，関係性，特徴等を見いだせる能力，科学的に探究しようとする態度といった資質・能力の育成が重要である。内容伝達のわかりやすさに終始せず，これら資質・能力の育成といった観点もけっして忘れてはならない。

表14-1　生物基礎・生物に連なる小中高で育成すべき資質・能力

校種	教科目（学年）	思考力，判断力，表現力等	学びに向かう力，人間性等
小学校	理科（3）	（比較しながら調べる活動を通して）自然の事物・現象について追究する中で，差異点や共通点を基に，問題を見いだし，表現すること。	・主体的に問題を解決しようとする態度 ・生物を愛護する（生命を尊重する）態度
	理科（4）	（関係付けて調べる活動を通して）自然の事物・現象について追究する中で，既習の内容や生活経験を基に，根拠のある予想や仮説を発想し，表現すること。	
	理科（5）	（条件を制御しながら調べる活動を通して）自然の事物・現象について追究する中で，予想や仮説を基に，解決の方法を発想し，表現すること。	
	理科（6）	（多面的に調べる活動を通して）自然の事物・現象について追究する中で，より妥当な考えをつくりだし，表現すること。	
中学校	理科（1）	問題を見いだし見通しをもって観察，実験などを行い，【規則性，関係性，共通点や相違点，分類するための観点や基準】を見いだして表現すること。	・生命や地球に関する事物・現象に進んで関わり，科学的に探究しようとする態度，生命を尊重し，自然環境の保全に寄与する態度を養う。
	理科（2）	見通しをもって解決する方法を立案して観察，実験などを行い，その結果を分析して解釈し，【規則性や関係性】を見いだして表現すること。	
	理科（3）	見通しをもって観察，実験などを行い，その結果（や資料）を分析して解釈し，【特徴，規則性，関係性】を見いだして表現すること。また，探究の過程を振り返ること。	
	理科（3）	観察，実験などを行い，自然環境の保全と科学技術の利用の在り方について，科学的に考察して判断すること。	
高等学校	生物基礎及び生物	観察，実験などを通して探究し，【規則性，関係性，特徴など】を見いだして表現すること。	・主体的に関わり，科学的に探究しようとする態度 ・生命を尊重し，自然環境の保全に寄与する態度

　学習内容について，本節の事例としてとりあげた生態系に関する領域では，表14-2のようなことを小・中学校で学んできている。つながりを意識した構成を心がけたい。

表14-2　小中高の生態に関わる学習内容のつながり

校種	教科目（学年）	大単元
小学校	理科（3）	身の回りの生物
	理科（4）	季節と生物
	理科（6）	生物と環境
中学校	理科（1）	生物の観察と分類の仕方
	理科（3）	生物と環境
	理科（3）	自然環境の保全と科学技術の利用
高等学校	生物基礎	生物の特徴
	生物基礎	植生と遷移
	生物基礎	生態系とその保全
	生物	生物の環境応答
	生物	生態と環境

（2）指導の実際

【単元】　個体群と生物群集

【本時の目標】

①　関係性，特徴等を見いだして表現する（思考力，判断力，表現力等）

②　主体的に関わり，科学的に探究しようとする態度を育成する（学びに向かう力，人間性等）

【単元の設計（計画）】

　生物（選択科目）の「生態と環境」のなかの「個体群と生物群集」の導入として本時を位置付けているが，生物基礎の「生物の多様性と生態系」と絡めて行うことも可能である。

【本時の指導案（2時間分）】

1時間目

時間	生徒の学習活動	指導上の留意点（注1）
導入 10分	生物同士の関係としてどのようなものがあるだろうか	
	●予想される生徒の反応	○個人で考えさせる。
	「捕食・被食の関係」「腐敗」「発酵」など。	既習の生物同士の関係を想起させる。
	ジェスチャーのみで出身中学の場所をペアの人に伝えてみよう	
	●予想される生徒の反応	○ペアで活動させる。

展開35分	口を閉じたまま，指文字や道具も使わず，場所を伝えることにもどかしさを感じる。 ●予想される生徒の反応 　飛び跳ねるガゼルに驚く。	探究的活動で議論を円滑に行うためのアイスブレイクとしての意味ももつ。1分程度で役割交代。 ○言葉を用いないコミュニケーションについて困難さを全体で共有した後，ガゼルがチーターから逃げている動画か図14-3を見せる。
	不利なように思える飛び跳ね行動をどうして行うのだろうか	
	●予想される生徒の反応 　「あんなに高く飛ぶ必要ある？」「あの方が速いのかな？」など。	○ペアで理由を考えさせる。 ○何人かの生徒の考えを拾い上げ，全体で共有する。
	各自の考えた理由（仮説）が正しいことを示すためには，どのような検証方法（具体的な実験や観察の手順）を取ればよいか，また，その方法の結果を予測してみよう	
終末5分	●いつ，どこで，何を，どのように観察・実験するのかまで考える。 ●考案した方法で実験や観察を行った結果として，何が起こるかを考える。 ●予想される生徒の反応 　「そんな都合よくチーター動いてくれる？」「そこまで再現できる？」など。 ●各ペア内で，仮説，方法，結果の予測を修正する。	○机間指導しながら，その方法で当初立てた仮説が本当に検証できるのかと，ゆさぶりをかける。 ○仮説とは「現象を説明するための仮の考えのこと」程度の補足説明を行う。 ○ペアの考えを拾い上げて板書し，論理の飛躍がないか，方法や結果の予測の妥当性について，全員で指摘しあう。 ○他者の考えも取り入れながら修正するよう指示を行う。

2時間目

時間	生徒の学習活動	指導上の留意点（注2）
導入5分 展開30分	●前回のペアで自分たちの修正した流れを確認する。 ●科学者の思考の流れを確認する。	○何ペアかに当て，修正した考えをいくつか全体で確認する。 ○仮説Aの方法・結果の予測，実際に得られた結果を紹介し，そこから導かれる結論を考えさせる。 ○仮説Bの仮説のみを示す。
	仮説Bが正しいことを示すための方法と結果の予測を行ってみよう	

	●得られた結果をもとに，そこから言えることをさらに考える。	○各ペアの考えを全て拾い上げ，板書し，全体で共有する。 ○仮説Bの検証方法や予想した結果，実際に観察で得られた結果について解説する。
終末 15分	●個人で，科学的探究の一般的プロセスを理解する。	○自然科学の方法について板書し，仮説の先行性や実験の意義について考えさせる。

（3）指導案に託された授業者の願い

　科学の本質を科学的探究のプロセスに求め，科学者らの思考に注目して構成した指導の例を示した。生徒は科学者ではなく，科学者が行ってきたものと同じ推論をするわけではないし，学校現場における様々な制約を考えれば，授業のなかでつねに科学的探究を行えるわけでもない。しかし，科学史の事例から多くを学びとることは可能である。単に解説したり参照したりするだけでなく，科学的探究のプロセスを意識するための活動として利用したい。なお，以下は本単元の授業を行う上で必要な補足事項である。

○1時間目の補足

　生徒の考えの典型例として以下のようなものがある。

仮説	飛び跳ねたのは体を大きく見せたかったためである。
実験・観察	飛び跳ねている状態と飛び跳ねずに走っている状態を観察して比較する
期待される結果	飛び跳ねている状態では捕まらず，ただ走っている状態では捕まるだろう。

　生徒にとって身近なカマキリやネコなどの動物の行動から類推し，ガゼルも同様と考えたのであろう。生徒は自ら設定した仮説が正しいことを確かめるために，飛び跳ねている状態と飛び跳ねていない状態とを「比較」して違いを見いだそうとするが，これだけでは飛び跳ねが原因で捕まらなかったと断言できない。そのため，「飛び跳ねていないガゼルはチーターに気付かなかったから食べられてしまったのでは？」「そうではないことを示すためにはどうすればよい？」などの教師からのゆさぶりや誘導が多少必要である。こうした個々の論理展開の欠陥を指摘しあい，全員で吟味する。検証方法だけでも，モデル実験を提示したり，非現実的な方法を考案したりと多様性がある。また，なかに

図14-3　ガゼルの飛び跳ね行動（注3）

は論理の飛躍に気付くのが得意な生徒もいるため議論は白熱する。効果的に自然科学のプロセスを理解するため，1時間目でじっくり検討させ，2時間連続で展開することが望ましい。なお，適切な支援のためには，ガゼルのストッティング行動に関わる研究の経緯についての教材研究は欠かせない。以下2時間目の補足として歴史的概要を示しておこう。

○2時間目の補足（注4）

　従前よりストッティングに関するいくつかの仮説が提唱され，なかでも「捕食者の正確な位置を把握・確認できるため，ガゼルは飛び跳ねるのだ」という考え方が通説となっていた。しかし，キャロ（Caro, T.）はそれに納得せず，6つの仮説を提唱した（指導案ではそのうちの2つをとりあげ，検討を行っている）。

　まず，キャロは次のように考えた（仮説Aとする）。

仮説A	チーターの注意を子どもからそらすため，大人のガゼルがストッティングする。

　これが正しいことを示すため，以下の方法を設定し，結果の予測を行った。

観察	子持ちのガゼルと，子持ちでないガゼルを比較・観察する。
期待される結果1	子持ちでない性的に未熟なガゼルはストッティングしない。
期待される結果2	群れの中で子持ちでない大人のガゼルはストッティングしない。
期待される結果3	草を食べて群れから離れていたり，子どもから離れたりしているガゼルはストッティングしない。

　実際に観察してみると，期待される結果は全て外れ，どのガゼルも逃げるときにストッティングした。つまり，仮説は結果と異なっており，当初の仮説自体の妥当性が否定されたことになる。
　そこで，キャロは別の考え（仮説Bとする）の検証に取り掛かった。

| 仮説B | 捕獲は難しいことをチーターに知らせるため，ストッティングを行う。 |

　実際には以下のような方法と結果の予測を立てた。

観察	群れの中でストッティングをしているガゼルと，1頭だけで単独にストッティングしているガゼルとを比較・観察する。
期待される結果1	ガゼルは，仲間のガゼルに対してではなく，チーターに対して尻にある白い毛が見えるように飛び跳ねる。
期待される結果2	単独行動のガゼルは，群れで行動しているガゼルと全く同じ割合でストッティングする。
期待される結果3	もしもガゼルがかなり早い段階でストッティングしたら，チーターはしばしば追跡を諦める。

　観察の結果，これらの全てが確認された。この場合，立てた仮説はよりいっそう妥当性を高めたことになる。ただし，これで仮説の検証ができたと断定してしまうのには注意が必要である。別の理由によって，同様の結果が得られたかもしれず，自然界においては全ての観察・実験条件をコントロールすることはできないからである。いずれにしても，キャロは従来の通説を覆し，「捕食者に発見のサインを送る」という新たな考えに到達したのである。
　科学研究では仮説が検証プロセスの全てを先導し，それに基づいて実験・観察の方法・内容が決定され，予測が可能になる。無目的に実験をしているわけでなく，仮説に沿って証拠を集めるのである。それゆえ実験や観察が一度限りで終わるのではけっしてない。予測と結果のズレが生じた場合は，実験方法の再検討が必要であったり仮説自体のつくり直しが求められたりする。

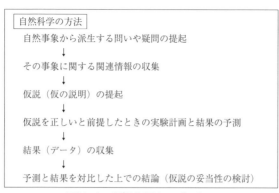

図14- 4　科学的探究のプロセス

　「実験は教師の言われるまますするもの」という生徒も少なからずいるが，自然科学のプロセスが体験的に理解されれば，生徒の主体的な取り組みへとつながっていくことが期待できる。なお，図14- 4 は，指導案の 2 時間目で扱う「科学的探究の一般的プロセス」である。

　なお，ここで展開した授業例は，第16章で取り上げる，生物における探究活動例でもある。

注

1　生徒の考えを導く適切な指導には 1 時間目の補足を参照のこと。

2　仮説 A，B については，2 時間目の補足を参照のこと。

3　作画は安住沙耶教諭（枚方市立さだ西小学校）による。

4　キャロの研究プロセスの特徴について分析した著作，Gibbs & Lawson（1992）及び丹沢（2004）に基づく。

第15章

地学の系統的学びのねらいと授業構成
―事例研究と指導案への活かし方―

本章で学ぶこと

　本章では，地球領域である固体地球をはじめ気象，天体等に関する内容・取扱いについて，学習内容の体系的・系統的配列の現状，また中学校，高等学校での学習内容の特色（共通性と差異点）を示す。地学分野は他の領域と比べて，時間的・空間的スケールは大きく複雑である。これらをどう有機的に理解させるかという地球領域固有の課題もある。近年では，自然災害への対応やエネルギー資源・環境問題など，地学分野内での人間生活とも関わる総合的な取扱いも求められている。本章では，他の分野との共通性，特異性にも言及しながら，これまでに学んだ授業づくりの基盤（教育学的視点）の活用にも触れる。

1　地学で何を学ばせるか――教材としての地学，特色と構成

　第Ⅱ部の教材論や学習論を通して「なぜ，理科を学ばなければならないのか」について考えた。自然の事物・現象を対象として，理科的な見方・考え方を培う理科教育の目的は，地学教育の目指すところと同じである。しかし，その対象は，物理や化学などとは大きく異なっている。また，地学的な内容は理科に留まらず，他の教科・科目，「総合的な学習の時間」や「総合的な探究の時間」，さらには学習指導要領解説総則編に記載された「現代的な諸課題」での取扱いにも関わっている。ここでは，以上を踏まえつつ，理科のひとつの分野である地学の特色，すなわち，地学は自然科学のなかでどのような位置を占め，またどのような意義をもつのかについて考えることにしよう。

（1）自然科学の総合としての地学

○地学とはどのような学問領域か

　他の領域と比べ，地学の取扱いの難しさは，構成される専門領域が多岐に及ぶことにもある。地学の学問体系は，と問われると返答に窮する。英語で「地学」に相当する適切な語句は見当たらない。Earth Science や GeoScience が使われることもあるが，曖昧な点も否定できない。「地学」という名称の語源，すなわち日本で初めて学問のなかに「地学」が登場したのは明治初期に東京地学協会（1879年創立）によって，『東京地学協会報告』（同書はその後『地学雑誌』に改名）が刊行されたことに遡る。現在も東京地学協会，『地学雑誌』は存在するが，東京地学協会の英訳は Tokyo Geographical Society である。明治期の『地学雑誌』には，地質学，岩石学，鉱物学，古生物学，地理学の他考古学的な記事も掲載され，その後，「地質学」や「地理学」が日本でも確立してくると，「地学」という名称は実体がなくなってきたとさえいわれた。「地学」の名称が学校教育など一般的に広められたのは，戦後の高校理科の科目「地学」が誕生したときである。GHQ により高校で「人文地理学」を社会に，「自然地理学」を理科に分け，高校地学には，当時アメリカで注目され始めた「地球科学」を踏まえながら，「宇宙科学」や「海洋科学」の内容も取り入れられた。

　近代以降の経緯から現在の高校地学には２つの課題が内在する。まず，高校地理と高校地学，中学校での社会科・地理分野と理科・地球領域との学習内容上の重なりである。近年，自然災害や環境問題が注目されるにつれ両者の区分はより困難となっている。従来，理科は自然の事物・現象が対象であり，人間活動との関わりは理科の範囲を超えるとされていた。しかし，2000年の OECD生徒の学習到達度調査以降，科学の知識と学習者の日常生活や将来との関わりは科学的リテラシーの育成からも重要な視点となっている。同様に，社会科や地理歴史科においても，自然災害等への防災を考えるとき，原因となる自然現象そのものも無視することができない。さらに自然景観の形成を捉える場合，地質学的内容は地学で，地形学的内容は地理で，という学び方の区分は現実的でない。

　次に「地学」教員の養成である。繰り返すように，「地学」を構成する内容は幅広い。一方，大学では，地学の領域ごとに研究室が運営されている。つま

り，「地質学」「気象学」「天文学」などの研究室である。それぞれ，相互の研究に関しては，ほとんど知見を共有することがない。高校地学の教員も大学・大学院などでは上述の一領域を専門とするため，物理，化学，生物などの他の科目を専門とする教員と比べて，科目内での守備範囲は，より狭くなってしまう。また，地学の教員は，物理，化学などの指導が可能であっても，逆に他の科目担当の教員にとっては地学を教えることの負担は大きい。「地学の教員が少ない」，そこで「地学が開講される学校は少ない」，その結果，「地学の教員採用数はさらに少なくなる」という負のスパイラルが生じている。一時，高等学校で，「地学」は絶滅科目とさえいわれたことがあった。

　しかし，2011年の学習指導要領において，「基礎」の科目を3科目選択すれば，理科の必修単位は十分となることから，「地学基礎」の履修率は高まった。文系の生徒が，センター試験（現共通テスト）対策で履修するようになったため，進学校でも「地学基礎」を開講する学校は増え，「地学」を専門としない理科の教員が「地学基礎」を担当する機会が増えた。このように現在では，やや逆説的ではあるが，地学への関心が高まりつつある。そこで，次に地学の特色をもう少し整理し，自然の事物・現象として多様な観点から捉えてみたい。

（2）地学における「自然の階層構造」

　第12章で指摘したように理科で対象とする自然の事物・現象には，様々な階層があった。小は地球を構成する岩石・鉱物など物質をつくる素粒子から大は宇宙規模に至るまで，さらには変遷してきた生命体にまで「自然の階層構造」は見られる。地学では，これらが時間・空間を超え循環されていることに特色がある。

　ここで，地学における階層の特色について触れておく。化学では，私たちを取り巻く様々な物質について，そして物理では，それらを支配する力の性質によって，各階層に属する事物・現象を捉えた。さらには，様々な物質や力の働きの相互作用によって地球環境は整えられ，また時代とともに変遷してきた生物の進化・絶滅の解明へのアプローチは，生物の学びとも連動する。つまり，地学は他の学問領域の成果を有機的につなげた応用科学とすらいえる。

　第12章でも紹介された以下の概念を，その発達の段階も踏まえながら教材と

して，全て取り扱うのもまた地学である。

（大）宇宙−銀河集団−銀河団−銀河−恒星系−地球（惑星）
【地球環境】−地形・地質−岩石−鉱物−原子・分子・イオン−……（小）

　物理とは逆に，大から小への流れを見ると，宇宙は現在も膨張を続け，宇宙を構成する銀河集団，それらを形成する無数の恒星，そして太陽系。地球はこれらの流れから見ると，小さな存在にすぎない。このように，宇宙は，想像もつかない空間的な広さとともに，膨大な時間をかけて形成されたものである。

　さらに138億年前のビッグバン以来，宇宙が誕生して形成された地球にも46億年という歴史がある。宇宙空間で誕生した物質が地球の構成物質をつくるようになり，そこから生命体さえ形成され，進化の道をたどる。

　地球誕生後のプロセスで地球内部の物質の分布も異なってくる。つまり，地球内部には鉄のような密度の高いものが集まり，密度の低いものは上昇し，核（外核・内核），マントル，地殻と地球の層構造が形成された。これらは物理学の法則に則っている。マグマオーシャン直後の地球からは海が形成された。その後の物質循環は化学の法則に基づき，多様な物質から生命誕生の舞台が整う。地学が地球及びそれを取り巻く空間を解明する学問であることから，地学自身もその対象に応じて様々な分野に分かれているのはこのためである。

　地学は自然科学のひとつではあるが，時間・空間ともに壮大な自然現象を解明するため，現在も解決への途にある課題が数多く存在する。科学の方法すら限界が見られる。例えば科学の特色に再現性がある。科学の真理は同じ条件下では同じことが導かれる必要がある。そのため，実験，観察での数式，取り扱うデータには普遍性が求められる。しかし地学では，空間，時間の広がりから，過去の復元や再現が不可能なことも多い。これが科学の特質における取り扱い上の問題となる。仮説を立てても検証が困難であること，さらにはその時代に存在していたとしても，現存していないこと（例えば生存していたはずの生物が化石すら残っていない，存在していたはずの地層が現存していない）。その場合，地学を科学の領域として成立させるために，近年ではICTを活用し，シミュレーションによって，復元させることも科学の方法として取り扱われている。

2　地学分野における小中高の系統性——内容の系統性と指導での差異点

　2008年度の学習指導要領改訂から小・中高等学校理科で学習する内容は，理科の見方（自然の捉え方）としてエネルギー，粒子，生命，地球の4つの柱の下，まとまりをもって配置し（構造化），学習内容の校種間での順序だったつながり（系統性）が示された（⇨巻末付録）。各校種での学習内容が他の校種のどこにつながるのかという関係が明記されたことになる。

（1）地学分野における学習内容の系統性
○中等教育に見る地学の現状
　中等教育における地学分野の学習内容の系統性について述べる前に，履修等の現状を説明する。学習者の進路と関係して地学を考えてみる。他章で述べたように高校入試段階では，理科は4領域ほぼ均等に出題される（教員採用試験も同様）。一方，大学入試は現共通テストにおいて大きな偏りがある。地学基礎の選択状況はともかくとして，地学の選択は化学の約200分の1にすぎない。物理，化学の工学系，生物の医療，薬学系等への進学者に比べ，同じ理系であっても，「地学選択者」は理学部に限られ，進路の選択幅が狭くなるためなのか，それとも先述のそもそも地学が開講されておらず，教員も少ない，そこで受講生も少なくなるという負のスパイラル状況のためだろうか。

　国際的には地学の専門職への就職を考えるにしても，高校時代は，物理，化学を学んだほうがよいという考えがある。例えば，地質学の伝統をもつドイツでは，高校理科に「地学」の科目はない。高等学校では，物理，化学，生物を学んで，大学入学後，地質学の道を歩むことになる。確かに，地質学者，気象学者，天文学者を育成するには，物理，化学の知識，理解は不可欠である。
○地学分野の学習内容の構造
　地学分野は，中学校では，固体地球，気象，天体の3領域に分かれる。しかし，高等学校4単位「地学」では，地球物理，地質・岩石，海洋・気象，天体と4領域に分けられている。2単位「地学基礎」では「地球のすがた」，「変動

する地球」から構成されている。この区分は学問領域というより，前者では現在の地球の状況，後者では地球誕生から現在までの時間，天体の空間的広がり，さらには自然環境と人間の関係など応用面が扱われていると考えてよい。

　中学校理科では，第1学年で固体地球，第2学年で気象，そして第3学年で宇宙を学ぶ。まず地球について現在の構成から地史までを探り，次に地球表面の大気の動き，そして，太陽系，宇宙へと学びを広げる。これに伴い，観察できる対象から，直接的に見えない抽象的な思考も求められるようになる。

（2）学習者の学びと教材の構造化

　地学は，エネルギーや粒子などの領域と異なり，室内の実験や観察以上に野外での観察や調査が重視される。地球領域では，地質・地形や地層・岩石等の観察，大気に関しては気象の観測，そして宇宙については天体観測が期待されている。野外観察は魅力的ではあるが，学校としては実施困難な点も多い。学校近くに適切なフィールドがない，教員自身に野外での調査経験が少ない，などが主な理由である。確かに地球領域でも，教室内で岩石標本の肉眼観察，飽和水蒸気量の観測などが行われている。ただ，それらは地学現象の一部にすぎない。つまり，ダイナミックな大気の循環，地球の構成についてのメカニズムを可視的な部分での観察，実験に留まっている。そこで，モデル実験やICT教材によるシミュレーションも行われることもある。与えられたデータを図表のなかで読み取ったり，作図したりする実習なども行われることが多い。また，授業で取り上げる自然現象が学校や地域で見られない場合（日本でも見られない現象）もあるため，視聴覚教材なども用いられる。

　さらに地学は，総合的な科学領域ともいえる。そのため，他の学問領域である物理・化学・生物の原理や法則を駆使して成立するところもある。固体地球，生物の変遷，大気や海水，天体の広がりなどを理解するためには，他の領域の学問の成果の引用が必要である。また，他領域と同様に科学の発展による解明のプロセスが学習者の成長段階のプロセスと類似するところもある。天動説から地動説についてのパラダイムの転換は生徒たちにとってもその例といえるように，科学史を取り入れることも地学領域では重要な学びのプロセスとなる。

　同時に，身近な自然現象が科学技術の発達によって明確になることも無視で

きない。例えば，前線の発達による豪雨の頻度が増加しており，「線状降水帯」や「バックビルディング」なども気象情報で使用されるなど一般化している。これは雨雲レーダーやアメダス（AMeDAS：Automated Meteorological Data Acquisition System，自動気象データ収集システム）などの観測装置の著しい発達による。宇宙の観測も科学技術の発達を無視して考えることはできない。このように，何が観測できるようになったから何がわかるようになった，という認識の順序も地学の学びでは不可欠である。

　地球表面の現在及び過去の動きについても同様である。例えば，日本列島を含んだ世界の地震，火山活動，そして地殻変動などはプレートテクトニクスによって説明することができる。プレートテクトニクスをはじめて提唱したウェゲナー（A. Wegener）は，南アメリカ大陸東側とアフリカ大陸西側との海岸線が一致することから，両大陸が分裂したと仮説を立てた。ウェゲナーの時代に大陸移動説が認められなかったこと，これがどのような科学的な事実から証明されたかについては，教科書はじめ多くの文献で紹介されている。着目したいのは，地図を見て大陸の分裂を考えたウェゲナーの感性である。科学の発展は理論の積み重ねだけでなく，感性によっても，そのきっかけとなる例である。

3　授業の実際──中学校を事例として

（1）中学校理科の目標と学習内容

　学問領域では，地質学（固体地球）で扱う地震や火山，地層，岩石，また風化・侵食・運搬・堆積などの現象がある。気象学（気象）では天気の移り変わり，四季の特徴的な天気，高気圧・低気圧や前線，台風などがある。天文学（天体）では日周運動，年周運動，月の満ち欠け，太陽系，恒星などがある。

　地球領域にはこれら学問領域と対応した内容として，「地球の内部と地表面の変動」（固体地球，地質学），「地球の大気と水の循環」（気象，気象学），「地球と天体の運動」（天体，天文学）が設定されている。それぞれが小学校から中学校，高等学校へと系統的に配置されている。中学校ではこれらの学問領域が学年単位で設定されている。すなわち，中学校第1学年で「大地の成り立ちと変化」を，第2学年で「気象とその変化」を，第3学年で「地球と宇宙」を学習

する。では学習指導要領に示されている地球領域の内容のうち，育成を目指す資質・能力の「思考力・判断力・表現力等」を示す「イ」の項目を解釈してみよう（下線や【　】内は筆者加筆）。

---

(2)　大地の成り立ちと変化

イ　大地の成り立ちと変化について，問題を見いだし見通しをもって観察，実験などを行い，地層の重なり方や広がり方の規則性，地下のマグマの性質と火山の形との関係性など【規則性，関係性，共通点や相違点，分類するための観点や基準】を見いだして表現すること。

---

(4)　気象とその変化

イ　気象とその変化について，見通しをもって解決する方法を立案して観察，実験などを行い，その結果を分析して解釈し，天気の変化や日本の気象についての規則性や関係性【規則性や関係性】を見いだして表現すること。

---

(6)　地球と宇宙

イ　地球と宇宙について，天体の観察，実験などを行い，その結果や資料を分析して解釈し，天体の運動と見え方についての特徴や規則性【特徴，規則性，関係性】を見いだして表現すること。また，探究の過程を振り返ること。

　理科の目標で述べられている「見通しをもって観察，実験を行うこと」（二重下線部分）とはすなわち，生徒が何のためにこの観察や実験を行っているかをしっかりとその意義を把握していることであり，立案・計画した観察，実験での結果を予想した上で観察，実験を行っているか，ということである。一方，「科学的に探究する力を養う」（波線下線部）については，第1学年では自然の事物・現象に進んで関わり，それらのなかから問題を見いだす活動，第2学年では解決する方法を立案し，その結果を分析して解釈する活動，第3学年では探究の過程を振り返る活動などに重点がおかれている。

　以下では，第2学年の気象単元を例に，仮説の設定と仮説を検証するための条件制御を用いた実験の計画，結果の予想，結果の分析と新たな仮説の設定についての授業を例示する。加えて飽和概念の獲得のための授業例を提示する。

（2）指導の実際

・扱う単元：気象とその変化

・授業提案内容：露点と飽和水蒸気量，湿度

【露点と凝結温度，飽和水蒸気量】

本時の目標：①蒸発や沸騰，結露といった身近な現象から，水蒸気が水になるときの条件についての仮説を立てる。②仮説を検証するための実験を計画して実行する。③仮説に基づく実験結果の予想と実際の実験結果を分析・解釈し，条件を導き出す。④仮説が違っていた場合，新たに仮説を立て直し，実験を行う。【思考・判断・表現（行動観察，ワークシート）（記録）】

【本時の授業展開】

時間	生徒の学習活動	指導上の留意点
導入 5分	●身近なところで水が水蒸気に変わる例を考える。 →鍋ややかんでの水の沸騰，熱い湯呑みから湯気が立っている，洗濯物が乾く，バケツからの水の蒸発。 →沸騰と蒸発の違いを復習する。 （液体の水が水蒸気に変わる現象）	○沸騰と蒸発の違いを確認する。
展開 35分	●水蒸気が水（水滴）に変わる現象について考える。 ・冬の寒いときに息を吐くと白くなった。 ・お風呂では鏡が曇る。 ・冷たい飲み物の入ったコップの周りに水滴がつく。 ・寒い日に窓が結露する。 空気中の水蒸気が水滴に変化する条件は何かを考え検証する ●先ほど考えた現象について，その理由（仮説）を個人で考えてみる。 ・冷えると水滴になる。 ・水分が多いと水滴になる。 ・接している物体の温度が低いと水滴になる。	○導入とは逆の現象（水蒸気が水滴に変わる現象）について話題を振る。 ○質問「水蒸気が水滴に変化するのは，どのようなときでしょうか」 ○考えられた現象の起こる理由を考えるように促す。 ○出てきた仮説を検証するために実験することを提案する。 ・実験の実現を可能とするために，コップと水滴に絞って考えてみるようにする。

〈グループで仮説を出し合う〉 ●冷たい飲み物の入ったコップの表面に水滴がつく理由について仮説を考える。 （仮説例） a) 温度差によって水滴がつく。 b) コップの中の液体がある温度よりも下回ると水滴がつく。 c) コップ自体が冷えていると水滴がつく。 d) 息を吹きかけると水滴がつく。 ●仮説に基づいた検証のための実験を計画し，実験結果を予想する。 （例） a) の場合 【実験方法】：温度差が必要なため，常温の水の入ったコップを3つ用意する。ひとつには熱湯を少量ずつ加えていく。もうひとつには氷水を少量ずつ加えていく。残るひとつはそのまま置いておく。 【結果の予想】：熱湯を加えていった方と氷水を加えていった方はともに常温の水との温度差が同じくらいになると水滴が生じる。 ※ a) c) d) の仮説は予想された実験結果とならないため，仮説を立てることをやり直し新たな仮説を立てる。 ●実験結果を分析する。 b) の仮説検証実験の結果を予想と照らし合わせて分析・解釈する。	○提案された仮説について，検証するための実験を計画するように促す。 ○仮説に基づいた検証のための実験を計画，結果の予想後，実験を準備させる。 ○仮説に基づく実験結果を予想した結果を公開するなどして見通しを持った実験となるようにする。 ※ b) の実験では，精度を上げるための工夫を促す。

空気中の水蒸気が水滴に変化する条件は空気に接している物体を冷やしていったとき，それもある程度同じような温度になったときに水滴が生じている。	

まとめ 10分	●水蒸気が水滴になる現象について「露点」「凝結」の用語を用いて自分の言葉で説明する。	○「露点」「凝結」の用語を紹介し説明する。

	〈期待する新たに生じる疑問〉 ・いつも同じ温度で水滴になるのだろうか？ ・この水滴はどこから来たのか？ ・コップについた水滴は拭いても拭いても生じ続けるのだろうか。	条件についての仮説をたて，検証するための実験を立案・実行し，予想した実験結果と実際の実験結果を分析・解釈し，条件を導き出しているかどうか。

次時では，飽和水蒸気量についての理解を育む授業展開を行う。その概念理解の授業方法を簡単に紹介する。

【飽和概念のモデル化】

本時の目標：飽和水蒸気量について，身近な題材を例にモデル化して説明することができる。【思考・判断・表現（行動観察，ワークシート）（記録）】

1．温度と飽和水蒸気量の関係から，空気中の水蒸気が水滴に変わるしくみを説明する。

※空気中の水蒸気は，露点以下に冷やされたとき，一部が水滴に変わって現れる。また，露点は空気中にふくまれる水蒸気量によって変化する。「飽和水蒸気量」の用語を説明する。

2．温度と飽和水蒸気量の関係をグラフで表現させる。

3．飽和概念のモデル化を行う。

①飽和水蒸気量，水蒸気，水滴，露点，凝結することなどの用語について，モデルに置き換える。

※気温による飽和水蒸気量の変化についてつじつまの合う説明ができているかどうか（図15-1）。

②モデル化した内容を図で表現し，グループ内でそれぞれ説明紹介する。

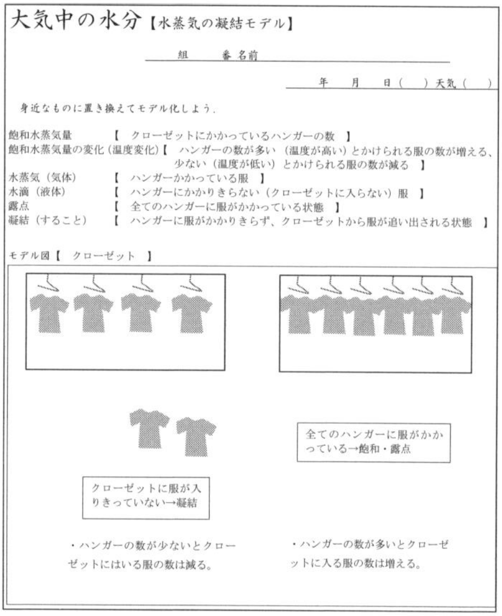
大気中の水分【水蒸気の凝結モデル】

組　　番 名前

年　月　日（　）天気（　）

身近なものに置き換えてモデル化しよう．

飽和水蒸気量　【　クローゼットにかかっているハンガーの数　】
飽和水蒸気量の変化（温度変化）【　ハンガーの数が多い（温度が高い）とかけられる服の数が増える、少ない（温度が低い）とかけられる服の数が減る　】
水蒸気（気体）　【　ハンガーかかっている服　】
水滴（液体）　【　ハンガーにかかりきらない（クローゼットに入らない）服　】
露点　【　全てのハンガーに服がかかっている状態　】
凝結（すること）　【　ハンガーに服がかかりきらず、クローゼットから服が追い出される状態　】

モデル図【　クローゼット　】

図15-1　ワークシート

飽和の概念の理解は中学生にとっては難しいとされている概念のひとつである。中学校第１学年の粒子領域でも溶解度（溶解度曲線）において，水100g あ

たりに溶けることのできる物質の質量は，水の温度によって変化すると学習している。今回例示した飽和概念のモデル化（図15-1や表15-1）を中学校第1学年時の溶解度の概念理解のために実施しておいてもよいだろう。ここでは，飽和水蒸気量と相対湿度についての概念理解を到達目標とし，湿度計算に固執した授業展開や演習問題の過多とならないように留意すべきである。加えて，定期テストなどにおいても，難解な湿度計算を出題せずに，湿度や飽和水蒸気量の概念理解を確認することのできる出題を心がけるようにしたい。

表15-1　飽和概念のモデル例

モデル化 ＼ 科学用語	椅子取りゲーム	入試	コンサート	ゴミ
飽和水蒸気量	椅子の数	合格定員	会場の定員	ゴミの量
飽和水蒸気量の変化（温度変化）	椅子の増減	試験の次数 定員の増減	ホールのキャパシティ	ゴミ箱の大きさ
水蒸気（気体）	座れている人	合格者	入場可能人数	ゴミ箱に入っているゴミ
水滴（液体）	座れなかった人	不合格者	定員オーバーで入れなかった人	ゴミ箱からあふれたゴミ
露点	椅子の数と座れている人が一致	受験者数と合格者数が同じ	定員と希望者数が同じ	ゴミ箱が満タンになっている
凝結（すること）	ゲームで座れないこと	不合格者が出ること	コンサートに抽選漏れして行けなかった人が出ること	ゴミ箱からゴミがあふれ出ていること

【湿度と飽和水蒸気量】

本時の目標：湿度について正確に理解し，身近な現象においても湿度の考え方を適用して説明している。【主体的に学習に取り組む態度（行動観察，ワークシート）（記録）】

時間	生徒の学習活動	指導上の留意点
導入	●湿度の定義を復習する。 ・温度と水蒸気量によって変わること ・露点は空気中にふくまれる水蒸気量によって変化し，湿度は飽和水蒸気量に対する水蒸気量の割合で求められる。	○湿度の定義を確認する。

展開	教室全体に含まれている水蒸気量は何gあるのか	
	●教室に実際に含まれている水蒸気量を導き出すための手順を考える。 ①現在の教室の湿度を測りとる方法を考える。 ②湿度と飽和水蒸気量の関係から教室の空気1m³中に含まれている実際の水蒸気量（Xg/m³）を導き出す。 ③実際の教室の容積（Ym³）を計算する。 ④実際の水蒸気量（Xg/m³）×教室の容積（Ym³）＝教室全体に含まれている水蒸気量（Zg）を導き出す。 例）室温20℃，湿度60％のときに約1960gの水蒸気が存在している。 ●湿度と飽和水蒸気量の概念について，日常生活の現象との関連を考える。 ①真冬の湿度50％のときと真夏の湿度70％のときとで洗濯物の乾く早さの違いの理由を飽和水蒸気量の概念をもとに考える。 ②冬場に暖房などで部屋を暖めると湿度が下がるといわれている理由を飽和水蒸気量の概念をもとに考える。 ③夜に暖房を消した部屋の窓が朝方には結露している理由を飽和水蒸気量の概念を基に考える。 ④お風呂場の鏡が曇る理由を考える。 など	○実験で行った金属コップを用いる方法と，観察で行った乾湿計を用いる方法を準備しておく。 ・実験結果の妥当性の検討のために教室内数カ所の湿度を湿度計などから読み取れるようにしておくとよい。 ・教室の大きさも実際に生徒に測らせるとよい（奥行7m，間口9m，天井高が3mが一般的とされている。容積189m³）。 ・加湿器の性能やエアコンの除湿機能などについて補足するとよい。 ○日常生活との関連を多く見いだすようにし，出てきた現象の起こる理由を考えるように促す。 湿度について日常生活と関連付けて考察し，身近な現象について飽和水蒸気量の概念をもとに自分の言葉で説明・表現できているかどうか。

（3）指導案に託された授業者の願い

　単元「天気とその変化」のこの学習部分では湿度の計算など，むやみに計算をさせるような授業や定期テストを目にすることがある。計算ができる・できないで生徒に差を付けることがテストの本質的な目的ではない。生徒たちにこ

の単元で本当にわかっておいてほしいこと，本質的な理解として身に付けておいてほしいことは一体どういう内容なのかを，しっかりと考えておくとよい。

　今回取り上げた飽和水蒸気量と湿度の部分では，飽和水蒸気量の概念と，湿度は相対的なものであるという概念が重要である。これらを子どもたちに理解させ，日常生活と関連付けて理解を深めたり広げたりしていくことが重要である。けっしてさまざまな湿度の計算ができるようになることが本質的に求められていることではない。それゆえ，飽和水蒸気量の概念をしっかりと身に付けるために，モデル化を行わせ他者に説明するという授業展開を設定している。

　この単元では，圧力の学習がエネルギー領域（物理）より移行してきている。ともすれば圧力や気圧も計算問題に陥りがちであるが，圧力や気圧の意味を正確に生徒たちが理解できるような指導を考えていきたい。湿度の計算や圧力や気圧の計算の訓練が目的ではなく，生徒たちがしっかりと科学概念を身に付け，それらを身に付けたかどうか，きちんと教師が評価していくことが求められている。

4　授業の実際——高等学校を事例として

（1）地学基礎の目標と学習内容

　まずは，学習指導要領から「地学基礎」の目標を以下に示す（下線は筆者）。

地球や地球を取り巻く環境に関わり，理科の見方・考え方を働かせ，見通しをもって観察，実験を行うことなどを通して，地球や地球を取り巻く環境を科学的に探究するために必要な資質・能力を次のとおり育成することを目指す。
　(1)　日常生活や社会との関連を図りながら，地球や地球を取り巻く環境について理
　　　解するとともに，科学的に探究するために必要な観察，実験などに関する基本的
　　　な技能を身に付けるようにする。
　(2)　観察，実験などを行い，科学的に探究する力を養う。
　(3)　地球や地球を取り巻く環境に主体的に関わり，科学的に探究しようとする態度
　　　と，自然環境の保全に寄与する態度を養う。

　ここで示されているように，資質・能力としての具体的な3つの目標などは，

他の科目との基本的な相違はない。大きく異なるのは，「地球や地球を取り巻く環境」がキーワードとなっていることである。

　また，「地学基礎」履修後の「地学」の目標でも，前文は全く同じであり，項目(2)，(3)も同様である。ただ(1)のみが<u>「地学の基本的な概念や原理・法則の理解を深め</u>，科学的に探究するために必要な観察，実験などに関する基本的な技能を身に付けるようにする」（下線は筆者）となっている。つまり「日常生活や社会との関連」など具体的に実感できる「地学基礎」の学びと「地学の基本的な概念や原理・法則」など抽象的な概念から法則性まで理解する「地学」との学びとの連続性が示されている。

　次に学習内容として，地学基礎は，「地球のすがた」と「変動する地球」の2つから構成されており，天体領域も地球を取り巻く環境として扱われている。ここでは変動する地球について取り上げる。

　地学基礎における単元「変動する地球」の内容構成は次の2点である。

　1．プレートの運動（プレートの分布と運動について理解するとともに，大地形の形成と地質構造をプレートの運動と関連付けて理解すること。）

　2．火山活動と地震（<u>火山活動や地震に関する資料に基づいて，火山活動と地震の発生の仕組みをプレートの運動と関連付けて理解すること。</u>）

　本節では，下線部の学習目標（到達度目標）として，学びの系統性，さらには学習指導要領の3つのねらいを考慮して次の①～⑤の5点を学習内容とする。

　①　既存の学習内容との連動

　小学校第6学年で地震や火山の基礎を学び，中学校では，第2分野「(2)大地の成り立ちと変化」で，火山活動（火山の形や噴火活動の様子がマグマの粘性と関係があること），火成岩（組織の違いから火山岩と深成岩があること），地震（その原因がプレートの運動と関係していること）などを学習している。

　②　地震・火山発生のメカニズム

　地学基礎では，火山活動や地震に関する資料に基づいて，火山活動と地震の発生の仕組みをプレートの運動と関連付けて理解させることをねらいとする。中学校までの水平，断面という捉え方から，震源など立体的な捉え方も重要である。扱う項目は以下の通りである。

【地震と火山の発生の共通性】日本列島は世界有数の火山帯であり，また地震

帯でもある。これらを含む地殻変動は，日本列島及び周辺の４枚のプレートから説明できる。ただ，日本列島の地震及び火山活動は，プレートの移動方向によっても差があり，完全には説明がつかない，不明なところも残っている。

【火山のメカニズム】世界の火山活動については，次の３つを取り上げる。

　・プレートの発散境界（海嶺や地溝帯）

　・プレートの収束境界（海溝などプレート同士の衝突や沈み込み）

　・ホットスポット（ハワイなど）

　火成岩については，組織と化学組成や鉱物の組み合わせに基づいて分類され，超塩基性岩から酸性岩までのマグマによって形成される岩石は異なっている。

【地震の発生のメカニズム】プレート型地震として，東北地方太平洋側では，太平洋プレートが北米プレートに，西日本太平洋側では，フィリピン海プレートがユーラシアプレートに沈み込むように，海洋プレートが大陸プレートに潜り込む収束境界における仕組みを中心に扱う。プレート内であっても震源の場所や深さによって津波が発生したり，大規模な地震となったりする。

　内陸型地震としては，プレートの境界以外にも地震が発生することに触れる。日本列島はユーラシアプレート・北米プレート上に位置し，太平洋プレート，フィリピン海プレートによる圧縮の力によって，逆断層の活断層が多く存在する。

　③　日本の特色の理解

　火山活動と地震の発生をプレートの運動と関連付けさせるには，日本列島の火山や地震の分布，地下のプレートに関する資料に基づいて理解させることができる。地震の発生や地震波の広がりなどは，モデルなどによる立体的な分布やシミュレーションなどが理解に効果的であり，適時活用が期待される。

　④　自然災害，防災・減災との連動

　日本各地では活断層型の地震が発生している。周期的に発生するプレート型の地震に比べて，発生の予測はより困難である。また，プレート型の地震は，周期的に大規模に発生しており，懸念されている南海トラフ型の地震，それに伴う津波の発生についての理解は，西日本を中心に不可欠である。

　一方，火山噴火の予測は，地震や津波などと比べると前兆は摑みやすいとき（2000年有珠山噴火）もあるが，2014年の御嶽山のように突然に噴火するときも

ある。現在，気象庁の50の常時観測火山があったり，ハザードマップが作成されたりして，対策が取られている。

⑤　自然の二面性の理解

　災害の面だけでなく，恩恵の面を取り扱うことによって，自然に対する興味・関心を高めることができる。特に日本は国立公園・国定公園だけでなく，世界遺産，世界ジオパークなど，自然景観の形成に火山の関わりが深い。

　④，⑤についての学びは，学習指導要領において，「(2)変動する地球(イ)地球の環境④日本の自然環境」と連動して取り扱うことが重要である。

さらに，単元の指導計画として，配当時間を10時間として，上で記した内容を取り扱う。

　　第一次　プレートテクトニクス（5時間）
　　　　　大地形の形成（2時間）
　　　　　造山帯　　　（1.5時間）
　　　　　島弧・海溝系（1.5時間）
　　第二次　火山と地震（5時間）
　　　　　火山活動　（3時間）
　　　　　地震活動　　（2時間）

なお，次頁以降に示す指導案の「本時」は第二次「火山活動」の2時間目である。3時間目は探究活動を行う。

（2）指導の実際——HowからWhyへ

　小学校では日本列島の火山の存在に着目させ，中学校では火山とともに地震の分布と比較させながら，プレートによって，火山活動，地震の発生をイメージ化させた。地学基礎では，世界の地震や火山帯の分布からプレートテクトニクスを一般化する。また，日本列島の火山帯の存在と噴火は地震の分布と比べて一様ではないことにも気付かせたい。プレートの動きに関連してプリューム理論も取り扱うことになっている。さらに地学においてはプレートの動きに伴って，日本列島の形成に関連する付加体や広域変成作用，接触変成作用なども取り扱い，現象の巨視的理解に迫ることになる。

　ここには，どのようにして（How）火山が形成されたのかという視点から，なぜこのように火山帯が形成されるのか（Why）を問う流れがある。この点に着目し，授業を組み立てることにする。

【本時の到達目標】
　①　プレート間の動きから，火山の形成について説明できる。
　②　火山をつくるマグマの性質によって火山の形の違いが説明できる。
　③　火山災害につながる火山噴出物を説明できる。

【本時の指導案】

時間	生徒の学習活動	指導上の留意点
導入 10分	火山帯の分布に注目しよう	
	●予想される生徒の反応 ・プレートとの関係を考える。 ・太平洋プレートと北米プレートとの関係。 ・フィリピン海プレートとユーラシアプレートとの関係。 ・太平洋プレートとフィリピン海プレートとの関係。	○地質図及び地形図（または映像）：火山帯の分布（気象庁の常時観測火山の位置）とプレートとの境界について着目させる。 ○生徒の反応から，プレートの沈み込みの方向を示して板書する。 ○地質図及び地形図（または映像）：火山前線の位置に着目させ，プレートと海溝の位置から，地下深部でのプレートの移動方向を推測させる。
	●予想される生徒の反応 ・プレートの動きの向きに注目する。 ・東北日本と西南日本の火山の分布の違い。 ・1つのプレートの動きも1方向だけではない。	○プレート同士の関係による火山の分布を考えさせる。
展開Ⅰ 15分	プレートの動きと地震・火山との関係を探ろう　目標①	
	【実習1】火山分布と地震分布との違い，プレートの動きで説明できるところと説明できないところを考える。 ●東北地方と近畿・中国・四国・九州などの西日本の火山帯の違いに気付く。	【実習1】東北地方での震源の深度分布から，太平洋プレートと北米プレートとの境界を考えさせる。 ○結果を図を用いて発表させる。 その際，プレートの動きの向きを水平・垂直方向の3次元で捉える指示をする。 ○プレートの動きから，マグマだまりの形成，火山の噴火についての説明をする。

展開Ⅱ 15分	**マグマの性質と火山の形態との関係を探ろう** 目標②	
	●予想される生徒の反応 ・火山岩は，流紋岩，安山岩，玄武岩とマグマ成分によって，異なった種類となっている。	○火山を構成する火成岩について，岩石を構成する造岩鉱物，その特色について関係を確認させる。
	・火山岩は，塩基性岩から酸性岩まで，含まれている SiO_2 量によって異なっている。	○期待する生徒の発見 火山にも様々な形態がある。 また，火山の噴火様式も異なっている。
	【実習2】グループごとに，国内外の火山の噴火の様子，火山の形態の違いについて，火山岩の特色から考察する。	【実習2】映像等を用いて，様々な火山の形態と主に構成される火山岩との関係を考察させる。
	火山噴火による噴出物を説明しよう 目標③	
	【観察】火山噴出物について，それぞれの特色を観察する。 ○火山噴出物のなかで，火山の形態に関係する溶岩，火山砕屑物などを理解する。 （期待する反応） ・火山を構成する溶岩によって火山の形態が，釣鐘状火山になったり，成層火山，盾状火山となったりする。	○着目の視点を与える。 ①火山噴出物のなかで，溶岩は火山の形成にどのような影響を与えるか。 ②火山砕屑物も火山の形態に影響を与えることを映像から考える。 ○溶岩の成分だけでなく，火山噴出物によって，富士山のような成層火山が形成される。 ○噴火後にマグマだまりの陥没によりカルデラ形成の場合も多い。
まとめ 10分	**日本列島周辺のプレートテクトニクスを考えよう**	
	●火山の形成・噴火，地震メカニズムをプレートテクトニクスから整理する。 ●多様なプレートの沈み込みの違いを考える。	○プレートテクトニクスによって説明できる地震，火山の特色と説明できない現象を考察する。

（3）指導案に託された授業者の願い

　本時の授業展開で，特に配慮した点は次の3つである。

（1）　本時の目標を，具体的な資料の読み取りなどの活動としてどのように位置付けるか。

(2)　プレートの沈み込みなどの動きと日本の火山分布の特色について「新た
　な気づき」を引き出せるか。

(3)　日本列島の地震と火山との相違点についてより深い理解ができたか。

　上記(2)に関して，プレートテクトニクスの名称は中学校でも扱っている。こ
こではさらに，

プレートの収束境界→海溝　プレートの発散地域→海嶺

という対応関係に気付かせることで，プレートの形成と沈み込みに関してのみ
の規則と思われがちなプレートテクトニクスを一歩進め，定量的な扱いにまで
発展させることをねらいとした。そのための手立てが実習1である。日本列島
の地震発生分布図を用いることで，少なからずの生徒にその気付きが見られた。
この気付きは，地学での熱流量の定量的な扱い，プレートの速度の違い，例え
ば太平洋プレートの速度が年間約8cm，フィリピン海プレートの速度が年間
約4cmと表されることへの直感的理解を助けることにもつながると思われる。

　(3)については，プレートの働きによって生じる地震の発生と火山の噴火での
そのメカニズムの違いを扱うことをねらいとしている。プレート型地震では，
海洋プレートが大陸プレートに沈み込むことによって，プレートの動きを理解
させるものである。しかし，海洋プレートが海洋プレートに沈み込むことによ
って，地震や火山が発生することはあまり取り扱われていない。フィリピン海
プレートの動きも，西側の九州の火山帯と北側の四国・中国・近畿地方での状
況を把握できる「Why」を意識した展開としたい。

　従来の高校地学の観点からすると，プレート型の地震と火山の分布は全て，
プレートテクトニクスで説明されようとしている。しかし，プレートの沈み込
みによる海溝や，火山前線がトラフ付近と平行に分布し，しかもそれらから一
定の距離を保って分布していることを示すには若干の無理がある。

第16章

教科内容の系統性・構造化と探究活動

本章で学ぶこと

　教科内容の系統性や構造化という言葉はこれまで随所に登場した。系統性や構造化については，おぼろげながらイメージはつく。個々バラバラではなく，つながったイメージとしての系統性，また基礎や土台など役割分担があるといった構造化。教科内容の系統性とは，何がどのようにつながっているのか。教科内容の構造化を図ることでどんなメリットがあるのか。さらに，令和の理科は探究の時代ともいわれる。探究活動とは実験のノウハウのことなのか，それとも別に意味があるのか。本章で明らかにしたい。特に，探究活動については実例をあげ参考としたい。

1　教科内容の系統性と構造化──カリキュラムを考える視点

　第Ⅱ部の授業づくりの基盤でも触れたが，ここで改めて教科の内容を構成するにあたって，その指針となる教科内容の系統性と構造化について考えたい。図11-2では，カリキュラム（ここでは教科カリキュラムに限定する）を構成する際の科学知から学校知への流れを示したが，カリキュラム編成に関しては相対する2つの考え方があった。それは，工学的接近と羅生門的接近と呼ばれるものである。前者は教育内容の配列に際しては学習者の発達の順序性に配慮し，教育目標を学年ごとに編成し，そのもとでプログラム化するというものである。現行のカリキュラム編成でもある。後者は，その時々の学習者の自発的な活動と教材の出合いからカリキュラムを構成していくというものである。いわば，その場その場での，また個々の子どもに応じた教科内容との出合いが想定されており，ここには教科内容の系統性や構造化という発想は見られない。

　したがって，以降，工学的接近によるカリキュラム編成について述べること

になる。すなわち，「教育内容の配列に際しては学習者の発達の順序性に配慮
し，教育目標を学年ごとに編成し，その下でプログラム化を図る」のであるが，
ここには学習者の発達の順序性に配慮した教科内容の配列という，系統性，構
造化を考えるに当たっての重要なキーワードが潜んでいる点に注意したい。

（1）教科の系統性について――教科内容をいかに配列するか

　柴田義松（2010）は，教科の系統性について次のように指摘する（下線は筆者）。
「教科の系統性とは，子どもが学習する教科の内容が，前後に論理的なつなが
りがあり，前に学んだことが後の学習の基礎として役立ち，後で学ぶことが前
の学習の発展として一段一段より高い認識に高まっていくような指導のあり方
をいう」。

　さらに，その際，考慮すべきこととして，「このような系統性のある指導は，
教科内容が相互に論理的に結びついているとともに，子どもの認識発達の道筋
に沿って順次的に配列されていることが必要である」とした。

　学習指導要領（解説理科編）においても，小中高で学習する教科内容（単元）
の全てが，エネルギー～地球という４つの領域に分かれつつも，そのいずれの
領域も小学校から中学校，そして高等学校へと順次的に配列されており，その
意味では教科の系統性が図られていることがわかる（⇨巻末付録）。

　ここで，教科内容の系統的配置とは，内容の母体となる科学の体系とどのよ
うな関係にあるのかが気にかかるところである。科学の体系，例えば物理学の
体系を考えれば，それはその体系をなす個々の要素（現象や事象，法則など）の
発見など，歴史的な経緯を離れて組み立てられたものであり，児童生徒への教
育的配慮など一顧だにしない。したがって，教科内容の系統性は，科学の体系
と直結していないことは容易に想像できる。この科学の体系から，より基礎的
なものを教育目的に照らして抽出し，児童生徒の認識発達の道筋に沿って順次
的に配列し直さなければならない。この作業がカリキュラムづくりである。

　では，より基礎的なものの抽出とは何か。それは児童生徒の体験や生活経験
から科学的概念を吟味し組織化することか，それとも昭和40年代の教育の現代
化時に叫ばれた科学的概念の形成によって児童生徒の生活から得た概念を再構
成させることか。さらに配列の順序性についても，それは個別なものから一般

的なものへの配列か，それとも水道方式のように一般的なものから特殊的な複合過程へ進むのかなど，それぞれのメリット・デメリットを熟知した上で目指すオーダーメイドの授業づくりに際しては自身の立場を明確にしておきたい。このことは，時代に応じて目まぐるしく変化する環境のもとに学ぶ児童生徒に寄り添う現場教師に課せられた責務でもある。

　ここで，真船（1967）の「教科内容の配列の原則としての系統性を見出す方法」を紹介しておきたい。真船は，理科教育は科学教育であるという一貫した考えのもと，以下のように主張する。「内容の配列，つまり学習のおおまかな順序を決める際の原則」が系統性であるとし，学習の順序についても「自然の諸法則の間に内在する本質的な関連に合致すべき」であり，ましてや「諸法則の偶然的（非本質的）な関連を主なよりどころとして教材群を形作るとは系統性に反する」と指摘した。したがって昭和20年代の生活単元学習については，「自然の諸法則を生活という偶然的な結びつきをもとにして構成した内容で学習するものであり，系統性に反する学習形態」として，科学の学習を目指したものではないとまで言い切る。

　このように，理科教育はあくまでも自然科学に基づいた教育であるという前提から，法則の成り立ちにしたがって，発展的に学習できるような順序（系統的な学び）を見いだす処方として，以下の4点をあげる（個々の詳細については，資料を参考）。

　①　分析から総合へ
　②　低次の法則から高次の法則へ
　③　一般から特殊へ
　④　習熟により浅い理解から深い理解へ

　以上のうち①～③の3つは，自然科学の体系や方法から，概念や法則の間にどのような関係があるかを論理的に分析し，学習の系統性を見いだそうとするものであるが，④については，いわば教育効果を上げるための配慮ともいうべきものである。粒子概念やエネルギー概念など，諸法則の基盤となる考えは，できるだけ早期に学習し，様々な現象に適用させること（習熟）で浅い理解から深い理解へと導くことができるとした。時代の違いはあっても，この指摘は傾聴に値する。

（2）教科の構造化について──構造化を考えるメリットは何か

ここでも，柴田の指摘からはじめよう。

「教科の内容は，一般的な各学問分野（親学問）の基本的な概念，原理，法則などによって構成されるが，それらの内容間の構造（関連性）のことを教科の構造という」。

さらに，昭和40年代の教育の現代化の際，その精神的支柱となったブルーナー自身，「構造によって，ばらばらな観念の集まりに秩序が与えられ，私たちが学ぶものに意味が与えられ，……構造を学習するということは，どのようにものごとが関連しているかを学習することである」といい，教科の構造を学ぶことの4つのメリットを掲げた。すなわち，

①　基本的なことを把握するならば，同じ教科の他のことがらについての理解が容易になるばかりではなく，よりいっそうの深い理解にもつながる。

②　記憶が長く保持され，また再生能力を培うことにもなる。構造化された全体のパターンのなかに細かな枝葉の部分が位置付けられ，関係付けられるから忘れにくくなる。また，たとえ忘れたとしても，根幹になる知識体系や法則さえ理解していれば容易に再生できる。

③　基本的な原理や観念が捉えられていれば，転移を可能にする。

④　小・中学校の教科，教材を，その基本的性格という観念から不断に吟味していくならば，科学の先端（高次の知識）と初歩的な知識とのギャップを埋めることができる。

そして，この教科の構造を学ぶ方法として発見的学習法を提唱した。つまりは教科内容として満たすべき条件（構造化）と，その定着を可能とする教授方法（発見的学習法（学習の仕方を学ぶ））の2つを提唱したことになる。昭和40年代にはじまる理科教育現代化運動では，すでに第6章で触れたように，「現代の自然科学の最高の知識や基本的概念の習得」「科学的能力や科学的態度の育成」「科学的方法の習得」などを目的として，科学の基本概念の教授とあわせて科学者のように探究する探究の過程が強調された。

この教育の現代化運動は，早くも昭和50年代には「ゆとり教育」にその座を譲ることになる。柴田も指摘しているように，現代化運動では科学と教育との結合が強調されたが，それだけでなく教育と生活との結合など教育の全体構造

との関係のなかで教科の構造を考え，位置付ける必要がある。

2　中・高等学校理科で強調された探究活動

　探究という文字が冠された教授方法が学習指導要領の理科の目標に登場したのは昭和40年代と平成29年度のもの（現行の学習指導要領）である。両者を比較することから目指す探究活動について考えることにしたい。ここでは，両年代の中学校理科の目標を比較しよう（下線は筆者）。

【昭和44年の中学校理科目標】

　自然の事物・現象への関心を高め，それを科学的に探究させることによって，科学的に考察し処理する能力と態度を養うとともに，自然と人間生活との関係を認識させる。このため，

　1　自然の事物・現象の中に問題を見いだし，それを探究する過程を通して科学の方法を習得させ，創造的な能力を育てる。

　2　基本的な科学概念を理解させ，自然のしくみや，はたらきを総合的，統一的に考察する能力を養う。

　3　自然の事物・現象に対する科学的な見方や考え方を養い，科学的な自然観を育てる。

【平成29年の中学校理科目標】

　自然の事物・現象に関わり，理科の見方・考え方を働かせ，見通しをもって観察，実験を行うことなどを通して，自然の事物・現象を科学的に探究するために必要な資質・能力を次のとおり育成することを目指す。

　(1)　自然の事物・現象についての理解を深め，科学的に探究するために必要な観察，実験などに関する基本的な技能を身に付けるようにする。

　(2)　観察，実験などを行い，科学的に探究する力を養う。

　(3)　自然の事物・現象に進んで関わり，科学的に探究しようとする態度を養う。

　昭和40年代の科学の基本概念の獲得とあわせて，その基本概念を獲得するための方略，すなわち科学の方法や探究の過程（プロセススキル）をも習得させるという扱いは，まさに科学者のように振る舞う「探究の過程」を過度に強調したあまり，日々実践されている授業との乖離が大きく現場にはそぐわなかった。

生徒に期待する探究活動と科学者が行う研究活動とは質的に異なっているのは
いうまでもない。

　他方，平成29年に打ち出された探究活動は，科学の基本的な概念（知識）や
科学的な考え方（方法）を活用の場を通して習得させる学び方という捉え方で
あり，昭和40年代のような探究の方法に限定された「探究の過程」ではなく，
いわば理科特有の学び方（教授法や学習法）として位置付けられた。ここに，同
じ探究という文言を冠しているが，両者には大きな相違がある。

　なお，小学校理科の目標には探究活動という文言は見当たらないが，図16-
1のように，いわゆる理科における問題解決のプロセスと中・高等学校の探究
の過程には類似点が多く，その意味では小・中・高等学校を通して，理科の学
び方としての「探究の過程」が打ち出されたのである。まさに，現在の学習指
導要領は「主体的・対話的で深い学び」に加えて，理科に関しては「探究活

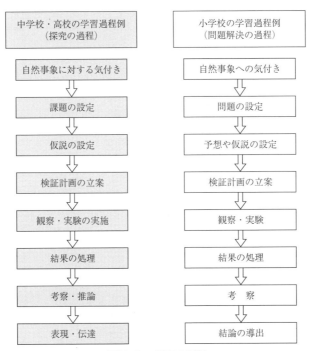

図16-1　探究の過程

動」がキャッチフレーズとなっている。

　以下，探究的活動の例を取り上げることにする。

■ 探究活動例（その１）

１．探究活動の位置付け

　探究活動の特色は，①生徒自らが選んだ未知なテーマについて②計画的に実験や観察を行い，③得られた結果に対して考察し，結論を導き，さらに④全過程の吟味を通して計画や結論の妥当性を検証する。さらに，その上で，批判的な聞き手に向かって⑤発表することにある。

　しかし，教科書に取り上げられている実験の多くは，なぜその実験が必要であったかという問題提起はなされておらず，しかも手順だけが書かれた，いわばレシピ的な実験であり，得られた実験データの例が検証もなく示され，さらにはそのデータからただちに一般的な概念や原理，法則が導き出される。したがって，このような「なるべくしてなる」予定調和的な実験では，探究活動の意義は伝わらない。ここでいう探究（的）活動の意義とは，以下の３点である。

　　①　活用を通して深く学ぶ場：既習の概念や公式などを，実験のスキルとともに総合的に学べる。

　　②　科学の有用性を実感できる場：研究の視点や科学観を育める。

　　③　科学好きを育てる場：未知のものへの探究という科学本来の楽しみや強い満足感が与えられる。

図16-2　水柱

　この意義が感じられる場としての，ある県立高校科学クラブでの探究活動を紹介したい。

２．テーマの面白さが際立った探究活動──水柱の研究

　「ジュースの入った紙コップを誤って床に落としてしまったとき，コップの中の液体がほぼ真ん中から真上に跳ね上がった。私たちはこの現象を『水柱』と名付けた。コップを落とす高さ，コップの中の液量，粘性などの液体の性質，また落下するコップの傾きなどを変化させることにより，その液体の跳ね上がり方に変

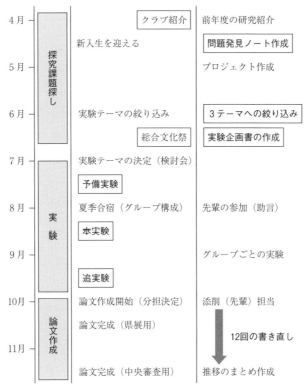

図16-3　活動の流れ

化が起こることが判明した。なぜ，このような現象が生じるのか。さらに，な
ぜ跳ね上がり方が変化するのかについて興味をもち，その要因を探ることにし
た」(生徒論文より)。

　ここには，研究の動機が淡々と述べられているが，自身が体験したテーマが
研究テーマとなり得るかどうかをあらかじめ実験をし，20名以上の部員を前に
して発表しなければならない。このような過程を経て，追究に値する発展性の
ある探究テーマとして確立する。図16-3の「実験テーマの絞り込み」から
「実験テーマの決定」までの約1か月間がその後の探究活動の成否を決定する
といっても過言ではない。

　ところで，授業で探究(的)活動を行う場合，授業の進度との関係でテーマ

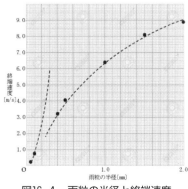

図16-4　雨粒の半径と終端速度

については教師がその骨子を策定・説明し，具体的なテーマ（探究課題）は生徒に選ばせる。教科書に載っている実験であっても，例えば落下運動で空気の抵抗が無視できない場合，「雨粒の落下運動」という具体例を通してデータを示し解析させるなど探究活動の意義（①〜③のどこに照準を合わせるかで活動の様子は変わりうるが）に触れさせることはできる。例えば次のような設定である。

（ア）上空〇〇ｍから質量〇〇ｇの雨粒が落下したときの地上での速さはいくらかになるだろうか。　　　　　　　　　　　　　【←①既習事項の活用】

（イ）そのときの人体に与える力の大きさはいくらと見積もれるか。　【←①】

（ウ）雨粒の半径と地上での速さの実験データの提示。　　　　【←探究の要素】

（エ）実験データから空気の抵抗は，どのように表されるか。　　【←②，③】

（オ）新たに加わった要素（空気抵抗の比例定数）の因子の追究。　【←②，③】

　探究活動のきっかけは具体的事物・現象に対する疑問から起こる。したがって，落下運動という現象も，雨粒の落下運動という特定の（しかも見慣れた）事物の運動として提示することで，探究活動の意義の①（既習事項の活用の場）に留まらず，既習事項にファクターを付加するだけでデータを予測できるという探究活動の意義②（有用性の実感）をも味わえ，さらにはそのファクターの物理的意味の追究という道も開ける。

　科学クラブの活動に話を戻すが，テーマ決定後の２か月間が「水柱はなぜ生じるか」を探る探究実験（予備実験・本実験・追実験）であった。

　実験→仮説→検証実験→新たな仮説→検証実験……を繰り返すが，その間，自然現象を説明するにはあまりにも生徒の言葉が不足していることから，生徒の手による自主的な勉強会が開催された。

（ア）運動量と力積，撃力など，物理用語と概念の習得。

（イ）実験が困難な検証に対してはコンピューターシミュレーションの活用。

　　そのための大学教員を招いての学習会

など，自然に挑む武器をも生徒自
ら獲得していったのである。いわ
ば「主体的・対話的で深い学び」
が生徒の手で実践されたといえよ
う。

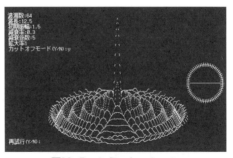

図16-5　シミュレーション

　（イ）については，紙コップの
周囲が波源となって波が生じ，そ
れが同位相で重なり大きな水柱を
形成するのではないかという仮説
に対してコンピューターシミュレーションで迫
ったのである。図16-5は，その解析結果であ
る。波源数が64個もあれば確かにコップ中央で
大きな柱ができるが，その頻度は非常に小さく
実験結果とは合わない。仮説の否定のためにC
言語を習得したことになる。

　自然現象を説明する言葉が増えるにつれて，
現象を深く読み取り豊かに表現できるようにな
る。考察における文章量の増加がそのことを物
語っている。「なぜ，紙コップのほぼ中央から
水柱は上がるのだろうか」「なぜ落下なのだろ
うか」「なぜ紙コップなのだろうか」と疑問を
いくつかの区切りで分け，そして区切りごとに
「ダメ出し実験」を行っていく。図16-6は，結

図16-6　水柱

論に至る段階で決定的な印象を与えた実験であった。紙コップを瓶に変え，床
に厚手の雑巾を敷いたときの様子である。接地時の水の形状，そして接地から
着地に及んでの水柱の形成を見事に表している。以下は，生徒たちが得た結論
である。

　「接地から着地（コップの静止）に至るまでの流体の慣性により液体中央部は
逆釣り鐘状態を形成し，この部分に『撃力』を主要要素とする『水柱形成力』
が鉛直上向きに働き，この爆発的な大きさのため液体はコップの中央部から跳

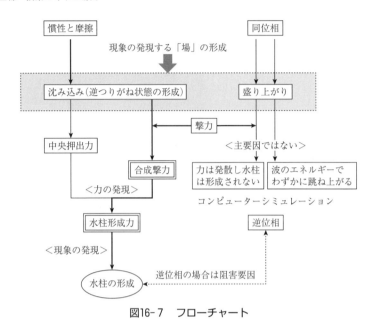

図16-7　フローチャート

ね上がり，『水柱』を形成すると考えられる」（生徒論文より）。

　なお，図16-7は「水柱形成のメカニズム（フローチャート）」として発表論文の最後に「探究の過程」の図式化として示したものである。

　以上，科学クラブによる探究活動を紹介したが，テーマの発見，テーマの絞り込み，予備実験，……と続く探究の過程を整理すると，次のシュワブ（1970）の指摘する7つの段階に分かれる。

　①　問題の形成（実験テーマ案の探索）

　②　可能な解決のためのデータの蒐集（実験テーマの絞り込み）

　③　問題の再形成（実験テーマの決定）

　④　問題解決に必要なデータの決定（予備実験を通しての実験の見通し）

　⑤　データを得るための実験の計画（実験の見通しに沿った装置の製作）

　⑥　実験の実施と，データの蒐集（本実験・追実験，ダメ出し実験）

　⑦　データの解釈（13回に及ぶ考察の連鎖）

　上記①〜⑦の段階の大部分は，「実験を計画するまでの思考」と「実験の結

果を分析し，結果として現れた現象の背後に見える本質に迫る思考」の２つに分類することができる。生徒の得た結論は，度重なる考察の結果ではあるが，しかしそれはデータのひとつの解釈であって，13回に及ぶ考察は，データによっては異なった解釈も可能ではないかという指摘に対してなされたものであった。探究活動とは，一連の実験を通してなされる思考過程がかなめであることを忘れてはならない。

　なお，高等学校では共通必履修科目として情報Ⅰが設けられた。自然事象を情報とその結び付きという視点で捉え，しかもプログラミング，モデル化とシミュレーションを駆使して課題を見いだし，その解決に迫るという本活動の姿勢は，同科目の格好の事例となっている。

　この探究活動は日本学生科学賞に出展したが，その際の審査員の講評を以下に示す。

　「今年もまた，たいへん優れた報告をありがとう。読んでいるとやってみたくなるような『水柱現象』を発見し，その形成因，形成過程を探究し，妥当な結論に到達している。討論による練り上げた形成因着想を３つの仮説にまとめ，それを伝統的・着実な実験手法で確認している。コンピューターシミュレーションの用い方も物理的でうまい。活動中の喜びと落胆の記録も読むものをひきつける。２つの力学的形成因仮説に波動的仮説を加味して総合的に考察した水柱の形成過程の分析は，一読してなるほどと納得できる内容である」。

3．探究活動を指導するにあたって

　探究活動を指導するにあたって，現職教員や将来教員を目指す学生の抱く不安や疑問を下記にまとめてみよう。

①　探究活動を自身も経験したことがない。未経験であっても探究活動の指導は可能か。

②　探究活動を理科の授業にどのように位置付ければよいか。

③　小中高の系統的な学習活動において，探究活動をどう系統付ければよいか。

④　探究活動と探究的な活動との違いは何か。

　この疑問や不安は，探究活動を，例えばICTの導入と置き換えれば，何か未知の学習法（教授法）導入の際，つねに感じるものであることがわかる。探

究の過程（プロセス）については図16-1のように示すことができるが，これを行えば必ず探究活動になるというテーマはない。たとえ教科書に掲載されている実験であっても，探究の意義を指導者自身が十分に咀嚼し，さらにそこに追究したい・知的興奮を喚起するテーマを見いだすことができれば十分探究活動になりうる。そのための研鑽は日ごろから積んでおくべきである（⇨第17章）。

▌探究活動例（その２）

　第14章4「個体群と生物群集」で展開した授業案は，指導案に託された授業者の願いでも触れたように，「生徒は科学者ではなく，科学者が行ってきたものと同じ推論をするわけではないし，学校現場における様々な制約を考えれば，授業のなかでつねに科学的探究を行えるわけでもない」という現状認識から，科学の本質を科学的探究のプロセスに求め，科学者らの思考に注目した，いわば日々実践できる探究（的）活動という位置付けでもある。

3　探究活動を考えるにあたって──悟りは脚下にある

　昭和40年代の教育の現代化は，昭和50年代には「ゆとり教育」にその座を譲ることになった（⇨第6章）。教育の現代化の際，ブルーナーやシュワブの構想したものは，**教科内容**としては現代科学の成果の導入であり，**教授・学習過程**としては教科内容に対する内発的動機づけや知的興奮の喚起であった。具体的には，現代科学の成果を可能とした科学における基本的概念を抽出し，それを学習者の認知可能な形に焼き直す「構造化と系統性による教材化」であり，そのための学習法・教授法の提示である。後者についての具体的な方策が「発見的学習法・教授法」としての探究であり，逆に教科内容に対しての内発的動機づけや発見に伴う知的興奮の喚起を促すためには，科学（科学知）そのものを扱う必要があった。

　したがって，「探究」は，選ばれた教育内容を教授・学習過程のなかで展開する際の「決め手」になるものであり，探究なくしては科学の基本概念は習得できないものであった（図16-8）。

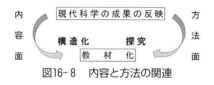

図16-8　内容と方法の関連

　しかし，これまでの教授活動は，「知的探究自体を中心にしているのではな
く，むしろ知的探究の分野における結論についてなされる教室での話し合いや，
その結論の書いてある教科書を教える」（佐藤，1968a）ことであり，実験など
を通しての模擬的な知的興奮の体験（知的興奮遊び）であった。そこには，科
学を科学として扱わず，科学的成果としての知識とそれを生み出す科学の方法
（探究の過程）とは別個のものという誤った認識があった。佐藤も指摘するよう
に，昭和40年代の現状は，「教育の現代化の名の下に，教育内容の現代化の本
質的部分を矮小化し，様々に歪曲された学習方式が一種の流行として横行し
た」（佐藤，1968b）にすぎなかったのである。平成29年に打ち出された探究活
動は理科の学び方（教授・学習活動）であり，まさに，この点が是正されたもの
と受け止めることができる。探究活動は，日々の授業のなかでこそ構想される
べきものである。

第Ⅳ部

中等理科教員としての専門性

第Ⅳ部は中等理科教員のための2つの章からなる。「学び続ける教員としての教材研究のあり方」と格闘する日々の授業において「教育学的知見の活用の仕方」である。教師にとっての教材研究とは何か。教科書をうまく教えることか，それとも教科書で教科の本質を教えることかなど，実例を交えながら展開する。さらに，習慣的で定型的な授業から，唯一無二な授業を自由自在に展開するには，何をどれくらい，そしてどう学べばよいのかという，自身の授業を振り返る際の重要な視点について言及する。

第17章

学び続ける教員としての教材研究のあり方

本章で学ぶこと

　教材研究からイメージすることは何だろう。教材開発か，それとも教材に託した教科内容の吟味や追究か。いずれにせよ，教材を極めるという印象だろう。本章では，第7章を受けて，よい教材の条件とは何かの考察を通し，また事例を交えながら教材のイメージを豊かにし，理科教員としての教材研究の意義やあり方，進め方について触れる。第4次産業革命のもと，理科の学びも大きく変わろうとしている。学び続ける教員が求められている今，理科教員の専門職としての教材研究について考えていこう。

1　あらためて，教材とは何か

　教材については第7章でも触れたように，学校現場では頻繁に用いられるが，その意味するところは明確ではなく，あいまいな理解のまま用いている場合が少なくない。最初に教材とは何かについて再度確認しておきたい。

　教材は教育のために必要な材料だとすると，この材料には教育に必要な資料，施設の全体を含めることもできる。しかし，教材研究に限っていえば「教材」は当面の教授対象である特定の単元についての指導内容やそれに伴う諸資料だと考えてもよい。

　教材に教科書は含まれるかどうかだが，学校教育法では，「文部科学大臣の検定を経た教科用図書又は文部科学省が著作の名義を有する教科用図書を使用しなければならない」と規定し，その使用義務が明記されている（第34条第1項）。教科書は，あくまでも**主たる教材**であって，教育実践にあたっては教科用図書以外の図書やその他の教材で有益適切なものは**補助教材**として使用が認

められている（学校教育法第34条第2項）。このように，教育法規で規定された教材とは，教科書及び副読本，年鑑，雑誌，VTR，PC用ソフトなどが該当する。

　教育法規で規定された教材を大別すれば教授・学習内容に関係するもので，情報的なものと，物体的なものがある。物体的なものを「教具」とし，情報的なものを狭い意味での「教材」とすると，教材の意味が多少なりとも明確になってくるのではないだろうか。

　井出（1988）は理科の教材を次のように定義している。「教員が教育目標を達成するために，自然の事物・現象の中から適当と思うものを選択し，これを指導するように構成した具体的な情報的内容を教材という」。

　具体的な情報的内容としては，教科書の記載内容や生徒実験の内容，視聴覚教材の内容，演習問題などが含まれる。

2　どのように教材研究を進めればよいか

(1) 素材の教材化

　一般に教育でいう素材には，自然の事物・現象，文化遺産，社会的な事象など，我々の身のまわりにあるものが多く含まれる。理科では自然の事物・現象を主に扱うが，一概に事物・現象といっても無数にあり，無造作に学習の場にもち込んでも役に立たない場合が多い。

　しかし，これを教育目標達成のために，どの要素を取り入れ，それをどのように組み立てて授業のなかに位置付かせるかという選択・構成を経ることで，授業者のねらいとする教科内容のより深い理解に導くことも可能となる。このありのままの自然の事物・現象を素材と呼び，教育目標達成のために再構成したものが教材である。意図的・計画的に素材を教材にかえる「素材の教材化」は教材研究の主要な部分をなすといってもよい。

　実例を示そう。フィルムケースと注射器でつくった気体発生装置では気体発生装置は教材であり，フィルムケースと注射器は教材を構成するための素材ということになる。また，なぜフィルムケースと注射器を用いたかの理由のひとつとして，通常の実験器具としての気体発生装置で用いられているガラスのも

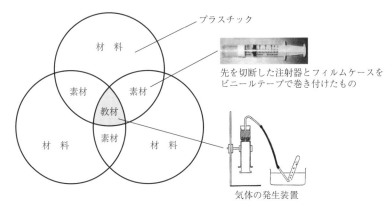

図17-1　教材，素材，材料の関係

出所：岩内，1988；柿原，1996。

つ欠点と比して，安全に配慮した**材料の優位性**があげられる。教材のもつ欠点
を把握し，材料の特質を活かした各種の素材から，いかにして教材として組み
上げるか，これら材料，素材，そして教材の関係を示したものが図17-1であ
る。

（2）教材解釈──よい教材の満たすべき条件

　よい教材は，次の条件を満たしているという（岩内，1988）。

---

① 　大きいものをつくること（Large scale）

② 　身近な材料を使うこと（Easy available materials）

③ 　素朴な機構にすること（Simple mechanism）

④ 　鮮やかな演示ができるもの（Splendid presentation）

⑤ 　目標が妥当なこと（Objective reasonable）

⑥ 　できばえが良いこと（Nice looking）

　頭文字をとれば Lesson であり，よい教材はよい授業を約束する。

　杉本（2011）は，理科の教材開発を進める上での留意点を中心に，その方法
を次のように指摘する。

> 【教師の心構え】　良い教材・教具の開発には，日頃からの心構えが必要である。すなわち，学習者へ効果的な影響を与える教材とはどのようなものかという問題意識や，現行の教材がもつ問題点への解決に向けての積極的な意欲や教材開発への執拗さが必要である。そのためには，日頃から100円ショップや DIY 店などを巡ったり，雑誌やネット，テレビの番組からヒントを得るなど様々な方法が考えられる。
>
> 【教材化の前提】　素材の教材化は，学習のねらいや学習者の先行経験，発達段階，興味・関心などの諸実態によって異なる。学習目標や地域性などにも配慮する必要がある。
>
> 【教材の工夫】　学習者が意欲的に学習活動を行い，その過程で学習目標が無理なく達成できる授業を理想としたい。こうした魅力ある授業を行うには，以下に示す優れた教材と指導の工夫が欠かせない。
>
> 　〇体感的な学習活動ができる教材（大型のてこや，動滑車を使った実験）
>
> 　〇身近な素材や自然を活用した教材
>
> 　〇多様な活動ができる教材（教室だけではなく，屋外や野外での学習活動を取り入れた教材）
>
> 　〇感覚に訴える教材（不思議に思ったり，印象付けられたりする教材）
>
> 　〇成長が確かめられる教材（学習した成果が現れ，そのことを自他ともに評価できるような活動を含む教材）

　教材研究の前提として掲げている「教師の心構え」については，安易なように感じられるかもしれない。しかし教材研究，特に教材開発は一朝一夕にできるものではない。事実，筆者自身もこれまで，多くの教材の素材となるもの，また「水飲み鳥」をはじめそのまま教材として活用できる多数の玩具を購入してきた。例えば，ふと目に留まった雑誌に「東京丸の内の OL もびっくり！」という見出しで紹介されていた「ピタガラス」（図17-2）は，大気圧を実感できる玩具として有益である。新たな教材化への夢を育んでくれる可能性を秘めた玩具である。

　一方で，素材として取り扱う試薬の有害性や化学変化の危険性の観点から，代替試薬の利用や実験のスモールスケール化（マイクロスケール実験）などのさらなる改善策が必要とされる教材も多数見受けられる。このように，日々の授業実践のなかにこそ追究すべき教材研究の種は潜んでいるものである。まさに日ごろの心がけが教材研究へと誘ってくれるのである。

乾電池で，蛇腹容器が左右に繰り返し動くことにより，ビニール管を通して4個の丸い吸盤の先の穴から空気を吸排する。空気を吸い込むと大気圧で吸盤は窓にくっ付き，排気すると離れ，前進する（㈱ユージン）。

図17-2　垂直のガラス窓を登る「ピタガラス」とその仕組み

（3）教材研究の進め方について

　では，どのように教材研究を進めればよいのかについて具体的に述べることにする。

○教材研究はなぜ必要か

　教科・科目の指導内容は，その大要は学習指導要領で規定されており，これに基づいて，主たる教材である教科書が編集されている。しかし具体的な指導は教員に任されているわけであるから，たとえ教科書を用いて指導する場合であっても，具体的に何をどう扱うべきかは教員自身が研究し策定しなければならない。以下，教材研究の視点，方法，そして実践例について述べたい。

○教材研究の視点

　教材研究を行うにあたっての視点だが，教科内容の吟味（①～③）とその指導法の開発（④～⑦）とに大別できる。

　①　自然科学の基本概念との関わり

　扱う教材が，どのような科学概念を形成しようとしているか。また，その概念が自然科学の構造とどのような関係にあるか。第11章で触れた科学知，学校知，そして日常知とがどのように関わり，それをどのように扱うかについての視点である。

　②　科学の方法との関わり

　教材を学習する過程でどのような探究の技法が必要か。また，その指導をどのように行うか。さらに，教育の視点で構成された探究の技法が，現実の科学の方法とどのような関係にあるか。

③　十全な指導を行うための基盤とは何か

この視点は,「教科書を教えるのか,それとも教科書で教えるのか」と言い換えてもよい。もちろん教科の内容を（教科書を通して）学習者に伝えるのではあるが,内容に託された教科の本質こそが伝えるべきものであり,中・高等学校教員として,この伝えるべき教科の本質（教科の構造に基づいた基礎基本）をどう捉えておけばよいかについては教材研究の対象となる。

④　教材の内容や実験等に誤解を招く記述,また飛躍はないか

教科書を指導する場合,学習者の実態に即した展開になっているかどうかの吟味は重要である。失敗事例に触れることなく淡々と記述が進むがゆえに,誤った科学観を醸成する恐れがある。特に,実験に関しては教科書の記述に誤りがあることもあり,実験が上手くいかなかったり,間違った操作や試薬などがあげられている場合も散見される。この点については大竹三郎の『理科実験法の再検討』（1980）や『化学実験法の再検討』（1964）が参考になる。

⑤　学習目標達成にとって,教材の内容や配列は適切か

学習目標を達成するための教材はひとつではない。したがって,学習目標に照らして,最適の教材は何であるかの吟味は必要である。また,教材の配列に関しても,例えば帰納的に配列する場合と演繹的に配列する場合とで結果は全く異なってくるが,どのような配列が学習者にとって適しているかの研究は大切である。

ここで,実験を例に,帰納的に教材を配列した授業形態と演繹的に配列した授業形態を図17-3に示す。帰納的に教材を配列する授業形態はCooking-Book Styleと呼ばれる伝統的なスタイルの実験ともいわれているが,生徒にとっては実験しなければならない必然性が伝わらず,実験の目的も曖昧なままである場合が多い。

一方,演繹的に教材を配列した授業形態は,これが本来の実験であり最もポピュラーな問題解決のための活動である。探究型の実験はこのタイプに属する。

小学校理科では,資質・能力の獲得が中心であり,理科の実験では教材を演繹的に配列した授業形態が顕著であった。中・高等学校では科学的な体系の理解や基本的な概念の獲得が主であるため,実験そのものが事象の確認のための体験活動としての位置付けであった。しかし,現行の学習指導要領では,中・

高等学校理科は「自然の事物・現象に関わり，理科の見方・考え方を働かせ，見通しをもって観察，実験を行うなどを通して，自然の事物・現象を科学的に探究するために必要な<u>資質・能力</u>を次のとおり育成することを目指す」（下線は筆者）と改訂され，実験の探究的要素が強調された。いずれにせよ，教員自身が育成すべき資質・能力をよく理解し，教材の系統的配置と合わせて教材の効果的な配列もまた，明らかにすべき課題である。

⑥　生徒の認知の発達段階に応じた内容構成か

⑦　生徒の思考の流れに沿うているか

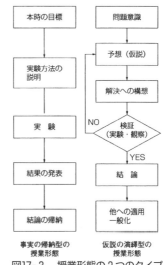

図17-3　授業形態の2つのタイプ

出所：森，2003。

ICT 教材など，近年，学習者を取り巻く教材環境は大きく変わりつつある。教材の構造化と発見学習を提唱し，スパイラルに教材を提示していく教授法を開発してみせたブルーナーの理論をはじめ，かつての教授・学習理論を授業レベルでより詳細に再考する「授業研究」もまた教材研究の柱となる。新しい革袋に盛ってこそ，新しい酒の意味もわかるというものである。

〇教材研究の方法

教材研究には，教員自身が直接扱う教材について，いわば興味の赴くまま個人で研究する場合と，他の人と協力して研究する場合がある。前者の個人研究はこれまで行われてきたものである。ここでは「連携」をキーワードにした後者について述べることにする。

①　教材について他の教員と討議する機会をもつ

教材についての考え方や扱い方は教員によって異なることが多い。したがって，他の教員の教材観を知ることは，自分の教材観を広げるのに役立つ。学校内の同じ教科・科目の教員と教材について討議したり，研究授業・公開授業を参観したり，また同じ学区の研究会に参加することは研究テーマの発見や研究のきっかけとなる。理科については，日本理科教育学会の支部大会，全国大会

に参加してみることを推奨したい。

② 教材について他の教科・科目の教員と協議する

　理科の内容は理科だけにとどまらない。国語や英語の教科書にはオゾン層破壊等環境問題に関する内容が掲載されている。実は理科以外の教科・科目の教育内容（学習素材）には，科学や科学技術に関連する記述は少なくない。また，高校や大学入試の問題にも国語や英語，それに小論文において科学や科学技術に関連する内容が出題されている。教科・科目を横断・俯瞰したテーマの発見や，より大きな枠組みのなかで理科的視点のもつ意義を再認識できるチャンスも期待できる。

　STEAM 教育は AI 時代を生きる子どものための教育方法として大きく注目されている。表17-1に従来の STEM(Science, Technology, Engineering, Mathematics) の取り組みと芸術（Art）をも織り込んだ STEAM の取り組みとの比較例を示した。STEAM は生徒の活動が中心になっており，創造性と協働が主となる Society5.0の教育活動にとってはふさわしいものである。

　さらに，SDGs もまたこれからの教育には不可欠なものであり，内容的にも方法的にも従来の理科の学びの範疇に留まらない新しい視座を提供してくれるものと期待できる。

③ 博物館などの社会教育施設の利用

　中学校や高等学校学習指導要領解説理科編には，「博物館や科学学習センターなどと連携，協力を図るようにすること」や「各科目の指導に当たっては，大学や研究機関，博物館などと積極的に連携，協力を図るようにすること」と記されている。博物館と学校の連携における課題としては，学校と博物館の学びの質の違いがあげられるが（表17-2），しかし AI 社会のなかで情報獲得手段の拡大によって，知識獲得の場としての学校の地位は相対的に低下しつつある。このような時代潮流のなか，博物館を利用した理科学習はますます重要になってくると思われる。

〇教材研究の実践例

　ここでは，筆者自身が作成した水の電気分解装置を紹介する。

① はじめに（課題とテーマ設定）

　水の電気分解は，中学校や高等学校の化学実験でよく行われる重要な実験で

表17-1　STEM と STEAM の比較

従来の取り組み	芸術を織り込んだ取り組み
１人で活動する。	教師が進化について最初に発表し，クラスを３つのグループに分ける。
講義と教科書を使って情報を提示する。	フィルムかビデオ担当の教師が学校のビデオ装置の使用に関するワークショップを行い，可能なソフトウェアを使ってビデオをどのように創作するか議論する。
教科書といろいろなビデオ提示を利用して関連する内容領域のいろいろな話題を議論する。	生徒は進化の理論を記述するビデオを創作し，生命体がその進化的歴史を基礎にどのように分類されるか，そして自然選択がどのようにして進化的変化につながる重要な機構となるかを示す。
時間を限定したクイズと自由討論を行う。	グループは話題を研究するのに要する時間を割り当て，音楽と記述の選択と同様，ビデオのための概略を創作する。
最終テストを行い，特定の話題に関する各人の報告書を発表する。	各クラスのセッションは話題について収集した情報と同様，プロジェクトの進展に関する情報を共有しているグループから始まる。形成的評価が進む。
	音楽トラックをダウンロードすることで作業している専門家（たぶん生徒）は，音楽をどのように（法的に）ダウンロードし，ビデオのための音楽をどのように創作するかを述べるワークショップを行う。
	音楽のための歌劇やラップを書き，デザインし台本を書いたいろいろな場面を撮影することを継続する。
	生徒が内容の教材を学修することを保証するように，各人の評価と同様に議論を継続する。
	グループが一緒に作業してプロジェクトを完成させる。
	ビデオを再調査し，編集してからクラスと他のクラスに提示する。

出所：スーザ・ピレッキ，2017。

表17-2　学校の博物館における学びの比較

	学　校	博物館
目的，立場	学校教育	社会教育
対　象	同年齢，一斉・個別	異年齢，個別
学習活動	自　力	共　同
方　法	教科書中心の授業展開	資料中心，疑問をもち解決
目　標	目標提示，目標達成	資料と向き合い各自が設定
意図，計画性	綿密な方法，期限内に達成	ラフな方法，オープンエンド
評価・責任	結果の保証	機会の保証
価　値	大切なことを教える	ものに興味をもつプロセス
教師，博物館教員の役割	概念を教え，理解を促す	展示の保存，よき出会いのプロデュース

出所：大村，2004。

ある。学校現場で使われている電気分解装置（ホフマン型，H字管）は，操作が面倒で扱いにくい，発生した気体の移し替えが上手くいかない，繰り返し実験がしにくいなどの問題があった。

　そこで，電解槽として寒天塩橋（KNO₃）付きU字管，電解質水溶液として硝酸カリウムKNO₃水溶液とシャボン玉液の混合水溶液を用いたところ，いろいろな電極を用いての電気分解の繰り返し実験を行うことができた（図17-4）。

　②　電気分解槽の制作と実験方法（具体的取り組み）

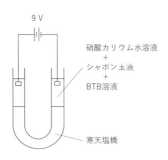

図17-4　実験装置
出所：谷川，1997をもとに作成。

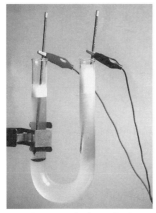

図17-5　実験のようす
出所：谷川，1997。

　0.1 mol/L 硝酸カリウム水溶液100 mL に寒天1gを加えて加熱溶解させ，U字管（直径13 mm，高さ130 mm）に3分の1ほどの高さまで流し込み，室温で固めた。

・0.1 mol/L 硝酸カリウム水溶液とシャボン玉液を4:1（体積比）で均一に混ぜた水溶液を電解槽の両極に同じ高さまで加える。

・両極にBTB溶液を数滴加え，ガラス棒で静かにかき混ぜると緑色になる。

・両極にシャープペンシルの芯（2H），電源に006P型乾電池（9 V）2個直列を用い，通電を10分くらい行う。

　③　成果と展望

　上記の手順によって，電極のまわりから，陽極は緑色から黄色に，陰極は緑色から青色に変わっていく様子が観察できた。また，発生した気体が泡となってたまっていくことも観察できた（図17-5）。さらに，通電後，泡の高さを測ると，陽極と陰極の比がほぼ1：2となった。また，通電後の両極の液を混ぜ合わせると，電解前の緑色となるので，定量化につなげることも可能となる。

（4）教材研究の難しさ

　次の問いに対して読者は，どう答えるだろう。はたして，中・高等学校教員を目指す読者にとっては容易な問題と映るだろうか。

メスシリンダーで量り取った水50 cm^{3}とエタノール50 cm^{3}を混合すると，体積は何 cm^{3}になるだろうか？

　筆者が勤務する大学で新入生に問いかけたところ，ほとんどが100 cm^{3}と答えた。しかし，実際に実験してみると，測定値は96 cm^{3}くらいになる。この体積の減少の理由をどのように考えればよいのだろう。また生徒にどのように伝えればよいのだろう。

　実は，筆者は中学生時代にこの実験を行い，大きな衝撃を受けた。記憶に残る実験である。そのとき教員は水分子，エタノール分子のモデルとして，それぞれ米粒や小豆を用い，実際にメスシリンダーでそれぞれ50 cm^{3}の目盛りまで量りとり，これらを混ぜ合わせ，体積が100 cm^{3}にならないことを演示実験で見せてくれた。つまり，小豆と小豆のすきまに米粒が入り込むため，体積が収縮するという説明であった。筆者は，この実験によって水分子やエタノール分子の存在を実感した。しかし，その後，この実験は中学校，高等学校の理科の教科書から削除されることとなった。

　教員になって，この実験は1969年に出版された『IPS 物理』（『PSSC 物理』などに先立って中学校での学習用に設けられた物理科学入門コース）に由来しており，この影響を受けたのが当時の中学校理科の教科書であることを知った。粒子モデルの活用も『IPS 物理』からの借りものであった。ところが，『IPS 物理』ではこの水とエタノールの混合を粒子モデルでは説明せず，実験事実を体験させるだけに止めているのに対し，日本の教科書では筆者が学んだように実験結果を粒子モデルで説明しているところに，実は問題点があった。

　筆者は，今でもこの実験を行っており，その際，かつて筆者が受けて感動し，納得もした米粒や小豆を使ってのモデル実験が誤っていたことを伝えるようにしている。教材化の難しさとともに，量子力学でその振る舞いが記述される原子，分子，イオンを，初学者にとってわかりやすいという理由から古典力学で記述される米粒，小豆などを用いて説明することはきわめて難しいという，量

子化学の入門としても取り扱っている。

　化学教育の先駆者である津田は，「ウソとゴマカシの化学教育」と言い放ち理科教育の難しさを表している（津田，1982）。「わかりにくい科学的な事実（あくまで仮説であって定説ではない）」の提示がよいのか，または「わかりやすいウソ」による納得がよいのか。これまでの理科教育に関する実践的研究は，科学的な事実の吟味に向けられるよりも，その科学的な事実の吟味はさておき，それをいかに伝えるかという指導技術に向けられてきたのではないだろうか。

　「授業研究，教育現場には，官製の教育課程や学習指導要領を既定の事実として，敢えてその内容に挑戦しないままに，ただそれをいかに効果的に子どもに教えるかという形の「授業で勝負する」傾向が定着し始めている（今や定着しきっている）」（佐藤，1972；下線は筆者）という指摘は重い。

　10年後を見据えて「子どもたちにとって学ぶ価値のある教科内容とは何か」に関わっての教材研究を始めなければならない。不易流行という言葉を借りれば，教材研究は時代を超えた不易としての「創意工夫学」である。

●──── FOCUS ⑤　中学校・高等学校教員は研究者か，それとも教育者か

　「理科教員は，校種に関わらず教育者であるとともに研究者でなければならない。教育と研究は教員の義務である。教育と研究はともに不可欠で車の両輪に例えられる」という指摘を随所で耳にしてきた。かくいう筆者も15年間，高等学校教育の現場で教材研究の一環として教材開発を行い，学会や学会誌等で発表する機会を得た。そして今，教員養成系の大学に勤務して10年目を迎える。この教育者であり研究者でもある筆者自身が痛切に感じることは，第一に「教育と研究は教育目標達成のために共存できるものなのか」，第二に「教育者の研究は研究者の研究とは異なる次元にあるのではないか」ということである。

　教育目標達成のために，素材の選択・配列を行い教材化する活動を研究テーマとして行っているのが現場に根ざした教育者（教師）であり，この現場に根ざした研究こそが教師ならではのものである。近年は，現場の教員が教育実践をテーマとした研究で博士号を取得することができるようになった。今後の活躍に期待したい。

第18章

教育学的知見の活用の仕方
―特色ある授業づくりのために―

この章で学ぶこと

　理想とする授業を実践するには，何をどれほど学べばよいのだろう。また，どれくらいの経験を積めば，目指す理想とする授業が可能になるのだろう。生徒の学びの実態を知り，その実態に即した教授法を学ぶ。エキスパート教員と呼ばれる先達の授業を見て，ときに真似てみる。借りものではない自身の授業づくりを目指し，先人たちとの違いを意識すればするほど，その掌から一歩も脱していないことに嘆きがちだが，実践と理論の往還，頭で理解したことを体感してみる，体感することで我がものにできる可能性が広がる。本章では，特色ある授業づくりのための知見（枠組み）の活かし方について考えよう。

1　特色ある授業づくりのために――基礎基本の大切さ

（1）授業の三角形の背後にあるもの

　図18-1は，第11章の3「実施可能な指導案づくりのために」で示した授業を成り立たせるための三角形である。生徒の学習活動を活性化させるものが授業であり，本時の学習目標を少なくとも前時と次時とのつながりに配慮して設定し，授業後には学習の成果が，生徒の行動の変化として具体的に現れるように意図的・計画的に仕組まれていた。

　この意図的・計画的に仕組まれた授業を可能にするものは，①教師の教材に対する深い理解であり，②生徒と教材の葛藤のある場面の創出・演出であり，そのための③指導技術の錬磨である。

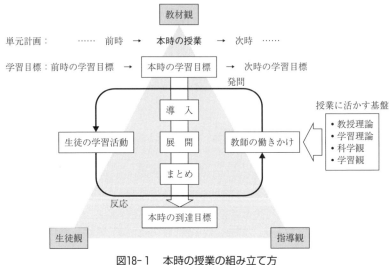

図18-1　本時の授業の組み立て方

① 教材と教科内容との関わり【教科内容の構造化・系統的配置】

②⎰生徒の学びの実態への配慮【理解を困難にする要因，葛藤への配慮】
　⎱入念な指導計画とその実現【生徒と教材との葛藤のある出会いの創出】

　③はさておき，これら①，②の背景には，第Ⅱ部や，また第Ⅲ部で各科目について扱った「教材論」や「教授・学習理論」があり，さらには教師のよしとする「科学観（科学に対するイメージ）」「学習観（学習者の学びのイメージ）」が色濃く影響する。授業において同じ単元，また同じ項目を扱っても，これらの背景が違えば，教師によって力点の置き方が異なってくるのである。

　ここで，「（ア）教科書を教えるのか，それとも（イ）教科書で教えるのか」という問いかけを再度投げかけたい。この問いに対して，（ア）の立場では，

　　「教科書には，学習指導要領で示された教科内容が具体的に記述されており，

　　この教科内容をよりわかりやすく伝えることが教師の務めである」

という主張に連なり，教師にとって「わかりやすく伝える」ための指導技術の修得が最大の課題になる。さらにまた（イ）に対して「教科内容以外に何を教えようというのか」という疑義さえ聞こえてきそうである。

　（イ）の立場での主張を考える前に，次の資料（村山，1995）をご覧いただき

たい。これは，科学のイメージに対する「理科のできる高校生の反応」を調べた際の質問事項である。あなたならどう答えるだろうか。

> 次の主張に賛同する場合はY，賛同しない場合はNで答えて下さい。
>   ①科学的な知識は，自然の事物・現象のありのままを反映している。
>   ②すべての科学的な知識は，現象の観察から直接導き出すことによってのみ得られる。
>   ③実験は仮説の決定的な検証を与える。
>   ④科学者は完全に公平無私で，客観的な存在である。
>   ⑤科学は徐々に真実に近付きつつある。

　理科のできる（まじめに授業を受けている）高校生ほど「そうだ（Y）」と答える傾向にあり，村山はこれら科学に対する5つのイメージをそれぞれ①素朴な実証主義，②おめでたい経験主義，③軽薄な経験主義，④やみくもな理想主義，そして⑤極端な理想主義といい，科学の現実とはかけ離れた生徒の陥りやすい科学観とした。そして，その上で「このような科学観を持っている生徒が，科学的な知識や方法を知っていたとしても，それで果たして科学を学んだことになるのだろうか」と指摘する。

　百歩譲って，たとえ科学に対する認識そのものを伝える意図が教師になかったとしても，教師自身の抱く科学に対する観方は確実に生徒に影響する。ましてや理科の目標が，意図的に「理科の見方，考え方」さらにはこれら見方・考え方の前提となる科学的な自然観や世界観の育成を生徒に求めるものであれば，なおさらである。やや逆説的な言い方にはなるが，教師自身に科学観が欠落しており，したがってどのような「理科的な見方，考え方」をも生徒に伝え得ないとすれば，果たしてそれは理科教育と呼ぶにふさわしいものだろうか。

　主体的・対話的で深い学びを駆使して問題解決や探究的活動を十全に行うための資質・能力の育成が叫ばれている今，単に知識の伝達や技能の習得のみに終始している理科の授業が存在しているとは思われない。まさに「教科書で教える」という（イ）の立場の視点に立ってこそ，資質・能力としての知識や技能の定着が図れるのではないだろうか。ここに（イ）の立場の（ア）をも含む，この令和の時代にこそ求められているユニークさがある。

（2）「なぜ科学を学ぶのか」に答えるために

　読者もまた中学や高校時代にこのような疑問を抱いたに違いない。将来科学者にもならない自分がなぜここまでして学ぶ必要があるのだろうかという問いである。教師を目指す読者，またこの思いを胸に日々授業に勤しんでいる現職教員にとって，第8章，第9章でも学んだ「生徒の学びの4つのタイプ」は教師自身のよって立つ授業のイメージに根拠と確信を与えてくれるだろう。

表18-1　生徒の学びの4つタイプ

行動主義	認知主義	構成主義	状況主義
刺激と反応の連合	知識の獲得	知識の構成	文化的実践への参加
外的な賞罰による特定の行動の獲得・除去（実験室内の動物）	新しい知識の獲得，構造化の手続き（教室内の生徒（白紙））	知識の構成，精緻化，再構造化（教室内の生徒（素朴概念））	学習は物理的，社会的，文化的文脈との関わりのなかで生じる（社会共同体の一員としての生徒）
○学習者の行動の変容 ○「できる」状態へ	○ネットワーク構造 ○「わかる」状態へ（頭のなかの働き）	○ネットワーク構造 ○「よりわかる」状態へ（頭のなかの働き）	○なぜ学ぶのか ○社会のなかでの自己の確立
学校の理科固有の思考法の育成にすぎない			生きて働く学力

　授業のよしあしは，より効果的な刺激を生徒に与えることにあるとする行動主義，学習内容や方法という刺激の与え方そのものを問い直す認知主義，生徒の抱く既有概念（日常知）を把握し，科学概念に組み替えていこうとする構成主義，これらはいわば学校という閉じた空間内で行われる教授法にすぎず，「なぜ学ぶのか」という学ぶ意義や価値には答えてくれない。他方，状況主義に基づいた理科の授業では，科学する活動の場，学び合い・語り合う場（共同体）を創造することに重きを置きながらも，学習者を科学の生きた場面（社会という文脈のなか）に誘おうとする，いわば社会に開かれた学びであり，当初の疑問である「なぜ学ぶのか」に答えてくれる学習法（教授法）である。GIGAスクール構想をはじめとしたICT教育の導入が図られようとしている今，児童生徒のもつタブレットは鉛筆やノートという旧来の道具ではなしえなかった，教室に居ながらにして学ぶ意味や価値の飛び交う「生きた科学の世界」へと児童生徒をつなげてくれる。令和の時代の新しい教育のスタイルとは何かという

手のつけようのない課題に振りまわされることなく，状況主義的な行動主義，認知主義，そして構成主義，名前はさておき，新しい道具をフルに活用しながら「なぜ学ばなければならないのか」の先にある「だから学ぶんだ」という，学習者にとっては学ぶ意義に迫れる学び方（それに呼応する教え方）を模索したい。そのための指針（ヒント）は先人たちの知恵のなかにあり，かつてとは異なる新しい状況のなかでこれらの知恵をどう活かすかが私たちに与えられた課題である。

2　リアリティーからアクチュアリティーへ

　ここでいうリアリティーは頭で理解することを指し，アクチュアリティーとは，いわばリアリティーに対して「体感（身体的理解）」を指していると考えていただきたい。本書の趣旨であった「使えてこその基礎基本」とは，まさに日々の授業実践のために先人の教えから学んだリアリティー（実感）を日々の授業実践のなかで鍛え，我がものとするアクチュアリティー（体感）の重要性を指している。

　すでに指摘したように，第四次産業革命を迎え，これまでの変革とは質的に違った「変革（AI革命）」を迎えようとしている。今の小学校第6学年の子どもたちが社会に出る10年後の2030年代には，65％もの職種が存在していないものになるとさえ指摘されている。このような不透明な社会に生きる児童や生徒にとって，必要な知識や技能とはどのようなものであり，だからこそ今行うべき教育とは，また学びとはどうあるべきか。学びのイノベーションがこれまで以上に求められている。

　10年後や20年後にも通じる知識や技能とはどのようなものか，改めて問うてみてはどうだろうか。先端と呼ばれる知識や技能ほど，時代のニーズに合わせてその都度変革しなければ古くなる。時代のニーズを的確に読み取り，得た知識や技能を目的に合わせて変革する能力が求められているのであり，決して置物のような知識や技能ではない。

　主体的・対話的で深い学びもまた，学んだ結果ではなく，いかに学ぶかを示す学び方（学習法）である。例えば，レンズにおける深い学びについて考えて

みよう。結像にとって有効な3本の光線に象徴される知識や，それを用いての作図法（技能）の修得を指しているのだろうか。日常現象のなかでレンズに関わる未知な問題に出くわしたとき，得た知識・技能を駆使して，その問題に見通しをもって果敢に主体的に関われることが，すなわち深い学び（深く学んでいこうとする態度）であり，学び取った結果を指しているのではない。

　昭和40年代，教育の現代化を旗印に学習内容の刷新が叫ばれた折に佐藤（1975）は次のように指摘した。

　「授業研究，教育現場には，官製の教育課程や学習指導要領を既定の事実として，敢えてその内容に挑戦しないままに，ただそれをいかに効果的に子どもに教えるかという形の『授業で勝負する』傾向が定着し始めている」。

　いかに主体的・対話的であっても，伝えるべき内容が果たして未来に生きる児童生徒にとって意味ある内容であるかどうかの吟味は必要であり，陳腐な内容の豊かな指導であってはならない。

　これまで経験したことのない不透明な世界に向かう児童生徒に対して，何をどう指導すべきかについては戸惑うばかりである。しかし，その指針を過去に求めつつも，社会のニーズに鋭く対応しながらリアリティーを確信に満ちたアクチュアリティーに変える努力を怠ってはならない。

3　活用ベースの教材研究を

(1) 教師としての専門性

　未来への指針として，次の真船（1968）の指摘を紹介したい。上で紹介した佐藤に通じる指摘である。

　「巧妙な観察や実験の方法を工夫し，優れた指導によって生徒にいきいきとした直観を与え，教材のもつ内容を，確実に生徒に把握させることができたとしても，その内容が現代の自然科学の基礎として重要ではなく，自然に対する科学的な認識を育てるという点では，たいした意味を持たないとすれば，せっかくの学習も無意味なものになってしまう。学習内容やその順序についても，学習指導要領や教科書で示されたものを再検討もせず鵜呑みにし，生徒に確実に伝える為の指導法を研究することだけで満足してしまってよいのだろうか。

これでは，教師は単なる『授業請負人』になり下がってしまう」。

　授業請負人に甘んじることなく，教材として系統的に配置された学習内容を，子どもの多様な学びのプロセスにしたがって検証することが教師としての専門性である。

（2）活用ベースの教材研究——先人の教えを糧とした研究を

　「主体的・対話的で深い学び」の体現を目指す授業を考える際，つねに脳裏に浮かぶ授業における2つの矛盾がある。それは「生徒の主体性を重んじ，生徒にとって身近な事例から出発すると科学そのものが教えられず」，他方「できあがった科学を教えようとすると押しつけになる」，生徒の主体性をあくまでも重んじるか，それとも押しつけになっても科学を積極的に教えるかというジレンマである。これは，現代にも通じるジレンマである。

　この矛盾に対して，これら2つを対立概念とは捉えずに，いわば理想的な授業というものは，「生徒の自由な活動にある種の束縛を与えて教師の指導性を発揮することでかえって生徒の自発性を呼び起こし，その自由な発想をとことん突き詰めさせることによって教師の指導性を高めることができる」ような授業ではないかという，まさに自由放任と押しつけという矛盾を統一的に捉えた授業実践理論が板倉聖宣によって提唱された仮説実験授業であった（図18-2）。

　この理論の具体化が「授業書」である。授業書には生徒の追究すべき問題・選択肢，そして実験が教師側から与えられ（押しつけられ），この討論（主体的・対話的活動）に値する課題に対して生徒は自由に追究でき，その過程で得た仮説をもって実験に臨む。この検証実験を経て科学的概念が形成される（深い学

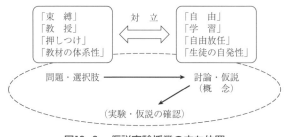

図18-2　仮説実験授業の立ち位置

びへの誘い）という構図である。ここには，科学そのものが形成されてきたプロセスが反映されているという。

　第8章，第9章でみたように多様な教授法があり，また学習法がある。しかし，教授法や学習法に生徒をはめ込むのではなく，まずは実践を通して「これなら生徒の学びにマッチしている」という教師自身の授業のスタイルを見つけ出すことである。日々の授業実践が在来の，例えば直感主義や実物主義等の「○○主義」という特定の指導法に固定化されてしまうと，それらに固執するあまり排他的になり，生徒の豊かな活動が見えなくなってしまう。これでは本末転倒である。

　そして，それがかつてのどの主義や方式と関連性があるかを教材研究を通して明らかにする。先人の諸研究との差異点と共通点を見つけ出し，教師自身の授業のスタイルに取り込んでいく。このようなアクチュアリティーに向けての活用ベースの教材研究を期待したい。

引用・参考文献

全体にかかわるもの

文部科学省『中学校学習指導要領（平成29年告示）解説　理科編』学校図書，2018年。

文部科学省『高等学校学習指導要領（平成29年告示）解説　理科編　理数編』実教出版，
　　2019年。

第1章

「京都大学教職課程オリエンテーション資料」2020年4月。

「京都産業大学教職課程の学び」（2020年度入学生用）。

中央教育審議会「これからの学校教員を担う教員の資質能力の向上について（答申）」
　　2015年12月21日。

「東京都教育委員会東京都教職課程カリキュラム」2017年10月。

「立命館大学教職課程（2020年度入学生用）4年間の学び」2020年。

第2章

藤岡達也『先生になりたいあなたへ──教員採用試験の突破から成長し続ける教師を目
　　指す人に』協同出版，2015年。

藤岡達也編著『今，先生ほど魅力的な仕事はない』協同出版，2020年。

第3章

藤岡達也『先生になりたいあなたへ──教員採用試験の突破から成長し続ける教師を目
　　指す人に』協同出版，2015年。

第5章

内山克巳・熊谷忠泰・増田史郎亮『近世日本教育文化史──現実の分析に立った　改訂
　　版』学芸図書，2003年。

奥田真丈監修『教科教育百年史』建帛社，1985年。

海後宗臣監修『日本近代教育史事典』平凡社，1971年。

笹森順造編『東奥義塾再興十年史』東奥義塾学友会，1931年。

高橋章臣『最近理科教授法』大日本図書，1907年。

本間義次郎・大島鎮治『普通教育　物理学教科書』宝文館，1906年。

文部省『学制百年史』帝国地方行政学会，1972年。

若林虎三郎・白井毅編『改正教授術』普及舎，1883年。

第6章

真船和男『理科教育法』（新・教職教養シリーズ）誠文堂新光社，1968年。

第7章

内山裕之・秋吉博之・溝邊和成編著『理科指導法』近大姫路大学教育学部，2009年。

Miller, R. "Twenty First Century Science: Insights from the Design and Implementation of a Scientific Literacy Approach in School Science," *International Journal of Science Education*, 28 (13), pp. 1499-1521, 2006.

Twenty First Century Science: GCSE Science Higher, Oxford University Press, 2011.

第8章

石井英真『今求められる学力と学びとは　コンピテンシー・ベースのカリキュラムの光と影』日本標準，2015年。

石井英真『現代アメリカにおける学力形成論の展開　再増補版』東信堂，2020年 a。

石井英真『授業づくりの深め方』ミネルヴァ書房，2020年 b。

板倉聖宣『仮説実験授業のＡＢＣ　第四版』仮説社，1997年。

市川伸一『学習と教育の心理学』岩波書店，1995年。

鹿毛雅治『学習意欲の理論』金子書房，2013年。

国立教育政策研究所『資質・能力』東洋館出版社，2016年。

シャンク，D. H.・ジマーマン，B. J. 編著，塚野州一編訳『自己調整学習の実践』北大路書房，2007年。

東井義雄『学習のつまずきと学力』明治図書，1958年。

西林克彦『間違いだらけの学習論――なぜ勉強が身につかないか』新曜社，1994年。

波多野誼余夫編『学習と発達』（認知心理学講座５）東京大学出版会，1996年。

米国学術研究推進会議編著，21世紀の認知心理学を創る会訳『授業を変える』北大路書房，2002年。

堀哲夫編『問題解決能力を育てる理科授業のストラテジー』明治図書，1998年。

松尾知明『21世紀型スキルとは何か』明石書店，2015年。

宮本美沙子・奈須正裕編『達成動機の理論と展開――続・達成動機の心理学』金子書房，1995年。

ライチェン，D. S.・サルガニク，L. H.，立田慶裕監訳『キー・コンピテンシー――国際標準の学力をめざして』明石書店，2006年。

第9章

石井英真編『小学校発　アクティブ・ラーニングを超える授業』日本標準，2017年。

石井英真『現代アメリカにおける学力形成論の展開　再増補版』東信堂，2020年 a。

石井英真『授業づくりの深め方』ミネルヴァ書房，2020年 b。

石井英真『高等学校　真正の学び・授業の深み』学事出版，近刊。

第10章

国立教育政策研究所「『指導と評価の一体化』のための学習評価に関する参考資料　中学校理科」2020年（https://www.nier.go.jp/kaihatsu/pdf/hyouka/r020326_mid_rika.pdf　2021年12月6日閲覧）。

第11章

石井英真「授業の構想力を高める教師の実践研究の方法論」『教育方法の研究』19，11-21頁，2016年。

第12章

直船和夫『理科教育法』（新・教職教養シリーズ）誠文堂新光社，1963年。

山下芳樹『すべての答えは小学校理科にある〈電気・磁気編〉』電気書院，2018年。

第13章

岡山県立倉敷天城高等学校「酸化実験で用いる銅粉の保存方法の提案」（http://www.amaki.okayama-c.ed.jp/wordpress/wp-content/uploads/2019/11/H30_2018_Amaki_AFP_8-min.pdf　2022年2月6日閲覧）。

城雄二『人と自然を原子の目で見る』仮説社，1992年。

鈴木智恵子・居林尚子「水の電気分解における電極と電解質の関係についての再検討」『化学と教育』41(6)，1993年。

田中実『新しい理科教室』新評論社，1956年。

林浩子「銅と酸素は本当に4:1で結びつく？実験するとそうならないのはなぜ？」『化学と教育』58(4)，166-167頁，2010年。

第14章

丹沢哲郎「ガゼルのストッティングに関する研究」八田明夫・丹沢哲郎・土田理・田口哲『理科教育学——教師とこれから教師になる人のために』東京教学社，154-156頁，2004年。

ホワイト，R. T.，堀哲夫・森本信也訳『子ども達は理科をいかに学習し教師はいかに教えるか——認知論的アプローチによる授業論』東洋館出版社，1990年。

Gibbs, A. & Lawson, A. "The Nature of Scientific Thinking as Reflected by the Work of Biologists & Biology Textbook," *The American Biology Teacher*, 54(3), pp. 137-152, 1992.

第15章

中央教育審議会「幼稚園，小学校，中学校，高等学校及び特別支援学校の学習指導要領
　　等の改善及び必要な方策等について（答申）」2016年。

第16章

佐藤三郎『ブルーナー入門』明治図書，1968年 a。

佐藤三郎『教育の現代化運動』明治図書，1968年 b。

滋賀県立膳所高校物理地学班『物地班研究収録』1995年，非売品。

柴田義松『授業の基礎理論』（柴田義松教育著作集 5 ）学文社，2010年。

シュワブ，J. J.，佐藤三郎訳『探究としての学習』明治図書，1970年。

ブルーナー，J. S.，佐藤三郎他訳『教育の過程』岩波書店，1978年。

真船和夫『理科教授論』明治図書，1967年。

山下芳樹「当世，理科好き生徒気質」『パリティー』29(9)，丸善，50-56頁，2011年。

笠潤平「探究活動と探究的な活動」左巻健男・吉田安規良編著『授業に活かす理科教育
　　法』東京書籍，2019年。

第17章

井出耕一郎『理科教材・教具の理論と実際』東洋館出版社，1988年。

岩内弘昌『身近な素材をどう教材化するか』東洋館出版社，1988年。

大竹三郎『化学実験法の再検討』明治図書，1964年。

大竹三郎『理科実験法の再検討——その教材論的研究』国土社，1980年。

大村尚「何ができるかより何がしたいか——学校と博物館の違いを生かして」『理科の
　　教育』東洋館出版社，2004年。

柿原聖治「安全な気体発生装置の制作」『東レ理科教育賞受賞作品集』東レ科学振興会，
　　1996年。

佐藤三郎『ブルーナー理論と授業改造』明治図書，1972年。

スーザ，D. A.・ピレッキ，T.，胸組虎胤訳『AI 時代を生きる子どものための STEAM
　　教育』幻冬舎，2017年。

杉本良一『実践的理科教育論』ふくろう出版，2011年。

谷川直也「目で見る水の電気分解」『化学と教育』日本化学会，1997年。

津田栄『私の歩んできた理科教育への道』大日本図書，1982年。

森一夫『21世紀の理科教育』学文社，2003年。

山内恭彦ほか訳『IPS 物理』岩波書店，1969年。

第18章

板倉聖宣『仮説実験授業』仮説社，1974年。

佐藤三郎『教育革命』明治図書，1975年。

真船和夫『理科教育法』（新教職教養シリーズ）誠文堂新光社，1968年。

村山功「科学はいかにして学ばれるか」佐伯胖・藤田英典編『科学する文化』東京大学
　　出版会，1995年。

おわりに

　コロナ禍のなか，新たな教育課程に則った教育活動が中学校，そして高等学校でスタートする時期に本書は刊行される。一読し改めて中等理科教育の深さや難しさを感じた人も多いだろう。書き終えて，教える立場の教員を育成すること，求められる資質・能力を備えた人材を採用すること，また生涯にわたって研修することの重要性を痛感している。自然科学は日進月歩の発達があり，その新たな知見をどのように次の世代に伝えるかというところに理科教育の魅力がある。国家百年の大計といわれる教育も不易流行を無視できず，科学技術の進歩によってその方法が変わり，内容・システムへの戸惑いが大きくなっているのは事実である。

　科学的に捉えるといっても，自然科学の領域は広い。本書は教育課程に則って，物理・化学・生物・地学の領域ごとの教育実践を展開している。現行の学習指導要領ではこの4領域が小学校，中学校そして高等学校と系統性をもって体系化されている。4つの対象領域の広さに伴い，育成すべき資質・能力の各科目のねらいから，必然的に実験・観察方法まで特色が見られる。さらに，取り扱う教育内容や方法に関しても時代や国・地域，人々の価値観によって異なることが多い。本書は多様な切り口から科学と教育を論じ，それらを1冊に備えることを意図しているので，少し消化不良を起こす読者もいるのではという懸念もあるが，本書をもとにそれぞれの興味関心にしたがって学びを深めてもらいたい。

　現職，学生に関わらず，本書を手に取る人たちの共通点は理科教育のプロを目指していることであろう。その道のプロといっても多様であり，中等理科教育に携わるとしても様々なライフスタイルをもつことになろう。自然科学の研究者の意識，理科教育の実践者の姿勢などインストラクター的な役割のほか，教育現場では校内だけにとどまらない高大連携や博物館などの外部機関とのコーディネーター的な役割が必要とされることもあり，理科教育に関する業務の多様性といえるかもしれない。様々な立場が考えられる読者に対し，あえて

共通する本書のねらいとしては，自然科学の教育に携わることによって自己実現に関わることであろう。

　科学技術が進み，社会が発展すればするほど，先の見通しがより一層困難になる。現在は VUCA（Volatility（変動性），Uncertainty（不確実性），Complexity（複雑性），Ambiguity（曖昧性））の時代ともいわれ，教育界にも戸惑いが生じている。そのような時代であるからこそ，理科教育で培われる確かな事実・知識，習得した技能に基づき，思考力，判断力，表現力等によって，次の時代に向かって切り拓いていくしかない。自然科学と違って教育の難しさは，確かな事実・知識といっても何が正しく，また適切であったのかは歴史の判断に委ねられるのも多いことである。しかし自然界においても教育界においても比較的揺るぎの少ない事物や現象，歴史や施策といった内容も重視して取り扱っていることは本書の特徴のひとつである。

　科学技術の発展を受けて社会の変化も著しい。Society 5.0に対応して ICT，AI，ロボットなど，学校教育も STEAM 教育，GIGA スクール構想において大きな影響を受ける。学生時代に本書で学んだ人たちがベテラン教師となり，本書を読み返したとき，変わらない内容とともに陳腐化された記述も少なくないかもしれない。時代のなかでグローバルな競争も一層著しくなり，否応でもそれに参入しなくてはならない一方で，地方においては地域の将来を支えるローカル人材もより求められているようになっているだろう。本書で学んだこれからの理科教員には地域の特性から世界を，世界の情勢から身近な教育を考え対応できる，グローカルな姿勢を期待したい。

　最後になりましたが，本書を刊行するにあたって，多方面にわたってご配慮，ご尽力いただいた深井大輔氏はじめミネルヴァ書房関係者に深謝します。

VUCA の時代を切り拓くこれからの理科教員に期待して

2022年4月

編者　藤岡　達也

中学校学習指導要領
第2章第4節　理科

平成29年3月告示

第1　目　標

　自然の事物・現象に関わり，理科の見方・考え方を働かせ，見通しをもって観察，実験を行うことなどを通して，自然の事物・現象を科学的に探究するために必要な資質・能力を次のとおり育成することを目指す。

(1) 自然の事物・現象についての理解を深め，科学的に探究するために必要な観察，実験などに関する基本的な技能を身に付けるようにする。

(2) 観察，実験などを行い，科学的に探究する力を養う。

(3) 自然の事物・現象に進んで関わり，科学的に探究しようとする態度を養う。

第2　各分野の目標及び内容

〔第1分野〕

1　目　標

　物質やエネルギーに関する事物・現象を科学的に探究するために必要な資質・能力を次のとおり育成することを目指す。

(1) 物質やエネルギーに関する事物・現象についての観察，実験などを行い，身近な物理現象，電流とその利用，運動とエネルギー，身の回りの物質，化学変化と原子・分子，化学変化とイオンなどについて理解するとともに，科学技術の発展と人間生活との関わりについて認識を深めるようにする。また，それらを科学的に探究するために必要な観察，実験などに関する基本的な技能を身に付けるようにする。

(2) 物質やエネルギーに関する事物・現象に関わり，それらの中に問題を見いだし見通しをもって観察，実験などを行い，その結果を分析して解釈し表現するなど，科学的に探究する活動を通して，規則性を見いだしたり課題を解決したりする力を養う。

(3) 物質やエネルギーに関する事物・現象に進んで関わり，科学的に探究しようとする態度を養うとともに，自然を総合的に見ることができるようにする。

2　内　容

(1) 身近な物理現象

　身近な物理現象についての観察，実験などを通して，次の事項を身に付けることができるよう指導する。

ア　身近な物理現象を日常生活や社会と関連付けながら，次のことを理解するとともに，それらの観察，実験などに関する技能を身に付けること。

　㈠　光と音

　　㋐　光の反射・屈折

　　　光の反射や屈折の実験を行い，光が水やガラスなどの物質の境界面で反射，屈折するときの規則性を見いだして理解すること。

　　㋑　凸レンズの働き

　　　凸レンズの働きについての実験を行い，物体の位置と像のでき方との関係を見いだして理解すること。

　　㋒　音の性質

　　　音についての実験を行い，音はものが振動することによって生じ空気中などを伝わること及び音の高さや大きさは発音体の振動の仕方に関係することを見いだして理解すること。

　㈡　力の働き

　　㋐　力の働き

　　　物体に力を働かせる実験を行い，

285

物体に力が働くとその物体が変形し
たり動き始めたり，運動の様子が変
わったりすることを見いだして理解
するとともに，力は大きさと向きに
よって表されることを知ること。ま
た，物体に働く2力についての実験
を行い，力がつり合うときの条件を
見いだして理解すること。

イ 身近な物理現象について，問題を見い
だし見通しをもって観察，実験などを行
い，光の反射や屈折，凸レンズの働き，
音の性質，力の働きの規則性や関係性を
見いだして表現すること。

(2) 身の回りの物質

身の回りの物質についての観察，実験な
どを通して，次の事項を身に付けることが
できるよう指導する。

ア 身の回りの物質の性質や変化に着目し
ながら，次のことを理解するとともに，
それらの観察，実験などに関する技能を
身に付けること。

㋐ 物質のすがた

⑦ 身の回りの物質とその性質

身の回りの物質の性質を様々な方
法で調べる実験を行い，物質には密
度や加熱したときの変化など固有の
性質と共通の性質があることを見い
だして理解するとともに，実験器具
の操作，記録の仕方などの技能を身
に付けること。

④ 気体の発生と性質

気体を発生させてその性質を調べ
る実験を行い，気体の種類による特
性を理解するとともに，気体を発生
させる方法や捕集法などの技能を身
に付けること。

㋑ 水溶液

㋒ 水溶液

⑦ 水溶液

水溶液から溶質を取り出す実験を
行い，その結果を溶解度と関連付け
て理解すること。

㋒ 状態変化

⑦ 状態変化と熱

物質の状態変化についての観察，
実験を行い，状態変化によって物質
の体積は変化するが質量は変化しな
いことを見いだして理解すること。

④ 物質の融点と沸点

物質は融点や沸点を境に状態が変
化することを知るとともに，混合物
を加熱する実験を行い，沸点の違い
によって物質の分離ができることを
見いだして理解すること。

イ 身の回りの物質について，問題を見い
だし見通しをもって観察，実験などを行
い，物質の性質や状態変化における規則
性を見いだして表現すること。

(3) 電流とその利用

電流とその利用についての観察，実験な
どを通して，次の事項を身に付けることが
できるよう指導する。

ア 電流，磁界に関する事物・現象を日常
生活や社会と関連付けながら，次のこと
を理解するとともに，それらの観察，実
験などに関する技能を身に付けること。

㋐ 電流

⑦ 回路と電流・電圧

回路をつくり，回路の電流や電圧
を測定する実験を行い，回路の各点
を流れる電流や各部に加わる電圧に
ついての規則性を見いだして理解す
ること。

④ 電流・電圧と抵抗

金属線に加わる電圧と電流を測定

する実験を行い，電圧と電流の関係を見いだして理解するとともに，金属線には電気抵抗があることを理解すること。

⑦ 電気とそのエネルギー

電流によって熱や光などを発生させる実験を行い，熱や光などが取り出せること及び電力の違いによって発生する熱や光などの量に違いがあることを見いだして理解すること。

㋤ 静電気と電流

異なる物質同士をこすり合わせると静電気が起こり，帯電した物体間では空間を隔てて力が働くこと及び静電気と電流には関係があることを見いだして理解すること。

(ｲ) 電流と磁界

⑦ 電流がつくる磁界

磁石や電流による磁界の観察を行い，磁界を磁力線で表すことを理解するとともに，コイルの回りに磁界ができることを知ること。

④ 磁界中の電流が受ける力

磁石とコイルを用いた実験を行い，磁界中のコイルに電流を流すと力が働くことを見いだして理解すること。

⑨ 電磁誘導と発電

磁石とコイルを用いた実験を行い，コイルや磁石を動かすことにより電流が得られることを見いだして理解するとともに，直流と交流の違いを理解すること。

イ 電流，磁界に関する現象について，見通しをもって解決する方法を立案して観察，実験などを行い，その結果を分析して解釈し，電流と電圧，電流の働き，静電気，電流と磁界の規則性や関係性を見

いだして表現すること。

(4) 化学変化と原子・分子

化学変化についての観察，実験などを通して，次の事項を身に付けることができるよう指導する。

ア 化学変化を原子や分子のモデルと関連付けながら，次のことを理解するとともに，それらの観察，実験などに関する技能を身に付けること。

(ｱ) 物質の成り立ち

⑦ 物質の分解

物質を分解する実験を行い，分解して生成した物質は元の物質とは異なることを見いだして理解すること。

④ 原子・分子

物質は原子や分子からできていることを理解するとともに，物質を構成する原子の種類は記号で表されることを知ること。

(ｲ) 化学変化

⑦ 化学変化

2種類の物質を反応させる実験を行い，反応前とは異なる物質が生成することを見いだして理解するとともに，化学変化は原子や分子のモデルで説明できること，化合物の組成は化学式で表されること及び化学変化は化学反応式で表されることを理解すること。

④ 化学変化における酸化と還元

酸化や還元の実験を行い，酸化や還元は酸素が関係する反応であることを見いだして理解すること。

⑨ 化学変化と熱

化学変化によって熱を取り出す実験を行い，化学変化には熱の出入りが伴うことを見いだして理解すること。

㋒　化学変化と物質の質量

　　㋐　化学変化と質量の保存

　　　　化学変化の前後における物質の質量を測定する実験を行い，反応物の質量の総和と生成物の質量の総和が等しいことを見いだして理解すること。

　　㋑　質量変化の規則性

　　　　化学変化に関係する物質の質量を測定する実験を行い，反応する物質の質量の間には一定の関係があることを見いだして理解すること。

イ　化学変化について，見通しをもって解決する方法を立案して観察，実験などを行い，原子や分子と関連付けてその結果を分析して解釈し，化学変化における物質の変化やその量的な関係を見いだして表現すること。

(5)　運動とエネルギー

　　物体の運動とエネルギーについての観察，実験などを通して，次の事項を身に付けることができるよう指導する。

ア　物体の運動とエネルギーを日常生活や社会と関連付けながら，次のことを理解するとともに，それらの観察，実験などに関する技能を身に付けること。

　　㋐　力のつり合いと合成・分解

　　　㋐　水中の物体に働く力

　　　　　水圧についての実験を行い，その結果を水の重さと関連付けて理解すること。また，水中にある物体には浮力が働くことを知ること。

　　　㋑　力の合成・分解

　　　　　力の合成と分解についての実験を行い，合力や分力の規則性を理解すること。

　　㋑　運動の規則性

　　　㋐　運動の速さと向き

物体の運動についての観察，実験を行い，運動には速さと向きがあることを知ること。

　　　㋑　力と運動

　　　　　物体に力が働く運動及び力が働かない運動についての観察，実験を行い，力が働く運動では運動の向きや時間の経過に伴って物体の速さが変わること及び力が働かない運動では物体は等速直線運動することを見いだして理解すること。

　　㋒　力学的エネルギー

　　　㋐　仕事とエネルギー

　　　　　仕事に関する実験を行い，仕事と仕事率について理解すること。また，衝突の実験を行い，物体のもつ力学的エネルギーは物体が他の物体になしうる仕事で測れることを理解すること。

　　　㋑　力学的エネルギーの保存

　　　　　力学的エネルギーに関する実験を行い，運動エネルギーと位置エネルギーが相互に移り変わることを見いだして理解するとともに，力学的エネルギーの総量が保存されることを理解すること。

イ　運動とエネルギーについて，見通しをもって観察，実験などを行い，その結果を分析して解釈し，力のつり合い，合成や分解，物体の運動，力学的エネルギーの規則性や関係性を見いだして表現すること。また，探究の過程を振り返ること。

(6)　化学変化とイオン

　　化学変化についての観察，実験などを通して，次の事項を身に付けることができるよう指導する。

ア　化学変化をイオンのモデルと関連付け

ながら，次のことを理解するとともに，
それらの観察，実験などに関する技能を
身に付けること。

(ア) 水溶液とイオン

　㋐ 原子の成り立ちとイオン

　　水溶液に電圧をかけ電流を流す実
験を行い，水溶液には電流が流れる
ものと流れないものとがあることを
見いだして理解すること。また，電
解質水溶液に電圧をかけ電流を流す
実験を行い，電極に物質が生成する
ことからイオンの存在を知るととも
に，イオンの生成が原子の成り立ち
に関係することを知ること。

　㋑ 酸・アルカリ

　　酸とアルカリの性質を調べる実験
を行い，酸とアルカリのそれぞれの
特性が水素イオンと水酸化物イオン
によることを知ること。

　㋒ 中和と塩

　　中和反応の実験を行い，酸とアル
カリを混ぜると水と塩が生成するこ
とを理解すること。

(イ) 化学変化と電池

　㋐ 金属イオン

　　金属を電解質水溶液に入れる実験
を行い，金属によってイオンへのな
りやすさが異なることを見いだして
理解すること。

　㋑ 化学変化と電池

　　電解質水溶液と２種類の金属など
を用いた実験を行い，電池の基本的
な仕組みを理解するとともに，化学
エネルギーが電気エネルギーに変換
されていることを知ること。

イ　化学変化について，見通しをもって観
察，実験などを行い，イオンと関連付け

てその結果を分析して解釈し，化学変化
における規則性や関係性を見いだして表
現すること。また，探究の過程を振り返
ること。

(7) 科学技術と人間

科学技術と人間との関わりについての観
察，実験などを通して，次の事項を身に付
けることができるよう指導する。

ア　日常生活や社会と関連付けながら，次
のことを理解するとともに，それらの観
察，実験などに関する技能を身に付ける
こと。

(ア) エネルギーと物質

　㋐ エネルギーとエネルギー資源

　　様々なエネルギーとその変換に関
する観察，実験などを通して，日常
生活や社会では様々なエネルギーの
変換を利用していることを見いだし
て理解すること。また，人間は，水
力，火力，原子力，太陽光などから
エネルギーを得ていることを知ると
ともに，エネルギー資源の有効な利
用が大切であることを認識すること。

　㋑ 様々な物質とその利用

　　物質に関する観察，実験などを通
して，日常生活や社会では，様々な
物質が幅広く利用されていることを
理解するとともに，物質の有効な利
用が大切であることを認識すること。

　㋒ 科学技術の発展

　　科学技術の発展の過程を知るとと
もに，科学技術が人間の生活を豊か
で便利にしていることを認識すること。

(イ) 自然環境の保全と科学技術の利用

　㋐ 自然環境の保全と科学技術の利用

　　自然環境の保全と科学技術の利用の
在り方について科学的に考察するこ

とを通して，持続可能な社会をつく
ることが重要であることを認識する
こと。

イ　日常生活や社会で使われているエネル
ギーや物質について，見通しをもって観
察，実験などを行い，その結果を分析し
て解釈するとともに，自然環境の保全と
科学技術の利用の在り方について，科学
的に考察して判断すること。

3　内容の取扱い

(1)　内容の(1)から(7)までについては，それぞ
れのアに示す知識及び技能とイに示す思考
力，判断力，表現力等とを相互に関連させ
ながら，3年間を通じて科学的に探究する
ために必要な資質・能力の育成を目指すも
のとする。

(2)　内容の(1)から(7)までのうち，(1)及び(2)は
第1学年，(3)及び(4)は第2学年，(5)から(7)
までは第3学年で取り扱うものとする。

(3)　内容の(1)については，次のとおり取り扱
うものとする。

ア　アの(ア)の㋐については，全反射も扱い，
光の屈折では入射角と屈折角の定性的な
関係にも触れること。また，白色光はプ
リズムなどによっていろいろな色の光に
分かれることにも触れること。

イ　アの(ア)の㋑については，物体の位置に
対する像の位置や像の大きさの定性的な
関係を調べること。その際，実像と虚像
を扱うこと。

ウ　アの(ア)の㋒については，音の伝わる速
さについて，空気中を伝わるおよその速
さにも触れること。

エ　アの(イ)の㋐については，ばねに加える
力の大きさとばねの伸びとの関係も扱う
こと。また，重さと質量との違いにも触
れること。力の単位としては「ニュート

ン」を用いること。

(4)　内容の(2)については，次のとおり取り扱
うものとする。

ア　アの(ア)の㋐については，有機物と無機
物との違いや金属と非金属との違いを扱
うこと。

イ　アの(ア)の㋑については，異なる方法を
用いても同一の気体が得られることにも触
れること。

ウ　アの(イ)の㋐については，粒子のモデル
と関連付けて扱い，質量パーセント濃度に
も触れること。また，「溶解度」について
は，溶解度曲線にも触れること。

エ　アの(ウ)の㋐については，粒子のモデル
と関連付けて扱うこと。その際，粒子の運
動にも触れること。

(5)　内容の(3)については，次のとおり取り扱
うものとする。

ア　アの(ア)の㋐の「回路」については，直
列及び並列の回路を取り上げ，それぞれ
について二つの抵抗のつなぎ方を中心に
扱うこと。

イ　アの(ア)の㋑の「電気抵抗」については，
物質の種類によって抵抗の値が異なるこ
とを扱うこと。また，二つの抵抗をつな
ぐ場合の合成抵抗にも触れること。

ウ　アの(ア)の㋒については，電力量も扱う
こと。その際，熱量にも触れること。

エ　アの(ア)の㋓については，電流が電子の
流れに関係していることを扱うこと。ま
た，真空放電と関連付けながら放射線の
性質と利用にも触れること。

オ　アの(イ)の㋑については，電流の向きや
磁界の向きを変えたときに力の向きが変
わることを扱うこと。

カ　アの(イ)の㋒については，コイルや磁石
を動かす向きを変えたときに電流の向き

が変わることを扱うこと。

(6)　内容の(4)については，次のとおり取り扱うものとする。

ア　アの(ア)の④の「物質を構成する原子の種類」を元素ということにも触れること。また，「記号」については，元素記号で表されることにも触れ，基礎的なものを取り上げること。その際，周期表を用いて多くの種類が存在することにも触れること。

イ　アの(イ)の⑦の「化学式」及び「化学反応式」については，簡単なものを扱うこと。

ウ　アの(イ)の④の「酸化や還元」については，簡単なものを扱うこと。

(7)　内容の(5)については，次のとおり取り扱うものとする。

ア　アの(ア)の⑦については，水中にある物体には，あらゆる向きから圧力が働くことにも触れること。また，物体に働く水圧と浮力との定性的な関係にも触れること。

イ　アの(イ)の⑦については，物体に力が働くとき反対向きにも力が働くことにも触れること。

ウ　アの(イ)の④の「力が働く運動」のうち，落下運動については斜面に沿った運動を中心に扱うこと。その際，斜面の角度が90度になったときに自由落下になることにも触れること。「物体の速さが変わること」については，定性的に扱うこと。

エ　アの(ウ)の⑦については，仕事の原理にも触れること。

オ　アの(ウ)の④については，摩擦にも触れること。

(8)　内容の(6)については，次のとおり取り扱うものとする。

ア　アの(ア)の⑦の「原子の成り立ち」につ

いては，原子が電子と原子核からできていることを扱うこと。その際，原子核が陽子と中性子でできていることや，同じ元素でも中性子の数が異なる原子があることにも触れること。また，「イオン」については，化学式で表されることにも触れること。

イ　アの(ア)の④については，pHにも触れること。

ウ　アの(ア)の⑦については，水に溶ける塩と水に溶けない塩があることにも触れること。

エ　アの(イ)の⑦の「金属イオン」については，基礎的なものを扱うこと。

オ　アの(イ)の④の「電池」については，電極で起こる反応をイオンのモデルと関連付けて扱うこと。その際，「電池の基本的な仕組み」については，ダニエル電池を取り上げること。また，日常生活や社会で利用されている代表的な電池にも触れること。

(9)　内容の(7)については，次のとおり取り扱うものとする。

ア　アの(ア)の⑦については，熱の伝わり方，放射線にも触れること。また，「エネルギーの変換」については，その総量が保存されること及びエネルギーを利用する際の効率も扱うこと。

イ　アの(ア)の④の「様々な物質」については，天然の物質や人工的につくられた物質のうち代表的なものを扱うこと。その際，プラスチックの性質にも触れること。

ウ　アの(イ)の⑦については，これまでの第1分野と第2分野の学習を生かし，第2分野の内容の(7)のアの(イ)の⑦及びイと関連付けて総合的に扱うこと。

〔第2分野〕
1　目　標
　　生命や地球に関する事物・現象を科学的に
　探究するために必要な資質・能力を次のとお
　り育成することを目指す。
　(1)　生命や地球に関する事物・現象について
　　の観察，実験などを行い，生物の体のつく
　　りと働き，生命の連続性，大地の成り立ち
　　と変化，気象とその変化，地球と宇宙など
　　について理解するとともに，科学的に探究
　　するために必要な観察，実験などに関する
　　基本的な技能を身に付けるようにする。
　(2)　生命や地球に関する事物・現象に関わり，
　　それらの中に問題を見いだし見通しをもっ
　　て観察，実験などを行い，その結果を分析
　　して解釈し表現するなど，科学的に探究す
　　る活動を通して，多様性に気付くとともに
　　規則性を見いだしたり課題を解決したりす
　　る力を養う。
　(3)　生命や地球に関する事物・現象に進んで
　　関わり，科学的に探究しようとする態度と，
　　生命を尊重し，自然環境の保全に寄与する
　　態度を養うとともに，自然を総合的に見る
　　ことができるようにする。
2　内　容
　(1)　いろいろな生物とその共通点
　　　身近な生物についての観察，実験などを
　　通して，次の事項を身に付けることができ
　　るよう指導する。
　　ア　いろいろな生物の共通点と相違点に着
　　　目しながら，次のことを理解するととも
　　　に，それらの観察，実験などに関する技
　　　能を身に付けること。
　　　(ｱ)　生物の観察と分類の仕方
　　　　㋐　生物の観察
　　　　　　校庭や学校周辺の生物の観察を行
　　　　　い，いろいろな生物が様々な場所で

生活していることを見いだして理解
するとともに，観察器具の操作，観
察記録の仕方などの技能を身に付け
ること。
　　　　㋑　生物の特徴と分類の仕方
　　　　　　いろいろな生物を比較して見いだ
　　　　　した共通点や相違点を基にして分類
　　　　　できることを理解するとともに，分
　　　　　類の仕方の基礎を身に付けること。
　　　(ｲ)　生物の体の共通点と相違点
　　　　㋐　植物の体の共通点と相違点
　　　　　　身近な植物の外部形態の観察を行
　　　　　い，その観察記録などに基づいて，
　　　　　共通点や相違点があることを見いだ
　　　　　して，植物の体の基本的なつくりを
　　　　　理解すること。また，その共通点や
　　　　　相違点に基づいて植物が分類できる
　　　　　ことを見いだして理解すること。
　　　　㋑　動物の体の共通点と相違点
　　　　　　身近な動物の外部形態の観察を行
　　　　　い，その観察記録などに基づいて，
　　　　　共通点や相違点があることを見いだ
　　　　　して，動物の体の基本的なつくりを
　　　　　理解すること。また，その共通点や
　　　　　相違点に基づいて動物が分類できる
　　　　　ことを見いだして理解すること。
　　イ　身近な生物についての観察，実験など
　　　を通して，いろいろな生物の共通点や相
　　　違点を見いだすとともに，生物を分類す
　　　るための観点や基準を見いだして表現す
　　　ること。
　(2)　大地の成り立ちと変化
　　　大地の成り立ちと変化についての観察，実
　　験などを通して，次の事項を身に付けるこ
　　とができるよう指導する。
　　ア　大地の成り立ちと変化を地表に見られ
　　　る様々な事物・現象と関連付けながら，

次のことを理解するとともに，それらの
観察，実験などに関する技能を身に付け
ること。

　㋐　身近な地形や地層，岩石の観察

　　㋐　身近な地形や地層，岩石の観察

　　　　身近な地形や地層，岩石などの観
察を通して，土地の成り立ちや広が
り，構成物などについて理解すると
ともに，観察器具の操作，記録の仕
方などの技能を身に付けること。

　㋑　地層の重なりと過去の様子

　　㋐　地層の重なりと過去の様子

　　　　地層の様子やその構成物などから
地層のでき方を考察し，重なり方や
広がり方についての規則性を見いだ
して理解するとともに，地層とその
中の化石を手掛かりとして過去の環
境と地質年代を推定できることを理
解すること。

　㋒　火山と地震

　　㋐　火山活動と火成岩

　　　　火山の形，活動の様子及びその噴
出物を調べ，それらを地下のマグマ
の性質と関連付けて理解するととも
に，火山岩と深成岩の観察を行い，
それらの組織の違いを成因と関連付
けて理解すること。

　　㋑　地震の伝わり方と地球内部の働き

　　　　地震の体験や記録を基に，その揺
れの大きさや伝わり方の規則性に気
付くとともに，地震の原因を地球内
部の働きと関連付けて理解し，地震
に伴う土地の変化の様子を理解する
こと。

　㋓　自然の恵みと火山災害・地震災害

　　㋐　自然の恵みと火山災害・地震災害

　　　　自然がもたらす恵み及び火山災害

と地震災害について調べ，これらを
火山活動や地震発生の仕組みと関連
付けて理解すること。

　イ　大地の成り立ちと変化について，問題を
見いだし見通しをもって観察，実験などを
行い，地層の重なり方や広がり方の規則性，
地下のマグマの性質と火山の形との関係性
などを見いだして表現すること。

(3)　生物の体のつくりと働き

　　生物の体のつくりと働きについての観察，
実験などを通して，次の事項を身に付ける
ことができるよう指導する。

　ア　生物の体のつくりと働きとの関係に着
目しながら，次のことを理解するととも
に，それらの観察，実験などに関する技
能を身に付けること。

　㋐　生物と細胞

　　㋐　生物と細胞

　　　　生物の組織などの観察を行い，生
物の体が細胞からできていること及
び植物と動物の細胞のつくりの特徴
を見いだして理解するとともに，観
察器具の操作，観察記録の仕方など
の技能を身に付けること。

　㋑　植物の体のつくりと働き

　　㋐　葉・茎・根のつくりと働き

　　　　植物の葉，茎，根のつくりについ
ての観察を行い，それらのつくりと，
光合成，呼吸，蒸散の働きに関する
実験の結果とを関連付けて理解する
こと。

　㋒　動物の体のつくりと働き

　　㋐　生命を維持する働き

　　　　消化や呼吸についての観察，実験
などを行い，動物の体が必要な物質
を取り入れ運搬している仕組みを観
察，実験の結果などと関連付けて理

解すること。また，不要となった物質を排出する仕組みがあることについて理解すること。

　　　　㋑　刺激と反応
　　　　　　動物が外界の刺激に適切に反応している様子の観察を行い，その仕組みを感覚器官，神経系及び運動器官のつくりと関連付けて理解すること。

　　イ　身近な植物や動物の体のつくりと働きについて，見通しをもって解決する方法を立案して観察，実験などを行い，その結果を分析して解釈し，生物の体のつくりと働きについての規則性や関係性を見いだして表現すること。

(4)　気象とその変化
　　　身近な気象の観察，実験などを通して，次の事項を身に付けることができるよう指導する。
　　ア　気象要素と天気の変化との関係に着目しながら，次のことを理解するとともに，それらの観察，実験などに関する技能を身に付けること。
　　　㋐　気象観測
　　　　㋐　気象要素
　　　　　　気象要素として，気温，湿度，気圧，風向などを理解すること。また，気圧を取り上げ，圧力についての実験を行い，圧力は力の大きさと面積に関係があることを見いだして理解するとともに，大気圧の実験を行い，その結果を空気の重さと関連付けて理解すること。
　　　　㋑　気象観測
　　　　　　校庭などで気象観測を継続的に行い，その観測記録などに基づいて，気温，湿度，気圧，風向などの変化と天気との関係を見いだして理解す

るとともに，観測方法や記録の仕方を身に付けること。
　　　㋑　天気の変化
　　　　㋐　霧や雲の発生
　　　　　　霧や雲の発生についての観察，実験を行い，そのでき方を気圧，気温及び湿度の変化と関連付けて理解すること。
　　　　㋑　前線の通過と天気の変化
　　　　　　前線の通過に伴う天気の変化の観測結果などに基づいて，その変化を暖気，寒気と関連付けて理解すること。
　　　㋒　日本の気象
　　　　㋐　日本の天気の特徴
　　　　　　天気図や気象衛星画像などから，日本の天気の特徴を気団と関連付けて理解すること。
　　　　㋑　大気の動きと海洋の影響
　　　　　　気象衛星画像や調査記録などから，日本の気象を日本付近の大気の動きや海洋の影響に関連付けて理解すること。
　　　㋓　自然の恵みと気象災害
　　　　㋐　自然の恵みと気象災害
　　　　　　気象現象がもたらす恵みと気象災害について調べ，これらを天気の変化や日本の気象と関連付けて理解すること。
　　イ　気象とその変化について，見通しをもって解決する方法を立案して観察，実験などを行い，その結果を分析して解釈し，天気の変化や日本の気象についての規則性や関係性を見いだして表現すること。

(5)　生命の連続性
　　　生命の連続性についての観察，実験などを通して，次の事項を身に付けることができるよう指導する。

ア　生命の連続性に関する事物・現象の特
徴に着目しながら，次のことを理解する
とともに，それらの観察，実験などに関
する技能を身に付けること。
　(ア)　生物の成長と殖え方
　　㋐　細胞分裂と生物の成長
　　　体細胞分裂の観察を行い，その順
序性を見いだして理解するとともに，
細胞の分裂と生物の成長とを関連付
けて理解すること。
　　㋑　生物の殖え方
　　　生物の殖え方を観察し，有性生殖
と無性生殖の特徴を見いだして理解
するとともに，生物が殖えていくと
きに親の形質が子に伝わることを見
いだして理解すること。
　(イ)　遺伝の規則性と遺伝子
　　㋐　遺伝の規則性と遺伝子
　　　交配実験の結果などに基づいて，
親の形質が子に伝わるときの規則性
を見いだして理解すること。
　(ウ)　生物の種類の多様性と進化
　　㋐　生物の種類の多様性と進化
　　　現存の生物及び化石の比較などを
通して，現存の多様な生物は過去の
生物が長い時間の経過の中で変化し
て生じてきたものであることを体の
つくりと関連付けて理解すること。
イ　生命の連続性について，観察，実験な
どを行い，その結果や資料を分析して解
釈し，生物の成長と殖え方，遺伝現象，
生物の種類の多様性と進化についての特
徴や規則性を見いだして表現すること。
また，探究の過程を振り返ること。
(6)　地球と宇宙
　身近な天体の観察，実験などを通して，
次の事項を身に付けることができるよう指

導する。
ア　身近な天体とその運動に関する特徴に
着目しながら，次のことを理解するとと
もに，それらの観察，実験などに関する
技能を身に付けること。
　(ア)　天体の動きと地球の自転・公転
　　㋐　日周運動と自転
　　　天体の日周運動の観察を行い，そ
の観察記録を地球の自転と関連付け
て理解すること。
　　㋑　年周運動と公転
　　　星座の年周運動や太陽の南中高度
の変化などの観察を行い，その観察
記録を地球の公転や地軸の傾きと関
連付けて理解すること。
　(イ)　太陽系と恒星
　　㋐　太陽の様子
　　　太陽の観察を行い，その観察記録
や資料に基づいて，太陽の特徴を見
いだして理解すること。
　　㋑　惑星と恒星
　　　観測資料などを基に，惑星と恒星
などの特徴を見いだして理解すると
ともに，太陽系の構造について理解
すること。
　　㋒　月や金星の運動と見え方
　　　月の観察を行い，その観察記録や
資料に基づいて，月の公転と見え方
を関連付けて理解すること。また，
金星の観測資料などを基に，金星の
公転と見え方を関連付けて理解する
こと。
イ　地球と宇宙について，天体の観察，実
験などを行い，その結果や資料を分析し
て解釈し，天体の運動と見え方について
の特徴や規則性を見いだして表現するこ
と。また，探究の過程を振り返ること。

(7) 自然と人間

　　自然環境を調べる観察，実験などを通して，次の事項を身に付けることができるよう指導する。

　ア　日常生活や社会と関連付けながら，次のことを理解するとともに，自然環境を調べる観察，実験などに関する技能を身に付けること。

　　(ｱ)　生物と環境

　　　　⑦　自然界のつり合い

　　　　　　微生物の働きを調べ，植物，動物及び微生物を栄養の面から相互に関連付けて理解するとともに，自然界では，これらの生物がつり合いを保って生活していることを見いだして理解すること。

　　　　④　自然環境の調査と環境保全

　　　　　　身近な自然環境について調べ，様々な要因が自然界のつり合いに影響していることを理解するとともに，自然環境を保全することの重要性を認識すること。

　　　　⑦　地域の自然災害

　　　　　　地域の自然災害について，総合的に調べ，自然と人間との関わり方について認識すること。

　　(ｲ)　自然環境の保全と科学技術の利用

　　　　⑦　自然環境の保全と科学技術の利用

　　　　　　自然環境の保全と科学技術の利用の在り方について科学的に考察することを通して，持続可能な社会をつくることが重要であることを認識すること。

　イ　身近な自然環境や地域の自然災害などを調べる観察，実験などを行い，自然環境の保全と科学技術の利用の在り方について，科学的に考察して判断すること。

3　内容の取扱い

(1)　内容の(1)から(7)までについては，それぞれのアに示す知識及び技能とイに示す思考力，判断力，表現力等とを相互に関連させながら，3年間を通じて科学的に探究するために必要な資質・能力の育成を目指すものとする。

(2)　内容の(1)から(7)までのうち，(1)及び(2)は第1学年，(3)及び(4)は第2学年，(5)から(7)までは第3学年で取り扱うものとする。

(3)　内容の(1)については，次のとおり取り扱うものとする。

　ア　アの(ｱ)の⑦については，身近な生物の観察を扱うが，ルーペや双眼実体顕微鏡などを用いて，外見から観察できる体のつくりを中心に扱うこと。

　イ　アの(ｲ)の⑦については，花のつくりを中心に扱い，種子植物が被子植物と裸子植物に分類できることを扱うこと。その際，胚珠が種子になることにも触れること。また，被子植物が単子葉類と双子葉類に分類できることについては，葉のつくりを中心に扱うこと。なお，種子をつくらない植物が胞子をつくることにも触れること。

　ウ　アの(ｲ)の④については，脊椎動物と無脊椎動物の違いを中心に扱うこと。脊椎動物については，ヒトや魚を例に，体のつくりの共通点としての背骨の存在について扱うこと。また，体の表面の様子や呼吸の仕方などの特徴を基準として分類できることを扱うこと。無脊椎動物については，節足動物や軟体動物の観察を行い，それらの動物と脊椎動物の体のつくりの特徴を比較し，その共通点と相違点を扱うこと。

(4)　内容の(2)については，次のとおり取り扱

うものとする。
ア　アの(ア)の⑦の「身近な地形や地層，岩石などの観察」については，学校内外の地形や地層，岩石などを観察する活動とすること。
イ　アの(イ)の⑦については，地層を形成している代表的な堆積岩も取り上げること。「地層」については，断層，褶曲にも触れること。「化石」については，示相化石及び示準化石を取り上げること。「地質年代」の区分は，古生代，中生代，新生代を取り上げること。
ウ　アの(ウ)の⑦の「火山」については，粘性と関係付けながら代表的な火山を扱うこと。「マグマの性質」については，粘性を扱うこと。「火山岩」及び「深成岩」については，代表的な岩石を扱うこと。また，代表的な造岩鉱物も扱うこと。
エ　アの(ウ)の⑦については，地震の現象面を中心に扱い，初期微動継続時間と震源までの距離との定性的な関係にも触れること。また，「地球内部の働き」については，日本付近のプレートの動きを中心に扱い，地球規模でのプレートの動きにも触れること。その際，津波発生の仕組みについても触れること。
オ　アの(エ)の⑦の「火山災害と地震災害」については，記録や資料などを用いて調べること。
(5)　内容の(3)については，次のとおり取り扱うものとする。
ア　アの(ア)の⑦については，植物と動物の細胞のつくりの共通点と相違点について触れること。また，細胞の呼吸及び単細胞生物の存在にも触れること。
イ　アの(イ)の⑦については，光合成における葉緑体の働きにも触れること。また，

葉，茎，根の働きを相互に関連付けて扱うこと。
ウ　アの(ウ)の⑦については，各器官の働きを中心に扱うこと。「消化」については，代表的な消化酵素の働きを扱うこと。また，摂取された食物が消化によって小腸の壁から吸収される物質になることにも触れること。血液の循環に関連して，血液成分の働き，腎臓や肝臓の働きにも触れること。
エ　アの(ウ)の⑦については，各器官の働きを中心に扱うこと。
(6)　内容の(4)については，次のとおり取り扱うものとする。
ア　アの(ア)の⑦の「大気圧」については，空気中にある物体にはあらゆる向きから圧力が働くことにも触れること。
イ　アの(イ)の⑦については，気温による飽和水蒸気量の変化が湿度の変化や凝結に関わりがあることを扱うこと。また，水の循環にも触れること。
ウ　アの(イ)の⑦については，風の吹き方にも触れること。
エ　アの(ウ)の⑦については，地球を取り巻く大気の動きにも触れること。また，地球の大きさや大気の厚さにも触れること。
オ　アの(エ)の⑦の「気象災害」については，記録や資料などを用いて調べること。
(7)　内容の(5)については，次のとおり取り扱うものとする。
ア　アの(ア)の⑦については，染色体が複製されることにも触れること。
イ　アの(ア)の⑦については，有性生殖の仕組みを減数分裂と関連付けて扱うこと。「無性生殖」については，単細胞生物の分裂や栄養生殖にも触れること。
ウ　アの(イ)の⑦については，分離の法則を

扱うこと。また，遺伝子の本体が DNA であることにも触れること。

エ　アの(ウ)の⑦については，進化の証拠とされる事柄や進化の具体例について扱うこと。その際，生物にはその生息環境での生活に都合のよい特徴が見られることにも触れること。また，遺伝子に変化が起きて形質が変化することがあることにも触れること。

(8)　内容の(6)については，次のとおり取り扱うものとする。

ア　アの(ア)の④の「太陽の南中高度の変化」については，季節による昼夜の長さや気温の変化にも触れること。

イ　アの(イ)の⑦の「太陽の特徴」については，形，大きさ，表面の様子などを扱うこと。その際，太陽から放出された多量の光などのエネルギーによる地表への影響にも触れること。

ウ　アの(イ)の④の「惑星」については，大きさ，大気組成，表面温度，衛星の存在などを取り上げること。その際，地球には生命を支える条件が備わっていることにも触れること。「恒星」については，自ら光を放つことや太陽もその一つであることも扱うこと。その際，恒星の集団としての銀河系の存在にも触れること。「太陽系の構造」については，惑星以外の天体が存在することにも触れること。

エ　アの(イ)の⑦の「月の公転と見え方」については，月の運動と満ち欠けを扱うこと。その際，日食や月食にも触れること。また，「金星の公転と見え方」については，金星の運動と満ち欠けや見かけの大きさを扱うこと。

(9)　内容の(7)については，次のとおり取り扱うものとする。

ア　アの(ア)の⑦については，生態系における生産者と消費者との関係を扱うこと。また，分解者の働きについても扱うこと。その際，土壌動物にも触れること。

イ　アの(ア)の④については，生物や大気，水などの自然環境を直接調べたり，記録や資料を基に調べたりするなどの活動を行うこと。また，気候変動や外来生物にも触れること。

ウ　アの(ア)の⑦については，地域の自然災害を調べたり，記録や資料を基に調べたりするなどの活動を行うこと。

エ　アの(イ)の⑦については，これまでの第1分野と第2分野の学習を生かし，第1分野の内容の(7)のアの(イ)の⑦及びイと関連付けて総合的に扱うこと。

第3　指導計画の作成と内容の取扱い

1　指導計画の作成に当たっては，次の事項に配慮するものとする。

(1)　単元など内容や時間のまとまりを見通して，その中で育む資質・能力の育成に向けて，生徒の主体的・対話的で深い学びの実現を図るようにすること。その際，理科の学習過程の特質を踏まえ，理科の見方・考え方を働かせ，見通しをもって観察，実験を行うことなどの科学的に探究する学習活動の充実を図ること。

(2)　各学年においては，年間を通じて，各分野におよそ同程度の授業時数を配当すること。その際，各分野間及び各項目間の関連を十分考慮して，各分野の特徴的な見方・考え方を総合的に働かせ，自然の事物・現象を科学的に探究するために必要な資質・能力を養うことができるようにすること。

(3)　学校や生徒の実態に応じ，十分な観察や実験の時間，課題解決のために探究する時

間などを設けるようにすること。その際，問題を見いだし観察，実験を計画する学習活動，観察，実験の結果を分析し解釈する学習活動，科学的な概念を使用して考えたり説明したりする学習活動などが充実するようにすること。

(4) 日常生活や他教科等との関連を図ること。

(5) 障害のある生徒などについては，学習活動を行う場合に生じる困難さに応じた指導内容や指導方法の工夫を計画的，組織的に行うこと。

(6) 第1章総則の第1の2の(2)に示す道徳教育の目標に基づき，道徳科などとの関連を考慮しながら，第3章特別の教科道徳の第2に示す内容について，理科の特質に応じて適切な指導をすること。

2　第2の内容の取扱いについては，次の事項に配慮するものとする。

(1) 観察，実験，野外観察を重視するとともに，地域の環境や学校の実態を生かし，自然の事物・現象についての基本的な概念の形成及び科学的に探究する力と態度の育成が段階的に無理なく行えるようにすること。

(2) 生命を尊重し，自然環境の保全に寄与する態度を養うようにすること。

(3) 1の(3)の学習活動を通して，言語活動が充実するようにすること。

(4) 各分野の指導に当たっては，観察，実験の過程での情報の検索，実験，データの処理，実験の計測などにおいて，コンピュータや情報通信ネットワークなどを積極的かつ適切に活用するようにすること。

(5) 指導に当たっては，生徒が学習の見通しを立てたり学習したことを振り返ったりする活動を計画的に取り入れるよう工夫すること。

(6) 原理や法則の理解を深めるためのものづ

くりを，各内容の特質に応じて適宜行うようにすること。

(7) 継続的な観察や季節を変えての定点観測を，各内容の特質に応じて適宜行うようにすること。

(8) 観察，実験，野外観察などの体験的な学習活動の充実に配慮すること。また，環境整備に十分配慮すること。

(9) 博物館や科学学習センターなどと積極的に連携，協力を図るようにすること。

(10) 科学技術が日常生活や社会を豊かにしていることや安全性の向上に役立っていることに触れること。また，理科で学習することが様々な職業などと関係していることにも触れること。

3　観察，実験，野外観察の指導に当たっては，特に事故防止に十分留意するとともに，使用薬品の管理及び廃棄についても適切な措置をとるよう配慮するものとする。

小学校・中学校理科と「物理基礎」「化学基礎」の「エネルギー」「粒子」を柱とした

校種	学年	エネルギー		
		エネルギーの捉え方	エネルギーの変換と保存	エネルギー資源の有効利用
小学校	第3学年	**風とゴムの力の働き** ・風の力の働き ・ゴムの力の働き　**光と音の性質** ・光の反射・集光 ・光の当て方と明るさや暖かさ ・音の伝わり方と大小	**磁石の性質** ・磁石に引き付けられる物 ・異極と同極　**電気の通り道** ・電気を通すつなぎ方 ・電気を通す物	
	第4学年		**電流の働き** ・乾電池の数とつなぎ方	
	第5学年	**振り子の運動** ・振り子の運動	**電流がつくる磁力** ・鉄心の磁化、極の変化 ・電磁石の強さ	
	第6学年	**てこの規則性** ・てこのつり合いの規則性 ・てこの利用	**電気の利用** ・発電（光電池（小4から移行）を含む），蓄電 ・電気の変換 ・電気の利用	
中学校	第1学年	**力の働き** ・力の働き （2力のつり合い（中3から移行）を含む）　**光と音** ・光の反射・屈折（光の色を含む） ・凸レンズの働き ・音の性質		
	第2学年		**電流** ・回路と電流・電圧 ・電流・電圧と抵抗 ・電気とそのエネルギー（電気による発熱（小6から移行）を含む） ・静電気と電流（電子，放射線を含む） **電流と磁界** ・電流がつくる磁界 ・磁界中の電流が受ける力 ・電磁誘導と発電	
	第3学年	**力のつり合いと合成・分解** ・水中の物体に働く力（水圧、浮力）（中1から移行）を含む） ・力の合成・分解 **運動の規則性** ・運動の速さと向き ・力と運動 **力学的エネルギー** ・仕事とエネルギー ・力学的エネルギーの保存	**エネルギーと物質** ・エネルギーとエネルギー資源（放射線を含む） ・様々な物質とその利用（プラスチック（中1から移行）を含む） ・科学技術の発展	**自然環境の保全と科学技術の利用** ・自然環境の保全と科学技術の利用 〈第2分野と共通〉
高等学校		**物　理　基　礎**		
		運動の表し方 ・物理量の測定と扱い方 ・運動の表し方 ・直線運動の加速度 **様々な力とその働き** ・様々な力 ・力のつり合い ・運動の法則 ・物体の落下運動 **波** ・波の性質 ・音と振動 **力学的エネルギー** ・運動エネルギーと位置エネルギー ・力学的エネルギーの保存	**熱** ・熱と温度 ・熱の利用 **電気** ・物質と電気抵抗 ・電気の利用 **エネルギーとその利用** ・エネルギーとその利用 **物理学が拓く世界** ・物理学が拓く世界	

内容の構成

実線は新規項目。破線は移行項目。

粒　子			
粒子の存在	粒子の結合	粒子の保存性	粒子のもつエネルギー
		物と重さ ・形と重さ ・体積と重さ	
空気と水の性質 ・空気の圧縮 ・水の圧縮			**金属，水，空気と温度** ・温度と体積の変化 ・温まり方の違い ・水の三態変化
		物の溶け方（溶けている物の均一性（中1から移行）を含む） ・重さの保存 ・物が水に溶ける量の限度 ・物が水に溶ける量の変化	
	燃焼の仕組み ・燃焼の仕組み	**水溶液の性質** ・酸性，アルカリ性，中性 ・気体が溶けている水溶液 ・金属を変化させる水溶液	
物質のすがた ・身の回りの物質とその性質 ・気体の発生と性質		**水溶液** ・水溶液	**状態変化** ・状態変化と熱 ・物質の融点と沸点
物質の成り立ち ・物質の分解 ・原子・分子		**化学変化** ・化学変化 ・化学変化における酸化と還元 ・化学変化と熱	
		化学変化と物質の質量 ・化学変化と質量の保存 ・質量変化の規則性	
水溶液とイオン ・原子の成り立ちとイオン ・酸・アルカリ ・中和と塩			
化学変化と電池 ・金属イオン ・化学変化と電池			

化　学　基　礎			
化学と物質 ・化学の特徴　　　・物質の分離・精製 ・単体と化合物　　・熱運動と物質の三態			
物質の構成粒子 ・原子の構造 ・電子配置と周期表	**物質と化学結合** ・イオンとイオン結合 ・分子と共有結合 ・金属と金属結合		
物質量と化学反応式 ・物質量 ・化学反応式			
	化学反応 ・酸・塩基と中和 ・酸化と還元		
化学が拓く世界 ・化学が拓く世界			

小学校・中学校理科と「生物基礎」「地学基礎」の「生命」「地球」を柱とした内容の

校種	学年	生命		
		生物の構造と機能	生命の連続性	生物と環境の関わり
小学校	第3学年	**身の回りの生物** ・身の回りの生物と環境との関わり ・昆虫の成長と体のつくり ・植物の成長と体のつくり		
	第4学年	**人の体のつくりと運動** ・骨と筋肉 ・骨と筋肉の働き		**季節と生物** ・動物の活動と季節 ・植物の成長と季節
	第5学年		**植物の発芽, 成長, 結実** ・種子の中の養分 ・発芽の条件 ・成長の条件 ・植物の受粉, 結実　**動物の誕生** ・卵の中の成長 ・母体内の成長	
	第6学年	**人の体のつくりと働き** ・呼吸 ・消化・吸収 ・血液循環 ・主な臓器の存在　**植物の養分と水の通り道** ・でんぷんのでき方 ・水の通り道		**生物と環境** ・生物と水, 空気との関わり ・食べ物による生物の関係（水中の小さな生物（小5から移行）を含む） ・人と環境
中学校	第1学年	**生物の観察と分類の仕方** ・生物の観察 ・生物の特徴と分類の仕方 **生物の体の共通点と相違点** ・植物の体の共通点と相違点 ・動物の体の共通点と相違点（中2から移行）		
	第2学年	**生物と細胞** ・生物と細胞 **植物の体のつくりと働き** ・葉・茎・根のつくりと働き（中1から移行） **動物の体のつくりと働き** ・生命を維持する働き ・刺激と反応		
	第3学年		**生物の成長と殖え方** ・細胞分裂と生物の成長 ・生物の殖え方 **遺伝の規則性と遺伝子** ・遺伝の規則性と遺伝子 **生物の種類の多様性と進化** ・生物の種類の多様性と進化（中2から移行）	**生物と環境** ・自然界のつり合い ・自然環境の調査と環境保全 ・地域の自然災害 **自然環境の保全と科学技術の利用** ・自然環境の保全と科学技術の利用（第1分野と共通）
高等学校		生物基礎		
		生物の特徴 ・生物の共通性と多様性 ・生物とエネルギー		
		神経系と内分泌系による調節 ・情報の伝達 ・体内環境の維持の仕組み **免疫** ・免疫の働き	**遺伝子とその働き** ・遺伝情報とDNA ・遺伝情報とタンパク質の合成	**植生と遷移** ・植生と遷移 **生態系とその保全** ・生態系と生物の多様性（生物から移行） ・生態系のバランスと保全

構成

実線は新規項目。破線は移行項目。

地　　球		
地球の内部と地表面の変動	地球の大気と水の循環	地球と天体の運動
	太陽と地面の様子 ・日陰の位置と太陽の位置の変化 ・地面の暖かさや湿り気の違い	
雨水の行方と地面の様子 ・地面の傾きによる水の流れ ・土の粒の大きさと水のしみ込み方	**天気の様子** ・天気による1日の気温の変化 ・水の自然蒸発と結露	**月と星** ・月の形と位置の変化 ・星の明るさ，色 ・星の位置の変化
流れる水の働きと土地の変化 ・流れる水の働き ・川の上流・下流と川原の石 ・雨の降り方と増水	**天気の変化** ・雲と天気の変化 ・天気の変化の予想	
土地のつくりと変化 ・土地の構成物と地層の広がり 　(化石を含む) ・地層のでき方 ・火山の噴火や地震による土地の変化		**月と太陽** ・月の位置や形と太陽の位置
身近な地形や地層，岩石の観察 ・身近な地形や地層，岩石の観察 **地層の重なりと過去の様子** ・地層の重なりと過去の様子 **火山と地震** ・火山活動と火成岩 ・地震の伝わり方と地球内部の働き **自然の恵みと火山災害・地震災害** ・自然の恵みと火山災害・地震災害 (中3から移行)		
	気象観測 ・気象要素 (圧力 (中1の第1分野から移行) を含む) ・気象観測 **天気の変化** ・霧や雲の発生　　・前線の通過と天気の変化 **日本の気象** ・日本の天気の特徴 ・大気の動きと海洋の影響 **自然の恵みと気象災害** ・自然の恵みと気象災害 (中3から移行)	
		天体の動きと地球の自転・公転 ・日周運動と自転 ・年周運動と公転 **太陽系と恒星** ・太陽の様子 ・惑星と恒星 ・月や金星の運動と見え方
地　学　基　礎		
惑星としての地球 ・地球の形と大きさ　　・地球内部の層構造		
活動する地球 ・プレートの運動　　・火山活動と地震	**大気と海洋** ・地球の熱収支　　・大気と海水の運動	
地球の変遷 ・宇宙，太陽系と地球の誕生　　・古生物の変遷と地球環境		
	地球の環境 ・地球環境の科学　　・日本の自然環境	

索　引

執筆者紹介 （所属，執筆分担，執筆順，＊は編者）

＊山下芳樹（編著者紹介参照：第 1 章，第 5，6，7 章，第11，12章，第16章，第18章）

＊藤岡達也（編著者紹介参照：第 2，3，4 章，第 7 章，第10章，第15章）

内山裕之（関西学院大学教職教育センター非常勤講師, 元姫路大学教授：第 7 章，第14章）

石井英真（京都大学大学院教育学研究科准教授：第 8，9 章）

宮下ゆたか（滋賀県立大学非常勤講師：第12章）

谷川直也（岐阜聖徳学園大学教育学部准教授：第13章，第17章）

畑　宗平（姫路大学教育学部准教授：第13章）

日髙　翼（大阪教育大学大学院教育学研究科特任講師：第14章）

平田豊誠（佛教大学教育学部准教授：第15章）

《編著者紹介》

山下芳樹（やました・よしき）

立命館大学産業社会学部教授。博士（理学）。専門は科学教育，物理教育，教員養成学。
主著に『初等理科教育』（共編著，ミネルヴァ書房，2018年），『理科の先生になるための，
理科の先生であるための「物理の学び」徹底理解』（共編著，ミネルヴァ書房，2016年）
ほか。

藤岡達也（ふじおか・たつや）

滋賀大学大学院教育学研究科教授。博士（学術）。専門は防災教育，科学教育，環境教育。
主著に『SDGsと防災教育——持続可能な社会をつくるための自然理解』（大修館書院，
2021年），『絵でわかる世界の地形・岩石・地質』（講談社，2020年）ほか。

授業づくりのための中等理科教育法
——不易と流行のエッセンス——

2022年5月20日　初版第1刷発行　　　　　　　　〈検印省略〉

定価はカバーに
表示しています

編 著 者	山 下 芳 樹
	藤 岡 達 也
発 行 者	杉 田 啓 三
印 刷 者	中 村 勝 弘

発行所　株式会社　ミネルヴァ書房

607-8494　京都市山科区日ノ岡堤谷町1
電話代表　(075) 581-5191番
振替口座　01020-0-8076番

© 山下芳樹・藤岡達也ほか，2022　　　中村印刷・新生製本

ISBN978-4-623-09379-3
Printed in Japan

初等理科教育　山下芳樹　編著　A5判二五二頁　本体二〇〇〇円

理科の先生になるための、理科の先生であるための
「物理の学び」徹底理解　電磁気学・原子物理・実験と観察編

山下芳樹　平田豊誠　編著　船田智史　編著　宮下ゆたか　監修　山本逸郎　著　B5判一九二頁　本体二八〇〇円

理科の先生になるための、理科の先生であるための
「物理の学び」徹底理解　力学・熱力学・波動編

山下芳樹　編著　宮下ゆたか　監修　山本逸郎　著　B5判二四〇頁　本体二八〇〇円

授業づくりの深め方
──「よい授業」をデザインするための5つのツボ

石井英真　著　四六判四〇四頁　本体二八〇〇円

よくわかる授業論

田中耕治　編　B5判二三二頁　本体二六〇〇円

ミネルヴァ書房
https://www.minervashobo.co.jp/